UNE TOMBE
AU CREUX
DES NUAGES

DU MÊME AUTEUR

Vingt ans et un jour, Gallimard, 2004 ; Folio, 2006.

L'Homme européen, Plon et Perrin, 2005 et 2006.

Espagnol, éditions de la Cité, 2004.

Les Sandales, Mercure de France, 2002.

Le mort qu'il faut, Gallimard, 2001.

Adieu, vive clarté, Gallimard, 1998 ; Folio, 2000.

Le retour de Carola Neher, Gallimard, 1998.

Mal et modernité, Climats, 1995 ; Seuil, 1997.

L'Algarabie, Fayard, 1981 ; Folio, 1997.

L'écriture ou la vie, Gallimard, 1994 et 1996.

Autobiographie de Federico Sanchez, Seuil, 1996.

Se taire est impossible, Mille et une nuits, 1995.

Federico Sanchez vous salue bien, Grasset, 1993 ; Livre de poche, 1995.

Netchaïev est de retour, Livre de poche, 1989.

La Montagne blanche, Gallimard, 1986 ; Folio, 1988.

Montand, la vie continue, Denoël, 1983 ; Folio, 1985.

Quel beau dimanche, Grasset, 1980 et 2002.

Le Stavisky d'Alain Resnais, Gallimard, 1974.

La Deuxième mort de Ramon Mercader, Gallimard, 1969 ; Folio, 1984.

L'Évanouissement, Gallimard, 1967.

La Guerre est finie, Gallimard, 1966.

Le Grand voyage, Gallimard, 1963 ; Folio, 1972.

Jorge SEMPRÚN

UNE TOMBE AU CREUX DES NUAGES

Essais sur l'Europe d'hier
et d'aujourd'hui

*Traductions de l'espagnol
par Serge Mestre*

Champs essais

ISBN : 978-2-0812-6593-6

Sommaire

PRÉFACE

À relire ces pages en vue de leur publication en français, il me semble qu'une certaine cohérence interne s'en dégage – parfois insistante, répétitive même –, malgré la diversité de leurs origines et de leurs circonstances concrètes. Cela tient sans doute, de prime abord, à une réalité objective, celle du contexte historique.

Tous les textes rassemblés ici, à une exception près, sont en effet des conférences prononcées en Allemagne, à l'occasion de différentes commémorations, de divers séminaires ou colloques universitaires. La version allemande de ces interventions, telles qu'elles furent prononcées, de 1986 à 2005 – dès avant la réunification, donc – dans bon nombre de villes et devant un public souvent jeune, curieux et exigeant, fut établie avec l'aide inestimable de Michi Strausfeld, ma collaboratrice depuis le début de mes longues années de présence littéraire et politique dans la République fédérale.

Mais ces discours furent d'abord écrits en français ou en espagnol, mes langues habituelles de travail. Pour cette édition française, tous les textes rédigés originairement en espagnol ont été traduits par Serge Mestre.

Je suis, on le sait, tout à fait bilingue, ce qui provoque chez moi, je l'avoue, une sorte de schizophrénie : suis-je

Espagnol, suis-je Français ? Du point de vue de la langue, mon identité « nationale » est en tout cas floue, flottante, sinon ambiguë. C'est pour cela que j'ai modifié, pour mon usage personnel, une formule que Thomas Mann avait élaborée dans son exil d'Allemand antifasciste : « la patrie d'un écrivain, proclamait-il, c'est la langue… » Je ne peux y souscrire. Je dirais pour ma part : « la patrie d'un écrivain, c'est le langage… » Il est vrai qu'il n'existe pas en allemand deux mots différents. *Langue* et *langage* ont une seule traduction, *Sprache*. Tant pis pour Thomas Mann et les écrivains allemands en général !

Vu cette condition de bilingue, on peut imaginer l'étonnement, parfois le désarroi qui m'assaille, quand je lis traduit en français l'un de mes textes espagnols, et *vice-versa*. Même dans le cas d'une traduction parfaitement correcte, j'éprouve un manque, la vague tristesse du manque. Ce n'est pas ainsi que j'aurais écrit cela !, me dis-je inévitablement.

D'un autre côté, je me refuse à me traduire moi-même. N'étant pas tenu à la fidélité littérale, parfaitement libre de me trahir, donc, chaque traduction de moi-même deviendrait à coup sûr une œuvre nouvelle, ou du moins, une variation nouvelle sur un thème connu, déjà traité par moi : un gâchis babélique, en somme.

Si je mentionne ce problème strictement personnel, qui n'a de signification qu'anecdotique, c'est pour saisir l'occasion de féliciter Serge Mestre, pour me féliciter de l'avoir rencontré à l'occasion de la traduction de mon roman espagnol *Veinte años y un día* : son travail ne me rend jamais étrange ou étrangère la version qu'il en a faite.

Les deux décennies qui constituent le cadre historique de toutes ces interventions, des débats qu'elles provoquèrent en Allemagne – et qu'il est impossible de reprendre,

ni même de résumer ici – sont des années riches, complexes, mouvementées. Dramatiques, souvent.

Des années qui marquèrent une rupture profonde dans
le cours de l'histoire, qui signifièrent non pas la fin de
celle-ci, comme le prétendit, avec des arguments parfois
partiellement pertinents, l'école de Francis Fukuyama,
mais bien au contraire qui mirent en route un nouveau
mouvement historique, une avancée nouvelle vers un
monde différent, aux paradigmes et aux coordonnées en
partie imprévisibles.

D'où, soit dit en passant, qu'il semble proprement stupide de réduire, voire de supprimer en France l'enseignement de l'histoire dans certaines filières du secondaire,
alors que ledit enseignement redevient plus nécessaire que
jamais pour la formation d'esprits capables non seulement
de comprendre le monde contemporain, mais aussi d'y
intervenir à bon escient.

Quoi qu'il en soit, la chute du communisme, l'effondrement de l'Empire soviétique, qui entraîna la renaissance de vieilles nations détruites par sa domination ; la
construction difficile mais irréversible d'une Union
européenne ; la mondialisation de l'économie, parfois
heureuse, parfois destructrice, dans nos sociétés de
masse et de marché ; la crise de la pensée et de la pratique politique que tous ces bouleversements ont suscité
dans la gauche européenne social-démocrate et réformiste – paradoxalement, à première et courte vue,
puisque l'effacement ou la marginalisation radicale du
marxisme-léninisme semblait devoir ouvrir la voie à une
hégémonie culturelle et politique du socialisme démocratique, et nous sommes loin du compte –, telle est la
toile de fond de toutes ces interventions et conférences
en Allemagne.

Et c'est cette toile de fond historique, obsédante, qui donne à cette publication, me semble-t-il et quel que soit l'intérêt que les lecteurs français y trouveront ou n'y trouveront pas, une cohérence interne, une approche théorique qui se veut à la fois passionnée et critique.

Jorge SEMPRÚN,
janvier 2010.

1

L'ARBRE DE GOETHE
Stalinisme et fascisme

Ce discours, prononcé en 1986, trois ans avant la chute du Mur, évoque un enjeu crucial : pour la première fois, la réunification allemande est envisagée comme la conséquence du nouveau rapport de force qui sera entraîné par l'effondrement de l'URSS, et non comme une conséquence de la « détente » ou une concession faite au « bloc de l'Est ». Contrairement aux communistes allemands, prêts au combat, Gorbatchev décidera, pragmatique, de ne pas réagir militairement à la chute du Mur en 1989. La réunification est le produit d'un acte de résistance et de démocratisation.

Pourquoi donc avoir choisi un étranger – et, concrètement, pourquoi m'avoir choisi, moi – pour ouvrir les débats de ce colloque ? Car, à la lecture du programme, on s'aperçoit tout de suite que ce sont surtout des questions spécifiquement allemandes qui vont y être traitées. Essentiellement des questions concernant l'histoire et l'identité allemandes. Des questions concernant le rapport – ambivalent, parfois douloureux, dans tous les cas critique – qu'entretiennent les Allemands avec leur propre expérience historique. Et par conséquent, des questions qui, à première vue – seulement à première vue, on le comprendra par la suite –, semblent concerner tout particulièrement, et même exclusivement, des intervenants allemands. Je me suis donc demandé, dans ces conditions, ce que signifiait ma présence à ce colloque. Quels sens peuvent revêtir les quelques phrases d'ouverture que je m'apprête à prononcer devant vous ?

J'ignore quelles sont les raisons qui ont poussé les membres du Conseil des Colloques du Römerberg à m'entraîner dans semblable aventure. Ou plutôt, je les entrevois, mais je pense qu'il n'est pas de mon ressort de les élucider. En revanche, je connais parfaitement les raisons qui m'ont conduit à accepter cet honneur et cette responsabilité. Je vais donc m'employer à les résumer, même si cela risque d'être de façon quelque peu schématique.

Mon rapport avec l'Allemagne, avec l'histoire et la culture allemandes, est ancien, il est complexe, multiple et sans doute fécond dans ma trajectoire d'écrivain, dans ma formation morale et intellectuelle.

Ceux qui ont lu quelques-uns de mes livres savent déjà que je ne suis pas un dévot de l'ordre chronologique dans les récits. Il n'y a guère que Dieu pour connaître, ou pour prétendre connaître, l'ordre chronologique. Mais, en ce qui me concerne, je ne connais pas Dieu, même si je connais les désirs, les rêves et toutes les réalités humaines que son absence suscite. Et qui le rendent historiquement présent, actif, en tant qu'absence inévitable. Surtout en tant que transcendance humaine de son absence active. Et c'est bien pour cela, parce que je n'aime pas l'ordre chronologique, que je ne débuterai pas par la plus ancienne des raisons qui me rattachent à l'Allemagne.

Je commencerai par une raison plus récente. À savoir un rapport combatif et même polémique, au sens étymologique du mot. Un rapport qui est celui d'un adversaire du national-socialisme. C'est d'abord pendant la Résistance, en France, puis dans le camp de concentration de

Buchenwald, que s'est développé ce rapport – on ne peut plus négatif ; quelquefois mortel, mortifère sans doute, mais au bout du compte, un rapport devenu privilégié – avec une des grandes figures ou des incarnations historiques allemandes.

Me permettrez-vous de livrer une évocation, un souvenir tout à fait personnel ? Nous sommes à la fin du mois d'avril 1945 : cet après-midi dont je parle allait être mon dernier après-midi dans l'Ettersberg. Ce devaient être les dernières heures de mon séjour à Buchenwald, avant le retour à Paris. Et même si les camions qui allaient nous transporter tout le long de ce voyage dépendaient administrativement d'une « mission de rapatriement » française, il ne pouvait en aucun cas s'agir pour moi d'un retour dans ma patrie.

Quoi qu'il en soit, j'ai profité des dernières minutes de ma présence à Buchenwald pour prendre congé de l'arbre de Goethe. Ce hêtre – que les nazis avaient préservé lorsqu'ils avaient abattu la forêt pour construire les premières baraques du camp – se trouvait sur une esplanade située entre les cuisines et le magasin général. Un an auparavant, pendant l'été 1944, au cours du bombardement des installations par l'aviation nord-américaine, une bombe au phosphore avait touché le hêtre de Goethe. Cependant, ce jour-là, ce fameux après-midi, avec le retour de ce printemps qui annonçait la fin d'une guerre mondiale, quelques branches de l'arbre incendié avaient commencé à reverdir.

C'est tout naturellement que j'ai alors pensé à Antonio Machado, le poète espagnol de mes lectures adolescentes,

au vieil ormeau fendu par la foudre…

J'ai ainsi pensé à de nombreuses autres choses, que je ne vais pas tenter de restituer ici, pendant cette longue méditation solitaire devant l'arbre de Goethe, qui venait semblait-il de ressusciter des glacials incendies de la guerre. Il faut dire que j'avais alors vingt ans et que quelque chose de nouveau, de radicalement nouveau, débutait pour moi, après Buchenwald. Était-ce la vie qui allait commencer, après un si long rêve de la mort ? Ou était-ce plutôt le rêve de la mort qui allait se prolonger ? Ou encore le rêve de la vie : de la vie considérée comme le rêve de la mort ?

À cet instant de méditation devant l'arbre de Goethe, je n'ai su que répondre. Et encore aujourd'hui, il est des moments où je ne le sais toujours pas.

En revanche, ce que j'ai parfaitement su, avec la certitude des évidences naturelles, c'est qu'à partir de cet instant, par bonheur, mon rapport avec l'Allemagne se modifiait une nouvelle fois de façon substantielle.

Mon rapport avec l'Allemagne ne serait plus un rapport polémique, ni même belliqueux. Dès lors, à l'instant même de la défaite allemande, et en partie grâce à toute la haine que j'avais nourrie de façon concrète contre le national-socialisme, je pouvais revenir à mon ancien, à mon toujours vivant amour pour la culture allemande et pour les génies germaniques qui m'avaient tant aidé à comprendre les aberrations du nazisme. C'est à cela que j'ai pensé en contemplant les frêles bourgeons reverdis de l'arbre de Goethe, en ce mois d'avril d'il y a quarante et un ans.

Dans d'autres circonstances, sans doute aurait-il été convenable d'analyser plus en détail la décision, intellectuellement scandaleuse, mais historiquement inévitable, du partage de l'Allemagne. Car il faut bien dire que l'arbre de Goethe ne se trouve pas en République fédérale d'Allemagne, non, il se trouve dans l'autre Allemagne. Il n'est donc pas possible pour moi, Espagnol appartenant à la Communauté européenne, et il n'est pas davantage possible pour chacun d'entre vous de grimper dans un train, de prendre un avion, puis de se présenter sans autre forme de procès, sans autorisation et sans visa, sans autre autorisation que celle de son propre désir, de sa propre liberté, dans l'Ettersberg, sur les lieux où, sans doute, l'arbre de Goethe continue toujours de se dresser.

Mais sur la question de la division de l'Allemagne – si vous permettez à un étranger de s'exprimer à ce sujet, et vous devez le permettre, même si cela doit vous irriter ou vous surprendre, car la question n'est pas seulement d'ordre interne : elle est au cœur du problème de l'Europe, de son avenir démocratique –, je me contenterai, donc, de ne dire que quelques mots sur ladite question.

La réunification de l'Allemagne est, de toute évidence, nécessaire, mais elle est, en même temps, impensable, du moins si la perspective historique ne change pas radicalement, créant un nouveau rapport de force entre démocratie et totalitarisme.

Car la réunification de l'Allemagne doit être le fruit d'un progrès décisif de la démocratie en Europe. Dans toutes les Europes, certes, celle de l'Ouest, celle du Sud, et aussi celle de l'Est. Mais fondamentalement dans cette *Mitteleuropa* qui en constitue le maillon déterminant, dans le territoire où s'est forgé durant des siècles le destin culturel, et même politique, du monde.

Le territoire idéal depuis l'épicentre duquel – d'abord à Vienne, puis à Prague – nous parlait Edmund Husserl, en 1935, au cours de ces conférences qui ont donné naissance à *La Crise des sciences européennes**, qu'il convient de relire de temps à autre, sans perdre bien entendu de vue les changements qui se sont produits depuis, dans le contexte théorique et dans les circonstances historiques.

---

* Le lecteur trouvera les références des ouvrages cités en fin de volume.

D'aucuns, sans doute, s'étonneront de me voir évoquer la réunification de l'Allemagne comme le fruit d'une démocratisation de l'Europe – la seule révolution qui mérite encore qu'on se batte pour elle ! – et non comme le résultat des progrès de la paix, conçue comme détente et désarmement. Mais c'est la démocratisation qui est à l'origine de la paix, quoi qu'en pensent certains. La paix – du moins sous sa forme perverse d'apaisement – peut même être à l'origine de la guerre.

Deux moments de l'histoire européenne – qui sont également des moments décisifs de l'histoire allemande – montrent de façon éclatante ce que je veux dire. Est-ce qu'en septembre 1938, au cours de la Conférence de Munich, la paix fut fortifiée ? Ou n'ouvrit-on pas plutôt, et dans les pires conditions pour la liberté, les portes de la guerre ? La réponse est évidente. Malgré les vociférations confuses de millions de pacifistes occidentaux, c'est bien à Munich qu'on ouvrit grand les portes de la guerre hitlérienne.

Et un an plus tard, à la fin du mois d'août 1939, lorsque Von Ribbentrop et Staline signent le Pacte de non-agression germano-soviétique, que se passe-t-il ? Sauve-t-on vraiment la paix, ainsi que le proclament les partis communistes du monde entier, ainsi que le déclarent les propagandistes de Hitler et de Staline, ou ne précipite-t-on pas plutôt le monde dans la guerre, dans les pires conditions de confusion et d'aveuglement stratégique pour les forces de la gauche démocratique et socialiste ? Dans ce cas également, la réponse est évidente.

Mais à propos de l'épisode crucial du pacte Hitler-Staline, il convient d'ajouter quelques mots supplémentaires, qui ne nous éloigneront pas de notre sujet, bien au contraire. À Buchenwald, dans les années 1944 et 1945, j'ai plusieurs fois tenté d'interroger quelques camarades communistes allemands sur cette période, sur leurs sentiments et sur ce qu'ils pensaient de l'époque du pacte Hitler-Staline.

Imaginons la situation. Les camarades communistes se trouvaient à Buchenwald parce qu'ils étaient tous des combattants antifascistes. Ils avaient réussi à survivre aux premières terribles années de la construction du camp. Et soudain, leur ennemi, Hitler, l'homme qui était responsable des souffrances et de la mort de tant et tant de camarades, devient l'allié de Staline. Pire encore, ils découvrent que ce dernier vient d'accepter de remettre à la Gestapo des dizaines de communistes allemands, survivants des grandes purges de 1937.

Concernant ces faits, nous possédons, entre autres, le déchirant témoignage de Margarete Buber-Neumann. Mais les camarades allemands refusaient d'évoquer devant moi cette période. Ou, lorsqu'ils ne refusaient pas purement et simplement, ils tentaient de minimiser son importance : ils la présentaient comme une simple péripétie, la désagréable conséquence d'un virage, non seulement tactique, mais plutôt judicieux. Cependant, il ne s'agissait pas du tout de cela.

Il convient de souligner – et il est d'ailleurs souhaitable que, dans un souci de cohérence et d'honnêteté intellectuelle, cela soit fait d'un point de vue moral par quelqu'un qui fut, comme je l'ai moi-même été, dirigeant d'un parti communiste – que la période de l'alliance germano-soviétique est bien plus qu'une simple péripétie. Qu'il ne s'agit certes pas non plus d'une période isolée, exceptionnelle, qui s'opposerait à une tradition de lutte démocratique, antifasciste, de la part des dirigeants soviétiques. Ce serait plutôt tout à fait le contraire.

C'est la période – qui va de septembre 1939 à juin 1941 – où se révèlent, le plus fidèlement du monde, les tendances profondes de la politique soviétique. C'est la période où sa nature historique se manifeste le mieux. C'est tout simplement la période de l'apogée triomphale du stalinisme.

En revanche, la période vraiment isolée, exceptionnelle, et qui contredit – brièvement, pragmatiquement – l'essence historique de la politique et de la *Weltanschauung* bolchéviques (aussi bien dans sa formation léniniste, encore capable d'évoluer sur certains aspects, que dans sa formation stalinienne, pétrifiée), est bien la très courte période des fronts populaires, à partir du Septième Congrès du Komintern. C'est une période extrêmement courte qui, depuis 1936 déjà, c'est-à-dire depuis le début de la guerre d'Espagne, montre à qui veut bien se donner la peine de l'analyser objectivement les contradictions, l'opportunisme et les manipulations de l'opinion publique que porte en elle la tactique des fronts populaires de l'Internationale communiste.

Pour en finir avec la question du pacte Hitler-Staline, considéré comme l'apogée du stalinisme, comme le point final de la brève et hésitante tactique des fronts populaires, demandons-nous quels enseignements il convient de tirer de cette expérience pour notre culture politique actuelle.

Deux enseignements, fondamentaux, me semble-t-il. Le premier, sur le terrain des alliances sociales, c'est que le bolchévisme a toujours considéré les partis socialistes démocratiques comme ses principaux ennemis, bien qu'il ne les qualifie pas systématiquement de social-fascistes. Et comme corollaire à cette thèse historiquement démontrée tout au long des années, on peut affirmer en toute certitude que le bolchévisme – c'est-à-dire la direction politique soviétique au fil du temps, de Lénine à Gorbatchev – n'a que très provisoirement cessé de qualifier le socialisme démocratique de social-fascisme, et seulement lorsque cela était nécessaire pour les intérêts de la politique extérieure de l'URSS, seulement lorsque le socialisme démocratique – grâce à sa propre dynamique d'opposition aux alternatives autoritaires, aujourd'hui baptisées néolibérales, aux injustices des lois du marché qui continuent à caractériser nos sociétés – semblait pouvoir jouer un certain rôle dans la modification des corrélations des forces établies.

Le deuxième enseignement concerne précisément la politique extérieure soviétique. Depuis le moment où Lénine, au début des années vingt, a donné des instructions à la délégation soviétique qui devait se rendre à Genève pour négocier avec les gouvernements capitalistes, la ligne générale de la politique extérieure soviétique n'a jamais varié d'un iota, elle est demeurée pour l'essentiel on ne peut plus identique. Une phrase de Lénine résume d'ailleurs bien sa position ; il y précise quel doit être l'objectif de la délégation soviétique à Genève : « Isoler l'Europe des États-Unis, afin de mieux diviser les Européens. » Je me permets de répéter que cette phrase date de 1922.

J'ajouterai une dernière observation à ce propos. Au cours de toutes les discussions sur les questions de la paix en Europe, sur le droit à l'autodétermination des peuples d'Europe, on évoque aujourd'hui la conférence de Yalta, ses conséquences sur l'histoire de notre époque. Cependant, il est absolument impossible de se forger une opinion sur Yalta – je veux dire de se forger une opinion sérieuse, et non démagogique – sans prendre en compte le précédent que constitue le Pacte germano-soviétique, ainsi que la série des accords secrets concernant le partage de l'Europe entre les deux totalitarismes.

Car c'est bien Hitler qui a installé Staline et ses successeurs au centre des délibérations européennes, entre autres choses lorsqu'il s'est partagé la Pologne avec lui, puis lorsqu'il a favorisé l'annexion des pays baltes. Yalta et Helsinki ne font que confirmer, bien entendu dans des situations historiques tout à fait différentes, voire contradictoires, en tout cas à première vue, ce que Hitler avait déjà pactisé avec Staline, pour avoir les mains tout à fait libres en Occident.

Vous aurez tous compris, après ces allées et venues dans le temps historique, de toute évidence quelque peu vertigineuses, pourquoi j'ai affirmé tout à l'heure que je n'étais vraiment pas un dévot de l'ordre chronologique.

Cependant, je voudrais retourner à mon point de départ. J'étais en train d'énumérer les raisons pour lesquelles j'ai accepté de participer à ce colloque, malgré ma qualité d'étranger et en sachant que les sujets dont vous allez débattre concernent tout spécialement l'expérience historique allemande. Eh bien si j'ai accepté, c'est parce que je suis espagnol. Parce que je suis un intellectuel espagnol engagé dans les combats politiques et culturels de son époque. Cela m'aide, sans aucun doute, non seulement à observer, mais également à comprendre, peut-être avec plus d'acuité que d'autres intellectuels d'autres pays européens, les problèmes de l'histoire allemande, la façon dont la culture allemande se pose ces problèmes.

Car, parmi les processus historiques de la formation de l'unité nationale de l'appareil étatique, en Espagne comme en Allemagne, il existe, et cela malgré toutes les différences que je vais m'abstenir d'énumérer tout de suite, de profondes similitudes. Si l'Allemagne est une chose problématique pour les intellectuels allemands, l'Espagne ne l'est pas moins pour les intellectuels espagnols.

Sans avoir besoin de remonter très loin dans le passé, il est évident que dans nos deux pays, depuis les guerres napoléoniennes du début du XIXᵉ siècle, la problématique de l'universel et du national, de l'esprit des Lumières et de la tradition, de l'ouverture à l'Europe et de l'autarcie (parfois dans ses manifestations les plus barbares, notamment lorsqu'elle devient expansionniste), tout cet ensemble de problèmes se pose à peu près de la même façon aux intellectuels allemands et espagnols.

De ce point de vue, notre situation est bien différente de celle des intellectuels français, par exemple. Pour ceux-ci, la France n'est en rien problématique. Ils sont intimement convaincus que la France existe et possède une entité ou une identité parfaitement définie dans son histoire la plus lointaine. Ils sont également convaincus que ce qui est français est spontanément apparenté à ce qui est universel. Les uns en sont convaincus pour des raisons de gauche et pensent à la Révolution et aux droits de l'homme, et les autres le sont pour des raisons conservatrices et pensent à la tradition de la monarchie absolue. Mais il existe entre eux un consensus essentiel, qui leur permet la plupart du temps de niveler ou d'amalgamer des valeurs cependant très différentes, depuis le dirigisme colbertien ou jacobin de l'État-nation jusqu'à la redécouverte du « facteur national » et du rôle symbolique de la dissuasion nucléaire par des essayistes provenant de l'extrême gauche tels que Régis Debray.

En revanche, en ce qui nous concerne, nous, intellectuels espagnols et allemands, l'expérience historique nous a forcés à demeurer méthodiquement dubitatifs et interrogatifs. Pas seulement l'expérience historique lointaine, mais aussi la plus proche, celle de notre passé immédiat, car nos deux pays, nos deux peuples, ont récemment connu des périodes de dictature, à la suite desquelles ils ont dû entreprendre la reconstruction de nouveaux systèmes démocratiques.

Bien entendu, si j'avais la prétention de comparer, ou si je commençais à confondre la dictature national-socialiste et la dictature franquiste, en les considérant purement et simplement équivalentes, cela constituerait une banalisation de l'expérience historique et des concepts qui, du moins partiellement, nous permettent de nous en emparer. Par leur idéologie, par leur fonction historico-sociale, par leurs caractères de classe et leurs systèmes politiques : en somme, par leur nature historique, les deux dictatures possèdent des éléments bien spécifiques qui les différencient de façon notable et définitive. Le contexte international dans lequel se produisent leur arrivée au pouvoir, leur apogée et leur disparition, est également tout à fait différent. Tout comme est différente, dans ce contexte, leur propre durée, nettement plus importante dans le cas de l'Espagne. Mais je voudrais en revanche aborder quelques problèmes stratégiques de nos démocraties ; par exemple les problèmes de la culture politique d'aujourd'hui, où se reflètent des attitudes et des solutions qui pourraient bien nous être communes, mais également les différences spécifiques des situations de nos deux pays. Pour cela, je dois absolument me permettre d'effectuer un bref détour par les années trente. Chose qui ne saurait plus vous scandaliser, puisque nous avons plusieurs fois dit et répété ici que l'ordre chronologique n'était vraiment pas mon point fort. Vers le milieu des années trente, donc, dans son texte *Plateforme pour les intellectuels de gauche*, Bertolt Brecht affirmait la chose suivante :

> L'ennemi le plus dangereux, le seul ennemi réel du fascisme est le communisme, comme le sait le fascisme lui-même. [...] Après le fascisme, sur ce point aussi le national-socialisme a raison, ne peut venir que le communisme, et rien d'autre. La culture s'effondrera ou résistera avec lui.

C'était l'époque des congrès antifascistes pour la défense de la culture. L'un d'eux eut lieu à Paris, en 1935 ; le deuxième en 1937, également à Paris, mais ses sessions se prolongèrent dans plusieurs autres villes – Valence, Madrid, Barcelone – de l'Espagne républicaine. Bertolt Brecht participa à ces deux congrès. Cependant, au cours du deuxième, celui de 1937, Brecht ne participa qu'aux sessions qui se déroulèrent à Paris. Il ne se rendit pas en Espagne. Il finit son intervention à Paris en déclarant :

> La culture, longtemps, trop longtemps défendue seulement avec des armes spirituelles, agressée pourtant avec des armes matérielles, n'est pas elle-même quelque chose de purement spirituel, mais aussi, très précisément, une chose matérielle et, en tant que telle, doit être défendue avec des armes matérielles.

Après cette déclaration, Bertolt Brecht n'était pas allé en Espagne. Il n'avait pas non plus empoigné les « armes matérielles » pour la défense de la culture. Ruth Berlau, qui l'avait accompagné à Paris, était, elle, allée en Espagne. En ce qui le concerne, Brecht était retourné au Danemark, pour achever la pièce qu'il était en train d'écrire.

Qu'on me comprenne bien. Je ne suis pas en train de reprocher à l'auteur Bertolt Brecht d'être retourné au Danemark, pour écrire. De tous les engagements d'un écrivain engagé, le premier, le plus essentiel, est celui qui concerne son propre travail d'écriture. Écrire est le tout premier engagement de tout écrivain digne de ce nom, sa *geistige Waffe*. Écrire le vrai, bien entendu. Ainsi, personne ne peut reprocher à Brecht d'être retourné au Danemark, pour continuer à s'engager à travers son œuvre.

Ce qu'on peut observer, cependant, et en étant quelque peu critique, c'est le maximalisme, l'extrémisme radical, gauchiste – aussi bien au niveau théorique que pratique –

des déclarations de Bertolt Brecht dans les années trente. Ce qu'on peut souligner, également, et cela est plus grave, c'est le manque de cohérence entre ce qu'on dit et ce qu'on fait, entre le discours et la pratique. Car le second devoir de l'écrivain engagé se situe bien là, dans la cohérence qu'il doit s'efforcer d'entretenir entre la théorie et sa pratique.

Personnellement, l'analyse qui m'intéresse est celle de l'extrémisme maximaliste de Brecht. Dans tous ses textes de l'époque, nous pouvons trouver des affirmations conceptuelles semblables à celles que j'ai citées. Ensemble, elles finissent par former un corpus doctrinal qui pourrait se résumer de la façon suivante :

Premièrement. La défense de la culture menacée par la barbarie nazie est impossible – inefficace du moins – si l'on ne modifie pas substantiellement les rapports de propriété et de production. En somme, il n'existe pas de défense de la culture sans liquidation du capitalisme.

Deuxièmement. La possibilité de production culturelle est fondée sur la lutte antifasciste. Mieux encore, cette lutte constitue le fait culturel basique de l'époque. Dans le discours de Brecht, à l'occasion du congrès de juillet 1937, que nous avons déjà mentionné, on formule l'idée suivante avec une clarté tranchante, aussi tranchante que la lame d'une guillotine :

> Le peuple allemand et le peuple italien ont perdu toute possibilité de production culturelle au moment où on leur a confisqué leurs positions politiques et économiques. [...] Le peuple espagnol conquiert et défend sa production culturelle dans la mesure où il défend son sol et sa démocratie avec les armes : à chaque hectare de sol, on défend un centimètre carré d'une toile du Prado.

Et troisièmement. Il n'est pas d'autre alternative au fascisme que le communisme. Puisque le fascisme n'est que

l'exacerbation, la condensation historique, sans doute brutale mais historiquement logique, normale, des conditions
sociales de la démocratie capitaliste, il est impensable d'en
finir avec le fascisme sans liquider cette dernière. Ainsi,
pour le dire avec les mots de Bertolt Brecht :

> On ne pourra combattre le national-socialisme qu'en com-
> battant le capitalisme. Il n'y a donc pas d'autre allié dans
> cette lutte que la classe ouvrière. Il est exclu de combattre le
> national-socialisme en prétendant conserver le capitalisme.

On pourra me rétorquer que ces formulations de Bertolt
Brecht ne reflètent pas du tout la tonalité de la ligne politique du Komintern pendant la période des fronts populaires. En réalité, elles n'en reflètent peut-être pas la tonalité
tactique, mais elles expriment de façon fidèle la vérité
essentielle, profonde – autrement dit, l'erreur essentielle –,
en tout cas la nature historique de la pensée marxiste-
léniniste à l'époque de son apogée stalinienne. Brecht était
un poète, c'est pour cette raison qu'il exprimait la vérité
vraie du mouvement communiste. Il l'exprimait à travers
ces formulations, qui datent de 1935 et de 1937, de la
même façon qu'il l'avait exprimée quelques années auparavant en écrivant sa pièce – capitale pour la compréhension
de cette époque – *La Décision*, dans laquelle, devant l'indignation des Kurella et autres bureaucrates de la culture, se
trouvent glorifiés, avant l'heure, les futurs procès staliniens.

Hannah Arendt a parfaitement raison, dans son magnifique essai sur Brecht, lorsqu'elle affirme, en parlant précisément de *La Décision* :

> Brecht avait montré les règles selon lesquelles le jeu infernal
> allait être joué et, bien entendu, il attendait des applau-
> dissements. Il avait malheureusement négligé un petit
> détail : il n'était en aucune façon dans les intentions du
> Parti, ou dans les intérêts du Parti, que la vérité fût dite et

surtout pas par un de ses partisans les plus ouvertement déclarés. Il s'agissait au contraire pour le Parti de tromper le monde.

Dans les derniers moments de sa vie, Brecht lui-même a fini par taire les vérités, du moins, il l'a fait en public. Mais nous, aujourd'hui, ne voulons plus, ni même ne pouvons plus, les taire.

Lorsqu'on examine les problèmes de la culture politique, au moment du naufrage du marxisme en tant que pratique historique et en tant que prétention à la vérité scientifique ; lorsqu'on essaie que dans le naufrage d'une vérité, qui se voulait absolue, survivent des valeurs et des vérités ; lorsqu'on tourne le regard vers l'expérience très riche et tragique des années trente, pour en tirer quelque enseignement, il me semble que nous devrions modifier la phrase connue de Max Horkheimer pour dire : « Celui qui ne veut pas parler du stalinisme devrait aussi se taire sur le fascisme » (*Wer aber vom Stalisnismus nicht reden will, sollte auch vom Faschismus schweigen*).

Pour conclure, je voudrais rappeler que les deux principaux obstacles pour une juste compréhension de ces problèmes sont, ainsi que le démontre l'expérience historique, l'extrémisme radical d'une certaine pensée de gauche et l'aveuglement plus ou moins volontaire à propos des réalités sociales du socialisme réel, autrement dit de l'irréalité du socialisme de type soviétique.

Ces deux phénomènes ont joué un rôle négatif dans l'Allemagne des années trente, en facilitant l'arrivée au pouvoir du national-socialisme. C'est un aspect de ce qu'on a appelé la *deutsche Schuldfrage*, la question de la culpabilité allemande, qu'il convient de ne pas oublier. Je fonde mes espoirs sur le fait que l'Allemagne des années quatre-vingts, l'intelligence allemande de ces années – décisive pour le maintien et le développement de la démocratie en Europe –, sera capable de nous aider à élaborer une stratégie politique et culturelle permettant de dépasser cet extrémisme, aujourd'hui sénile, et cet aveuglement aussi néfaste aujourd'hui qu'il l'était hier.

2

DE LA PERPLEXITÉ À LA LUCIDITÉ

En 1989, l'université de Tel-Aviv me fait docteur *honoris causa*. Pour le ministre de la Culture que je suis alors, l'événement marque un tournant diplomatique dans l'histoire des relations hispano-israéliennes. L'Espagne était traditionnellement l'alliée des pays arabes, et les visites de leurs chefs d'État à Franco constituaient un rituel inamovible. Avec Felipe González et l'ambassadeur Shlomo Ben-Ami, tout change.

De la perplexité à la lucidité : aborder ce thème devant une si docte assemblée relève sans aucun doute d'une ambition des plus excessives. Car c'est également de cette façon qu'on aborde l'essence même du travail philosophique. Il n'est de réflexion théorique digne de ce nom, en effet, qui ne soit issue d'abord de l'étonnement, du doute. Et donc, au bout du compte, de la perplexité. Une pensée qui se verrait centrée sur la certitude absolue de ses propres postulats, de ses propres points de départ ne serait, en vérité, pas une pensée. Elle se contenterait d'être un discours monolithique, un monologue dogmatique.

Pour reprendre les phrases de Javier Muguerza, un des philosophes espagnols les plus intéressants et les plus rigoureux de nos jours, dans son livre intitulé *Depuis la perplexité* :

> La perplexité n'est pas seulement un signe des temps que nous sommes en train de traverser, c'est aussi, et quelle que soit l'époque, un stimulant irremplaçable de la réflexion philosophique. C'est pour cette raison qu'Ortega, pour qui « la vie est un carrefour permanent et une perplexité constante », avait l'habitude de dire que « le titre le plus juste pour un livre de philosophie est celui que porte l'œuvre de Maïmonide ». Car la philosophie est toujours un Guide pour les gens perplexes. Et nous lui demandons très fréquemment de « nous tirer de » cette perplexité.

Le Guide pour les perplexes[*] : *More Nebukim*. Nous voilà ici, d'entrée de jeu, à peine après avoir commencé ce discours, confrontés à une des œuvres maîtresses de la pensée hispano-judaïque. Il ne s'agit pas, bien entendu, de mener en ces lieux une recherche historique sur ladite pensée, ni d'explorer sa richesse et sa beauté.

Pour mener à bien un semblable travail, une session telle que celle-ci, au cours de laquelle l'Université de Tel-Aviv me fait l'honneur de me nommer docteur *honoris causa*, n'y suffirait pas ; il faudrait bien évidemment y consacrer plusieurs semestres de travail académique avec vos étudiants. Une perspective qui, par ailleurs, bien qu'irréalisable ici et maintenant, semble plutôt séduisante, et même excitante pour un esprit perplexe comme l'est le mien, bien que cependant ce dernier soit, à tout instant, soucieux de reconquérir la lucidité opérante d'un choix moral, d'une action politique, aussi intellectuellement ou humainement risquée soit-elle.

---

[*] Habituellement traduit en français par *Le Guide des égarés*. Nous préférons cependant, en accord avec Jorge Semprún, proposer cette version du titre. *(NdT)*

Néanmoins, aujourd'hui, le rabbin Moshe ben Maimon, généralement connu sous son patronyme hellénisé, Maïmonide, né à Cordoue en 1135 et mort au Caire en 1204, lequel signait ses écrits « le Sefardi », n'intervient ici, avec son splendide *Guide pour les perplexes*, que comme une référence.

En tout premier lieu, comme une référence philosophique, étant donné qu'il place la perplexité au centre même, à la source originelle de toute réflexion. Étant donné que la totalité de son œuvre possède ce penchant moral et cette façon de déboucher sur une praxis qui semblent être tous deux indispensables pour donner une certaine envergure et une évidente résonance à une recherche philosophique.

Il est évident, cependant, que la référence au *Guide pour les perplexes* ne recouvre qu'une signification de type méthodologique. Car Maïmonide représente de façon tout à fait substantielle cet assemblage de religion et de philosophie qui caractérise le Moyen Âge, et qui se dissout définitivement avec l'apparition de la modernité. Il n'est plus possible de faire innocemment fonctionner le fameux couple foi et raison, qui est devenu radicalement, c'est-à-dire au cœur de sa propre racine, problématique, questionnable et même inopérant.

Depuis la perplexité d'aujourd'hui, Alicia Axelrod, auteur d'un essai intitulé *Maïmonide philosophe*, publié par l'Université de Mexico, formule une question à laquelle le penseur cordouan ne peut donner de réponse. « Que signifie être juif après Auschwitz ? » Question qu'Alicia Axelrod affine par la suite de façon bien plus implacable : « Que signifie être juif après la mort de Dieu ? »

Cette dernière question peut d'ailleurs être généralisée, en élargissant sa validité à l'ensemble de la condition humaine, qu'on s'inspire ou pas du judaïsme. « Que

signifie être après Auschwitz ? » « Que signifie, par conséquent, *penser* puisqu'il est inconcevable de vivre sans penser ? » Vivre véritablement sans penser la vérité, aussi fragile
soit-elle, aussi évanescente, ou peut-être douloureuse.

Javier Muguerza, le philosophe espagnol que j'ai cité plus
haut, reprend à son compte le questionnement d'Alicia
Axelrod, dans le livre que j'ai mentionné, et le formule à
ses risques et périls de la façon suivante : « Quel avenir
attend la raison humaine après Auschwitz (et le Goulag
ou Hiroshima), après la mort de Dieu, après le déclin de
la religion survenu avec la modernité ? » Sans nul doute,
telle est la question. Posons-la-nous, même si ce doit être
à travers les sentiers labyrinthiques de la perplexité.

Nous sommes à Vienne, en novembre 1936. On
célèbre le cinquantième anniversaire de la naissance de
l'écrivain Hermann Broch. Élias Canetti a pris la parole.
Cependant, avant de commenter un certain nombre des
phrases prophétiques prononcées par Canetti – car, cette
fois-là, elles furent réellement prophétiques : il ne s'agit
vraiment pas d'un procédé rhétorique de ma part –, il
convient de souligner le moment historique, les circonstances européennes dans lesquelles s'est produite cette
cérémonie d'anniversaire de Hermann Broch.

Novembre 1936 : il doit s'agir des premiers jours du
mois, étant donné que Broch est né un 1er novembre.
Que se passe-t-il dans le monde à cette date-là ?

La bataille de Madrid, capitale de l'Espagne démocratique, vient juste de commencer. La ville est presque totalement assiégée par l'armée du général Franco. Depuis le
7 novembre, des combats sanglants se déroulent dans les
faubourgs. André Malraux évoquera, un an plus tard, ces
journées dans son roman *L'Espoir*.

Les premiers combattants des Brigades internationales arrivent en Espagne, mais, dans le même temps, Staline a commencé à exterminer ses adversaires politiques, présumés ou avérés, dans les rangs de son propre parti. Quelques mois auparavant, en août 1936, a eu lieu le premier des grands procès-spectacles, le premier des grands procès de Moscou, qui a coûté la vie à Kamenev et à Zinoviev.

Dans l'Allemagne nazie, le système totalitaire est également en train d'atteindre son apogée. Hitler vient d'occuper une nouvelle fois la zone démilitarisée de Rhénanie et il a accéléré le réarmement de la Wchrmacht. Il a commencé à manifester de façon agressive ses exigences de remaniement des frontières fixées par le traité de Versailles. Dans tout le pays, la persécution des juifs s'accentue ; des camps de concentration commencent à fonctionner de façon permanente.

L'évolution de la situation historique en Europe centrale est considérée plus qu'inquiétante, peut-être même vraiment angoissante, au sein du cercle des intellectuels et des écrivains viennois, proches de Hermann Broch et d'Élias Canetti.

De façon tout à fait logique, dans son discours d'anniversaire, ce dernier fait référence à l'ensemble de ces circonstances au sein de l'Europe. C'est un discours vraiment admirable ! En quelques mots, il caractérise la perplexité intellectuelle devant « la tension brutale et pleine d'horreur dans laquelle nous vivons », une perplexité qui se traduit par la disparition de toute possibilité d'étonnement rationalisable.

L'étonnement, dit Canetti, fut sans doute ce miroir dont on a souvent parlé, qui reproduisait les phénomènes sur une surface plus lisse et plus calme. Aujourd'hui, ledit miroir

s'est brisé ; et les mille morceaux de l'étonnement sont
devenus minuscules. Mais, même dans le plus infime morceau, aucun phénomène ne se reflète plus tout seul ; il porte
toujours son opposé avec lui : quoi que tu vois, pour peu
que tu le voies, cela s'annule en même temps, du simple fait
de le voir.

Mais dans ce monde de violence, de grandissante barbarie totalitaire, où il n'est pas simple de s'orienter, Élias
Canetti donne en exemple la vie et l'œuvre de Broch pour
déterminer les tâches du poète.

En premier lieu, tout grand poète doit appartenir à
son temps. Se placer au-delà de son temps, dit Canetti,
c'est n'être nulle part. Ou être, précisément, en train de le
perdre, son temps. En second lieu, tout grand poète doit
avoir une passion pour l'universel, il doit posséder la
ferme volonté de résumer son temps, en l'assumant. Et en
dernier lieu, tout grand poète doit s'élever contre son
temps, le questionner globalement : s'il oublie cette
contradiction, il finit par devenir un renégat.

L'art que Canetti esquisse, en parlant de l'œuvre de
Hermann Broch, est sans aucun doute un art poétique.
Tout aussi bien, un art de vivre : un guide pour les perplexes qui vivent dans cette Europe terrible des années
trente, *More Nebukim*. L'humanité, poursuit Élias Canetti
pour conclure son discours d'anniversaire, ne se retrouve
sans défense que lorsqu'elle manque d'expérience ou de
mémoire. Et il ajoute, en prenant soudain le ton prophétique auquel j'ai fait allusion : « Le plus grand de tous les
dangers apparus tout au long de l'histoire de l'humanité a
choisi notre génération pour victime. »

En quoi consiste donc ce danger annoncé et dénoncé ?
Pour le décrire, Canetti commence apparemment par une
digression de type métaphorique, mais qui possède cependant une profonde teneur philosophique, ainsi que nous

le verrons brièvement par la suite. Canetti dit la chose suivante :

> Il n'y a rien à quoi l'être humain soit aussi ouvert qu'à l'air. Là-dedans, il se meut encore comme Adam au paradis… L'air est la dernière aumône. Tout le monde a le droit à l'air. Il n'est pas réparti à l'avance : même le plus pauvre peut se servir. Et si quelqu'un mourait de faim, il aura du moins, ce qui est certes peu, respiré jusqu'au bout.

Mais c'est précisément cela qui va changer (et souvenez-vous que le discours de Canetti est daté de novembre 1936). « Cette ultime chose, qui nous était commune à tous, affirme Canetti de sa voix prophétique, va tous nous emprisonner en commun. Nous le savons ; mais nous ne le sentons pas encore ; car notre art n'est pas de respirer. » Et il finit en prononçant les phrases suivantes :

> L'œuvre de Hermann Broch se dresse entre une guerre et une autre guerre ; guerre des gaz et guerre des gaz. [*Hermann Brochs Werk steht zwischen Krieg und Krieg, Gaskrieg und Gaskrieg.*] Il se pourrait qu'il sente encore maintenant, quelque part, la particule toxique de la dernière guerre. Mais c'est improbable. Ce qui est certain toutefois, c'est que lui, qui s'entend mieux que nous à respirer, il suffoque aujourd'hui déjà du gaz qui, un jour indéterminé encore, nous coupera le souffle.

Sans doute, et l'on peut le démontrer philologiquement, l'origine de cette affirmation prophétique de Canetti se trouve dans la correspondance et dans les conversations de Broch lui-même. Ainsi, par exemple, quelque temps avant son anniversaire, Hermann Broch écrit à Ernst Schönwiese et lui parle du « grand gazage » (*die grosse Vergasung*) qui approche. Sans doute également Broch et Canetti pensent-ils à une nouvelle guerre mondiale où l'on utilisera encore une fois massivement les gaz asphyxiants. Mais cette explication philologique, aussi plausible soit-elle, n'altère ni ne diminue l'effrayante précision prophétique qu'elle renferme. *Die grosse Vergasung*, le grand gazage, a eu lieu, en effet. La guerre des gaz contre le peuple juif a eu lieu.

Il convient à présent de réfléchir à propos de cette lucidité de Broch et de Canetti.

J'ai dit précédemment que la digression de Canetti sur la respiration possédait une profonde teneur philosophique. Et il faut bien admettre que, depuis les origines mêmes de la philosophie – et cela est codifié dans le mythe ou le récit platonicien de la caverne, dans le septième livre de *La République* –, le travail théorique sur la lucidité a toujours été associé à la vision, la vue, le point de vue, la perspective ou l'horizon. L'œil humain a été le premier instrument de la connaissance et cela a engendré tout un système de codifications visuelles au sein de l'entreprise épistémologique.

À ce propos, la formulation la plus précise et aussi la plus polysémique se trouve chez Aristote, dans le Livre α de la *Métaphysique*, lorsqu'il dit que « en effet, le rapport des yeux des chauves-souris à la lumière du jour est le même que celui de l'intelligence de notre âme aux choses les plus manifestes de toutes par nature ». Métaphore aristotélicienne qu'il serait instructif de comparer avec un texte talmudique où l'on parle de « la fable du coq et de la chauve-souris qui attendaient tous les deux la lumière. Le coq dit à la chauve-souris : Moi j'attends la lumière, car la lumière m'est familière ; mais toi, à quoi te sert la lumière ? ».

Dans un de ses splendides commentaires sur les textes messianiques, Emmanuel Levinas fait référence à cette fable. Et il l'utilise pour souligner la fonction de l'intelligence.

« L'alouette qui salue le soleil, dit Levinas, tout le monde peut en faire autant. Tout le monde est capable de saluer l'aurore. Mais distinguer dans la nuit obscure l'aube, la proximité de la lumière avant son éclat, l'intelligence c'est peut-être cela. »

Permettez-moi d'ajouter encore un mot, juste pour suggérer que l'exploration du problème de la lucidité philosophique, depuis les textes classiques de la philosophie grecque ou des commentaires talmudiques, pourrait culminer dans la réflexion à propos d'un magnifique aphorisme poétique de René Char. Dans ses *Feuillets d'Hypnos*, en effet, un recueil admirable né de l'expérience de René Char pendant la résistance antinazie – un recueil qui a, par ailleurs, fait l'objet d'une pertinente étude de Hannah Arendt –, le poète dit : « La lucidité est la blessure la plus rapprochée du soleil. » Grâce à la prodigieuse concision des grands poètes, hermétique seulement et à force d'être une chose des plus manifestes, lumineuse et aveuglément manifeste, Char nous fait ici sentir, nous dévoile les termes complexes de la question.

Mais ce n'était pas sur un territoire philosophique réservé, celui des métaphores visuelles ou visionnaires, que s'exprimait en novembre 1936, à Vienne, la lucidité d'Élias Canetti et de Hermann Broch. En contournant de façon surprenante toute une tradition épistémologique, tous deux s'exprimaient sur le territoire nouveau, inédit, d'un code bien plus corporel, plus lié à une des fonctions essentielles qui permet de vivre : la respiration.

Me permettra-t-on une fois encore une évocation tout à fait personnelle ? Si personnelle et intime qu'elle pourrait peut-être en devenir indécente, mais que je dois prendre le risque de vous communiquer. Et il se pourrait bien qu'Israël soit le seul pays où ce risque d'incommunicabilité peut être affronté en toute sérénité, où l'incommunicabilité fait partie de la conscience historique collective.

Tous ceux qui, comme moi, ont connu les camps de concentration hitlériens possèdent une chose en commun dans leur mémoire personnelle : un souvenir où se cristallise, de façon troublante, le vécu de cette mort. Un souvenir différent dans son contenu, mais identique dans sa substance formelle. Un souvenir physiquement reconstructible, avec la densité des sensations immédiates. Le souvenir d'une voix, d'une odeur par exemple.

Je me souviens, parmi les milliards de souvenirs possibles, latents, tapis pour toujours dans la mémoire vitale de cette mort, je me souviens de la voix âpre, irritée également, de quelque sous-officier SS dans le circuit interne des haut-parleurs de Buchenwald. C'était pendant la nuit et c'étaient les nuits d'alerte, lorsque les escadrilles de bombardiers alliés pénétraient dans le ciel allemand. Et c'étaient des nuits comme toutes les nuits, durant lesquelles le crématoire ne cessait pas de fonctionner. Et comme chaque nuit, les flammes du crématoire s'élevaient très haut, au-dessus de la massive cheminée. Et alors, afin d'éviter que ces lueurs ne permettent aux pilotes alliés de se guider, le sous-officier SS de garde donnait l'ordre d'éteindre le crématoire : « *Krematorium, ausmachen !* *Krematorium, ausmachen !* »

Cette voix nocturne, donc. Et l'odeur de la fumée du crématoire, nuit et jour, sur les flancs de l'Ettersberg.

Plus tard, des années plus tard, lorsque j'ai découvert le discours d'Élias Canetti, je me suis dit qu'il avait décrit par anticipation, prophétiquement, à travers une lucidité blessée par la monstruosité de sa vérité, la situation irrespirable, littéralement, de l'univers des camps de concentration.

Les poètes ont été dotés de ce don. C'est pour cette raison que nous devons conserver les poètes dans un lieu privilégié de la société humaine, afin qu'ils nous disent, même si ce doit être à travers une voix irritée, leurs dérangeantes vérités. Seuls les poètes sont capables de nous annoncer les catastrophes que produit la barbarie. Seuls eux sont capables de les décrire ; puis de les perpétuer ensuite dans notre mémoire. Comme Paul Celan lui aussi l'a fait :

> la mort est un maître d'Allemagne
> il crie plus sombres les archets et votre fumée montera vers le ciel
> vous aurez une tombe alors dans les nuages où l'on n'est pas serré

J'ai mentionné Élias Canetti, Hermann Broch, des intellectuels juifs, lorsqu'il s'est agi d'expliciter la lucidité d'une vision de la réalité – la prévision plutôt –, lucidité issue d'une perplexité positive, opérationnelle.

J'aurais pu mentionner d'autres intellectuels qui ont à l'époque, pendant ces terribles années trente, su exercer leur lucide compréhension du cours des événements.

J'aurais pu mentionner Edmund Husserl, sa conférence prononcée au mois de mai 1935, à propos de « La crise de l'humanité européenne et la philosophie », une conférence à nouveau prononcée à Vienne (encore une fois ; on dirait que le territoire géographico-culturel de la lucidité était extrêmement circonscrit à cette époque-là !).

J'aurais aussi pu mentionner Herbert Marcuse, qui publie, également en 1935, son fameux essai sur le fascisme, où figurent déjà quelques pages définitives à propos de la philosophie de Heidegger, des pages qui auraient rendu pratiquement inutile l'ennuyeuse et récurrente polémique à propos des rapports de celui-ci avec le nazisme, si elles avaient été correctement comprises et largement diffusées.

À nouveau, en effet, et de façon plus raffinée et plus perverse que jamais, puisque la tentative se déploie à présent depuis des positions « de gauche », on nous brandit le besoin de faire appel, comme un dernier recours métaphysique, à la pensée de Heidegger, dans notre société mercantile de masse. On tente de nous expliquer qu'il faut pardonner, ou minimiser, ou mettre entre parenthèses, l'adhésion de Heidegger au nazisme et au Führer, son silence obstiné, pendant de si longues années, à propos de l'extermination du peuple juif (silence qui a provoqué l'angoisse désespérée de Paul Celan), car nous aurions soi-disant besoin de la pensée de Heidegger pour mener à bien la critique de la modernité irrationnelle, de la domination totalitaire de la technique, etc. Alors que la réalité est, tout au contraire, qu'un même élan théorico-pratique anime la critique heideggérienne de la technique et son adhésion au nazisme, ce qui a par conséquent fait de sa pensée un instrument tout à fait inutilisable et archaïque.

Avec Broch et Canetti, avec Husserl et Marcuse, j'aurais pu mentionner d'autres intellectuels, qui ont contribué à élaborer les principes d'un *Guide pour les perplexes* plus modernisé : Walter Benjamin, Sigmund Freud, Albert Einstein, par exemple.

Mais tous, à quelque honorable exception près, auraient été des intellectuels juifs. Comme si au moment où l'Europe allait se soumettre au silence tumultueux, assourdissant, de la barbarie totalitaire, la prophétique et analytique voix juive de la culture européenne avait été la plus apte à exprimer la perplexité d'une telle situation, la voix la plus idoine pour apercevoir – ou respirer – le présent et entrevoir – ou entendre – l'avenir.

Comme si, entre une guerre des gaz et une autre guerre des gaz, on avait déposé dans l'intellect des juifs d'Europe une mission de lucidité et de sauvetage de la raison critique, de la raison pourvue d'un espoir tenace et d'un utopisme pratique. Bien que définitivement dépourvue d'illusion : une lucidité blessée par la lumière du jour, aveuglante à cause de l'illusion d'une vérité absolue, déjà dépassée.

À présent, nous pouvons provisoirement répondre à la question formulée par le philosophe espagnol Javier Muguerza. Après Auschwitz, après la mort de Dieu, en pleine crise des valeurs de la modernité, l'avenir de la raison ne peut se construire, y compris dans des situations historiquement différentes, qu'à travers le chemin de la raison elle-même. Une raison critique, dialogante et démocratique.

Une conclusion semble à présent se détacher de tout ce qui a été dit.

La tâche que l'histoire impose sans aucun doute aux intellectuels juifs d'aujourd'hui, principalement en Israël – qui est, dans une large mesure, le résultat de cette raison critique et prophétique des années trente –, la tâche d'aujourd'hui consiste à affronter la situation de ce qui se trouve autour de vous avec la même audace réfléchie, avec la même imagination pratique dont a fait preuve la génération des intellectuels juifs européens à laquelle j'ai fait allusion.

Une responsabilité spécifique revient aux intellectuels et aux hommes politiques d'Israël, aux citoyens d'Israël, au peuple en armes d'Israël. Une responsabilité spécifique sans doute plus importante que celle qui incombe aux autres groupes et aux autres peuples de la région. Et cette responsabilité vous revient de par votre tradition, de par la grandeur de vos idéaux, de par la raison démocratique

et utopique qui vous a restitué votre patrimoine et ouvert
votre avenir.

Les citoyens d'Israël n'ont pas survécu à une telle
guerre d'extermination pour se retrancher derrière leur
raison d'être, pour demeurer immobiles en son sein. Ils
ont survécu pour inventer une solution à ce qui semble
ne pas en avoir. Ils ont survécu pour rédiger un nouveau
Guide pour les perplexes, le *More Nebukim* de notre temps.
Et sans doute qu'en cela, ils pourront être aidés – et nous
aussi, ceux qui voulons vous aider, nous pourrons être
aidés – par l'exemple lointain mais perdurable, qui nous
est cher, de Rabbi Moshe ben Maimon, le Sefardi, qui fut
forcé de fuir l'Espagne à cause de l'intégrisme des Almo-
hades, qui trouva refuge au Caire, qui écrivit parfois en
arabe et parfois en hébreu, qui fut un défenseur du dialogue entre toutes les cultures et l'ennemi de toutes les
intolérances, qui fut un maître pour les gens perplexes et
un exemple de lucidité, et qui dort du sommeil des justes
à Tibériade, en cette terre d'Israël et de Palestine, la patrie
des uns aussi bien que des autres.

3

MAL ET MODERNITÉ :
LE TRAVAIL DE L'HISTOIRE

Conférence Marc Bloch, prononcée à Paris, à la Sorbonne, le
19 juin 1990.

I

Hermann Broch, on commence sans doute à le savoir,
est l'un des plus grands écrivains de ce siècle. Les titres
de certains de ses romans, *Les Somnambules*, *Les Irres-
ponsables*, *La Mort de Virgile*, sont dans toutes les mémoires.
Sa servante Zerline a fait le tour du monde.

On sait moins que Broch est aussi un penseur politique, un philosophe de l'histoire particulièrement attentif
aux phénomènes de la massification des sociétés démocratiques.

En 1940, Broch est en exil aux États-Unis. Il a réussi,
non sans risques et sans mal, à quitter deux ans plus tôt
l'Autriche nazifiée par l'*Anschluss*. Et c'est aux États-Unis
que Broch écrit quelques essais remarquables, profondément originaux, sur la théorie de la démocratie et les
conditions du renouvellement de celle-ci.

1940… Singulière époque, fascinante – du moins elle me fascine –, riche d'enseignements pour qui voudrait s'y arrêter à l'occasion du cinquantenaire des événements.

La France vient d'être écrasée. Une part essentielle de l'Europe continentale est désormais soumise aux systèmes totalitaires. L'alliance germano-soviétique, d'un côté, la neutralité encore isolationniste de la démocratie américaine, de l'autre, semblent vouer l'Angleterre, ultime espoir et dernier rempart d'un monde libre, à une défaite inévitable.

Ainsi, le verdict des armes semble sceller le destin que d'aucuns avaient prédit, d'autres souhaité, d'autres encore craint, pour le système politique de la démocratie parlementaire.

Jusqu'à l'effondrement de la France en 1940, ce système aura été la cible privilégiée, parfois unique, des théories et des pratiques politiques les plus dynamiques, aussi bien à gauche qu'à droite. Qualifiée de « formelle », ou de « décadente », ou de « bourgeoise », ou de « capitaliste » ou d'« enjuivée », la démocratie aura été pendant la première moitié du siècle – avant de s'abattre comme un château de cartes devant les panzers hitlériens – l'ennemi principal des plus importants théoriciens européens de la politique, à quelques exceptions près.

Malgré l'extrême diversité de ces critiques, un point leur est commun. Celui de considérer la démocratie comme un système inepte et inapte à affronter les problèmes spécifiques du XXe siècle.

La démocratie serait inactuelle parce qu'incapable de répondre positivement à la massification des sociétés industrielles, au déferlement de la technique planétaire, au bouleversement des processus de production et d'échange de valeurs, aussi bien spirituelles que matérielles. La crise économique de 1929 et ses conséquences ont apparemment

confirmé ce diagnostic, renforçant les courants planifica-
teurs et antilibéraux de tous genres.

Lucidement, cyniquement même, avant de sombrer
dans l'aberrant projet d'un nouvel ordre européen autour
de l'Allemagne nazie – victime comme tant d'autres de la
fascination de la ruse de la raison, du mythe de la fin de
l'histoire, dont il ne sortira que par la mort volontaire –,
Pierre Drieu La Rochelle avait repéré la source de ce questionnement radical de la démocratie.

> La grande actualité de ce siècle, née en 1904, écrit-il dans la
> *nrf* de novembre 1939, s'est déclarée loin de chez nous, en
> Russie. Alors s'est produit quelque chose qui a renouvelé
> toute la morale politique de l'Europe. Sur ce fait capital, les
> Français n'ont jamais vu que du feu – à commencer par
> ceux d'entre eux qui se sont fait russomanes, étant éblouis
> mais nullement éclairés par ce feu…

Et de poursuivre :

> Quel était le fond de cette actualité ? C'est que l'extrême
> gauche abandonnait la conception libérale et démocratique…
> Un homme de gauche, Lénine, avait entièrement rompu avec
> toutes les façons libérales. Il avait créé, en rompant avec le
> parti social-démocrate russe, en formant le parti bolchevik, le
> premier parti totalitaire…

C'est dans le léninisme, affirme Drieu, que s'enracine
l'actualité du XXᵉ siècle, reprise ensuite et développée par
Mussolini et Hitler.

À l'expansion de ce nouvel hégémonisme révolutionnaire, Drieu ne voit qu'une solution pour les démocraties vieillies et sclérosées : la constitution d'un nouvel
empire européen qui tiendrait la balance entre l'URSS
et les États-Unis, empire articulé sur « l'unification
économique de l'Europe, de l'Afrique et du Proche-
Orient », dit-il.

En somme, Drieu La Rochelle propose aux démocraties d'accepter les postulats de la stratégie de Hitler, si elles veulent échapper au désastre. On sait ce qu'il en est advenu.

                                II

Mais au moment où le silence totalitaire s'installe sur l'Europe, quelques voix se sont élevées, même si elles ne se sont pas fait entendre. Même si les circonstances historiques les ont étouffées. Ou du moins rendues inopérantes dans l'immédiat.

Des voix qui, tout en portant un diagnostic lucide et sans concessions sur la crise des systèmes démocratiques, n'en envisagent pas la solution par quelque dépassement totalitaire ni quelque sursaut de l'être, mais par l'approfondissement et l'extension des principes mêmes de la démocratie. Des voix d'inspiration et d'origine fort diverses, mais s'accordant sur l'essentiel.

La voix de Hermann Broch, exilé à New York. Je l'ai nommée. J'y reviendrai, car elle va me conduire dans le vif du sujet.

La voix de George Orwell aussi.

La voix d'Orwell, spécifiquement britannique, est celle d'un intellectuel d'extrême gauche qui n'a pourtant jamais succombé aux vertiges sécurisants de la ruse de la raison, stalinienne dans ce cas-ci.

Orwell s'est battu en Espagne, les armes à la main.

Il publie à Londres, en février 1941 – dans les limites encore de cette époque qui s'étend des jours de la défaite de la France à ceux de l'invasion de l'URSS par Hitler ; époque rude mais privilégiée, où le bon sens était la chose du monde la moins bien partagée, mais où la frontière entre le totalitarisme et la démocratie était nettement établie –, Orwell publie, disais-je, un essai remarquable, *The Lion and the Unicorn* (*Le Lion et la Licorne*), dont il n'est pas question d'épuiser ni même d'indiquer ici toutes les richesses. Dont on peut cependant souligner deux thèmes essentiels, qui portent sur la redécouverte par cet intellectuel d'extrême gauche des valeurs démocratiques et nationales.

La voix française de Jacques Maritain, par exemple.

C'est à New York également, où il se trouvait pour une tournée de conférences lors de la défaite de la France, que Maritain publie, en novembre 1940, son essai *À travers le désastre*.

Il n'est pas vrai, affirme Maritain, que l'écrasement de la France soit, ainsi que le prétendent les propagandes totalitaires, le signe d'une impuissance essentielle et d'un mal essentiel de la démocratie comme telle.

Cette conviction, Maritain la partage avec l'historien Marc Bloch, dont l'essai posthume, *L'Étrange Défaite*, rédigé de juillet à septembre 1940, est une analyse historique impitoyablement lucide des causes de l'effondrement de la France. Mais c'est aussi, à un niveau plus profond, malgré sa concision conceptuelle, une réflexion théorique toujours actuelle sur les possibilités et les exigences d'une modernité démocratique.

III

Le 16 juin 1944 – c'était un vendredi – Marc Bloch a été fusillé par les nazis à Saint-Didier-de-Formans, dans les environs de Lyon.

Trois mois plus tard, un dimanche, Maurice Halbwachs m'a longuement parlé de lui. Cet automne-là, en 1944, je voyais Halbwachs tous les dimanches. Je descendais dans le Petit Camp de Buchenwald, au pied de la colline où se promenaient jadis Goethe et Eckermann, j'allais jusqu'au Block 56, la baraque des invalides, des déportés inaptes au travail. Maurice Halbwachs y croupissait sur un châlit, aux côtés d'Henri Maspero.

Le dimanche, à Buchenwald, tous les dimanches de Buchenwald, après l'appel de midi, nous avions quelques heures pour nous. Devant nous, du moins. Quelques heures d'avenir vulnérable, qui n'étaient pas exclusivement déterminées par l'arbitraire du commandement SS.

La vie devant soi, en somme, pour dérisoire et menacé que fût cet espace minime d'apparent loisir. La vie, jusqu'au lundi à quatre heures du matin, jusqu'au réveil en fanfare du lundi.

Dès la fin de l'appel annoncée par les haut-parleurs, dès la soupe aux nouilles des dimanches avalée, le camp tout entier était saisi d'une activité fébrile. Une fourmilière, sur les pentes de l'Ettersberg.

Sans doute, ceux qui étaient parvenus à la limite dernière de leurs forces – la plupart d'entre nous –, ceux qui retenaient leur souffle, leurs pas, le moindre de leurs gestes, dans l'espoir insensé de survivre, ceux-là couraient vers les paillasses des dortoirs, pour un sommeil lourd, dévasté par les rêves, à peine réparateur. Les autres s'affairaient, allaient et venaient dans le camp, tourbillonnant d'une baraque à l'autre. À la recherche d'un bout de conversation, d'un brin de chaleur fraternelle, d'un échange possible. D'une raison de vivre, en somme.

Certaines réunions du dimanche après-midi étaient cependant mieux structurées. Elles avaient une fonction différente. Ainsi en était-il des réunions politiques des différentes organisations de résistance clandestine. Ainsi de certains groupes rassemblés par des affinités de toute sorte : j'en ai connu qui se réunissaient pour évoquer minutieusement, douloureusement aussi sans doute, les beautés du corps féminin ou les plaisirs de la table.

Ainsi également autour de Maurice Halbwachs et d'Henri Maspero, pour de passionnées discussions dominicales. Je me souviens d'y avoir rencontré Julien Cain, directeur de la Bibliothèque nationale, Maurice Hewitt, le musicien, Jean Baillou, secrétaire de l'École normale supérieure. D'autres aussi, anonymes et fraternels.

Halbwachs avait été mon professeur de sociologie à la Sorbonne. D'un dimanche à l'autre, je le retrouvais dans la puanteur du Block 56. Il faiblissait à vue d'œil, ne parvenant plus que difficilement à descendre du châlit.

Est-ce un dimanche de septembre 1944 qu'il m'a parlé de Marc Bloch, trois mois après l'exécution de celui-ci ? Je ne saurais l'affirmer, mais ce n'est pas impossible. Ce fut en tout cas un beau dimanche de grand ciel bleu sur les vertes collines de Thuringe.

Je ne savais pas, ce dimanche de septembre, que Marc Bloch avait été fusillé. Je ne savais même pas qu'il fut aux mains de la Gestapo. Son arrestation avait eu lieu au mois de mars, alors que j'étais déjà déporté à Buchenwald.

Mais je n'ignorais pas que Marc Bloch faisait partie de la cohorte de grands universitaires qui avaient rejoint la Résistance, pour y occuper une place d'honneur, au premier rang.

Parfois, au cours de ces années, il m'était arrivé de croiser Marcel Prenant dans un bistrot de la rue Cujas. Parfois, devant un immeuble de la rue Schoelcher, j'avais aperçu Jean Cavaillès.

Quoi qu'il en soit, Halbwachs m'a longuement parlé de la fin de Marc Bloch, ce dimanche-là, en évoquant des souvenirs de l'université de Strasbourg, des années vingt.

Dans sa préface à une réédition des *Rois thaumaturges*, Jacques Le Goff a rappelé naguère quel foyer de recherches et de travaux fut cette université, redevenue française après l'étrange victoire de 1918. Il a rappelé les noms des jeunes maîtres qui y furent nommés : entre autres l'historien Lucien Febvre, avec qui Marc Bloch fonda en 1929 les *Annales d'histoire économique et sociale* ; le grand spécialiste de la Révolution française, Georges Lefebvre, le psychologue Charles Blondel et le sociologue Maurice Halbwachs, précisément.

Ce dernier devait publier, un an après *Les Rois thaumaturges* de Bloch, un livre dont Jacques Le Goff nous dit qu'il aura été capital pour tout le domaine de ce que nous appelons aujourd'hui les sciences humaines et sociales : *Les Cadres sociaux de la mémoire*. Marc Bloch, dès l'année de sa parution, lui consacrait un long article dans la *Revue de synthèse historique*...

Bien des années plus tard, à Buchenwald, ce dimanche-là, ce fut au tour de Maurice Halbwachs de me parler longuement de Marc Bloch, de ses *Rois thaumaturges*.

IV

Parfois, dans une sorte de vertige de la mémoire, de reconstruction hallucinée du passé, de télescopage de la chronologie, il m'arrive d'imaginer Hermann Broch dans le groupe qui entourait le châlit où gisaient Halbwachs et Maspero. Il m'arrive de l'y entendre discourir.

Je connais les raisons de ce vertige déraisonnable.

D'abord le fait que l'un des assistants les plus assidus aux discussions dominicales du Block 56 était un juif viennois à qui je dois des informations prodigieusement détaillées et précises sur le milieu intellectuel de Vienne dans la décennie qui a précédé l'*Anschluss*. Sur Musil et Broch en particulier.

Mais c'est surtout parce que Hermann Broch lui-même s'insinue et s'installe dans cette mémoire à cause d'une phrase de l'essai sur la démocratie qu'il écrivit aux États-Unis et que j'ai déjà mentionné.

Analysant les perspectives de la situation européenne, dans ce texte inachevé dont le titre, apparemment paradoxal, est le suivant : *À propos de la dictature de l'humanisme dans une démocratie totale,* Hermann Broch écrivait : « Les dictatures sous leur forme actuelle sont tournées vers le mal radical… »

Le mal radical, *das radikal Böse* !

C'est en 1793, dans son livre *La Religion dans les limites de la simple raison,* qu'Emmanuel Kant a élaboré la théorie du mal radical. On sait l'étonnement, voire l'indignation, que l'apparition de l'idée du « mal radical » dans la philosophie kantienne a provoquée chez ses contemporains.

Le 7 juin 1793, dans une lettre à Herder, Goethe s'exprimait ainsi :

> Kant, après avoir passé une longue vie d'homme à décrasser son manteau philosophique de toutes sortes de préjugés qui le souillaient, l'a ignominieusement sali de la tache honteuse du mal radical, afin que les chrétiens eux aussi se sentent engagés à en baiser le bord.

Herder, correspondant de Goethe à cette occasion, a également accablé Kant de ses sarcasmes critiques, « en faisant valoir que cette nouvelle philosophie de la religion était allée beaucoup plus loin que l'Écriture elle-même dans l'affirmation d'une nature pécheresse de l'homme », selon la formule de Jean-Louis Bruch dans son livre sur *La Philosophie religieuse de Kant.*

Mais il semble bien que Goethe, Herder et Schiller, qui écrivit lui aussi dès la parution de l'ouvrage d'Emmanuel Kant des phrases durement critiques : « Que Kant ait bien fait de soutenir la religion chrétienne à l'aide de fondements philosophiques, j'en doute fort. Tout ce qu'on peut attendre du caractère bien connu des défenseurs de la religion, c'est qu'ils acceptent le soutien mais rejettent les fondements philosophiques, si bien que Kant n'a rien fait d'autre que rapetasser l'édifice pourri de la sottise » ; il semble bien que tous les trois – obnubilés sans doute par la polémique spécifiquement allemande sur l'*Aufklärung* et la Révolution française, au moment où se déploie la Terreur – n'ont pas vraiment saisi le sens réel et profond des thèses kantiennes.

Paul Ricœur, lui, ne s'y est pas trompé.

Dans une conférence de 1985, dont le texte a été publié sous le titre *Le Mal : un défi à la philosophie et à la théologie*, il écrit :

[…] La problématique du mal radical sur laquelle s'ouvre *La Religion dans les limites de la simple raison*, rompt franchement avec celle du péché originel, en dépit de quelques ressemblances. Outre que nul recours à des schémas juridiques et biologiques ne vient conférer au mal radical une intelligibilité fallacieuse (Kant, en ce sens, serait plus pélagien qu'augustinien), le PRINCIPE du mal n'est aucunement une origine, au sens temporel du terme : c'est seulement la maxime suprême qui sert de fondement subjectif ultime à toutes les maximes mauvaises de notre libre arbitre ; cette maxime suprême fonde la propension (*Hang*) au mal dans l'ensemble du genre humain (en ce sens, Kant est ramené du côté d'Augustin) à l'encontre de la prédisposition (*Anlage*) au bien, constitutive de la volonté bonne. Mais la raison d'être de ce mal radical est « inscrutable » (*unerforschbar*) : « Il n'existe pas pour nous de raison compréhensible pour savoir d'où le mal moral aurait pu tout d'abord nous venir. » Comme Karl Jaspers, j'admire cet ultime aveu :

comme Augustin, et peut-être comme la pensée mythique, il aperçoit le fond démonique de la liberté humaine, mais avec la sobriété d'une pensée toujours attentive à ne pas transgresser les limites de la connaissance et à préserver l'écart entre penser et connaître par objet.

Dans cette page de Paul Ricœur – d'une densité lumineuse, et qu'il fallait citer en entier, car tout résumé ou commentaire risquait d'en délayer ou d'en obscurcir le sens –, notons l'apparition parmi nous de Karl Jaspers : nous allons le retrouver.

Mais il n'est pas question ici d'examiner dans son évolution et ses nuances la pensée religieuse et morale d'Emmanuel Kant. Il y faudrait des semestres de séminaire.

Je me permets de renvoyer au travail déjà cité de Jean-Louis Bruch, à l'œuvre considérable d'Alexis Philonenko, qui a sans doute renouvelé la lecture philosophique de Kant, et aux essais de Luc Ferry et d'Alain Renaut, qui apportent dans le débat contemporain sur les philosophies de l'histoire une perspective qui me paraît fertile, incontournable.

Il ne s'agit pas tant, en somme, dans le contexte de cet exposé, de signaler les insuffisances, les contradictions, le paradoxe central même de l'entreprise kantienne, tel que le souligne Herder dans un texte de 1798, paradoxe qui pourrait se formuler ainsi : c'est en élaborant une religion dans les limites de la simple raison que Kant découvre et postule en l'homme un mal irréductible à l'erreur, un mal radical, comme un diable qui réside en nous, condamnant l'impératif moral à n'être qu'une loi purement formelle.

Il s'agit plutôt d'insister sur la portée morale de la théorie du « mal radical ». C'est précisément ce point que Goethe, par exemple, flottant dans le nuage patricien d'un humanisme abstrait, cette fois-là, n'a pas été capable de déceler : si le mal est radical parce que, d'un côté, il manifeste l'impuissance humaine à ériger en lois universelles ses maximes, et parce que, de l'autre, il s'enracine dans l'être même de l'homme, dans l'être-homme, indépendamment de toute détermination historique ou sociale : s'il est, par là, indéracinable, consubstantiel à l'être-humain de l'homme, non pas comme péché originel, mais comme source et suite de la liberté constituante de l'être-homme, alors sans doute faut-il rigoureusement et radicalement tenir compte de sa radicalité. Et envisager des stratégies morales et politiques qui en tiennent compte.

V

Une traduction française de *La Religion dans les limites de la simple raison* a paru en 1943. C'est le dernier texte philosophique que j'aie lu avant mon arrestation. Le volume a traîné dans mon sac à dos, dans les maquis de Semur et du Châtillonnais. Il y tenait compagnie au *Mythe de Sisyphe*, de Camus, à un exemplaire des *Noyers de l'Altenburg*, de Malraux, parvenu de Suisse, et à une édition de *Don Quichotte* en allemand, dans la collection de poche de Tauschnitz.

Les circonstances de la vie et de l'exil m'ont amené en effet à lire le roman de Cervantès d'abord en langue allemande. Elles m'ont amené, en quelque sorte, à une situation comparable à celle du Pierre Ménard de Jorge Luis Borges : si je n'ai pas récrit le *Don Quichotte*, mot à mot, comme lui, j'en ai du moins retraduit le début dans sa langue originale.

Mais c'est une autre histoire. Pardonnez-moi la digression.

Un dimanche, à Buchenwald, donc, n'importe lequel des dimanches après-midi de Buchenwald, autour du châlit de

Maurice Halbwachs et d'Henri Maspero, le « mal radical »
selon Emmanuel Kant est apparu dans notre discussion.

Ou plutôt, plus précisément : Dieu est apparu dans
notre discussion. Dieu et le problème de la permission du
mal : c'était inévitable.

« Comment peut-on affirmer ensemble, sans contradiction, les trois propositions suivantes : Dieu est tout-
puissant ; Dieu est absolument bon ; pourtant le mal
existe. » C'est en ces termes que Paul Ricœur, dans la
conférence que j'ai citée, définit le problème qui se pose à
toute théodicée, à toute onto-théologie, quand celles-ci
s'efforcent d'oublier, du moins, que la critique kantienne
a détruit les certitudes béates de la doctrine de Leibniz.

Telle est, en effet, la question. Et il n'y a pas, il n'y aura
jamais de réponse cohérente, qui parvienne à maintenir la
compatibilité des trois propositions. C'est pour cette raison, sans doute, que Ricœur se prémunit, dès les premières
lignes de son texte, « contre le caractère limité et relatif de
la position du problème dans le cadre argumentatif de la
théodicée ». Il change de terrain d'emblée, choisissant celui
d'une phénoménologie de l'expérience du mal.

> La tâche de penser, écrit Paul Ricœur – oui de penser Dieu et
> de penser le mal devant Dieu – peut ne pas être épuisée par
> nos raisonnements conformes à la non-contradiction et à notre
> penchant pour la totalisation systématique.

Jacques Maritain, pour sa part, dans son traité de 1963,
Dieu et la permission du mal, s'efforce de tenir bien ajustées
les pièces de la machine argumentative de la tradition thomiste. Il serre les boulons de l'herméneutique, pas un bouton
ne manque aux uniformes de son régiment de syllogismes.

> En réalité, proclame Maritain, tout ce que je fais de bien
> vient de Dieu et tout ce que je fais de mal vient de moi,

parce que Dieu a la première initiative dans la ligne de l'être et que j'ai la première initiative dans la ligne du non-être.

Voilà, c'est tout simple. C'est une question de ligne.

L'argumentation de Maritain, quelle que soit l'ingéniosité dialectique, la richesse savante de ses commentaires, est extrêmement pauvre. Délibérément pauvre, sans doute. Premier point ou prémisse : « La certitude fondamentale, le roc auquel nous devons nous cramponner dans cette question du mal moral, c'est l'innocence absolue de Dieu. »

Démonstration en deux temps ou deux axiomes de Thomas d'Aquin pour ce qui concerne cette innocence absolue :

Premier axiome : Dieu n'est en aucune façon et sous aucun rapport cause du mal moral, ni directement ni indirectement. Ça peut se dire en latin, bien sûr : *Deus nullo modo est causa peccati, neque directe, neque indirecte.*

Deuxième axiome : La cause première du défaut de grâce vient de nous. (*Defectus gratiae prima causa est ex nobis.*)

Et Maritain de commenter cet axiome :

C'est en nous, écrit-il, c'est dans la créature qu'est la cause première du mal moral (cause première dans l'ordre du non-être ou du néant), la créature a l'initiative première du mal moral, c'est à elle que remontent l'initiative et l'invention du péché.

On ne peut qu'être admiratif devant les risques métaphysiques que prend Jacques Maritain dans cette affaire. Et tout d'abord, pourquoi identifier le bien à la ligne de l'être et le mal à celle du non-être ? N'est-ce pas là l'un des plus vieux préjugés de la philosophie dogmatique ? Même si l'on écarte, par souci de méthode, les métaphysiques de la négativité dialectique ; même si l'on reste à l'intérieur d'une pensée religieuse, est-il vraiment évident d'identifier le bien à l'être ? Il ne semble pas. Il suffirait pour se convaincre de cette non-évidence de suivre l'argumentation de Catherine Chalier dans *La Persévérance du mal*, commentaire rigoureux et développement original de la philosophie d'Emmanuel Levinas.

Quelle que soit la distance que j'aimerais prendre avec une pensée aussi transie de transcendance, ne respirant que par celle-ci et pour celle-ci, je ne peux que souscrire à cette formulation de Catherine Chalier :

> À identifier le bien à l'être, à récuser l'idée d'un au-delà de la pure positivité de l'essence qui viendrait en questionner le droit, en retenir l'élan, n'est-ce pas ce spectacle des forces vitales rivalisant de dynamisme et d'insolence pour s'imposer et pour être, pour gagner l'hégémonie, que l'on prend pour modèle et pour norme ? Comme si l'effort de la nature pour persévérer dans son être et l'accroître était le signe de la divinité même de l'être et qu'en conséquence nulle axiologie n'était pensable…

Il est certain qu'il faut souvent savoir réduire l'être à néant, effacer sa persistance, son épaisseur, l'oublier, se délivrer de son enfermement, pour tout simplement le rendre habitable. Provisoirement, du moins. Par intermittences du cœur ou de l'esprit. Dans l'angoisse vivifiante d'un savoir qui investit le monde comme délitement de l'être, justement. Mais n'est-ce pas là le sens de la liberté de l'être au monde de l'homme ?

D'autre part, Jacques Maritain, et non seulement lui, mais les théologiens en général ont-ils réfléchi aux conséquences de leur machinerie dialectique destinée à assurer l'innocence de Dieu, à le préserver de toute contagion du mal : axiomes de Thomas d'Aquin, dans le cas de Maritain ; mystères de la théologie « brisée », dans le cas de Karl Barth, qui admet dangereusement que Dieu règne aussi à main gauche, qu'il est la cause et le maître du néant lui-même ?

Car, si le mal est affaire de l'homme, si c'est à l'homme que reviennent l'initiative et l'invention du péché, si le mal est même le seul espace concret d'historicité où l'homme puisse agir de façon autonome, totalement libre, en tant que pour soi, sans dette d'aucune sorte avec nulle transcendance, sans autres limites que celles de son choix, de ses propres critères et maximes, n'est-ce pas là faire du mal l'affirmation suprême de l'humanisme de l'homme, de son humanité ?

N'est-ce pas là faire de l'innocence absolue de Dieu le signe, ou le symptôme, de sa disparition possible, par évanouissement de ses fonctions cosmologiques ; Dieu ne serait-il innocent que parce qu'il risque d'être inexistant ? Non pas mort, bien entendu : la pensée de la mort de Dieu demeure encore prisonnière de la pensée théologique. Ou bien encore : l'innocence absolue de Dieu ne serait-elle qu'une invention de la créature, au même titre que le péché ? Dieu ne serait-il qu'une initiative de la liberté humaine, au même titre que le mal ? Aussi radicale que le mal, par ailleurs ?

VI

En 1936, Martin Heidegger consacre son séminaire d'été à un cours sur Schelling. Plus précisément, aux célèbres *Recherches philosophiques sur l'essence de la liberté humaine*, parues en 1809.

Les *Recherches* de Schelling sont l'une des œuvres les plus surprenantes, les plus fortes, de l'idéalisme allemand, me semble-t-il. Prenant comme point de départ les thèses de Kant sur le « mal radical » et la problématique traditionnelle des théodicées ou onto-théologies, Schelling élabore une vision de l'essence de la liberté qui prend en compte le mal en tant que surgissant sur le même fond constitutif (*Grund*) de l'être humain.

Ainsi, il s'efforce de scruter ce qui semblait à Kant inscrutable (*unerforschbar*) : la raison compréhensible de l'origine du mal moral en l'homme.

Friedrich Wilhelm Joseph von Schelling a surgi auprès de nous, lui aussi, un dimanche après-midi de Buchenwald. Ses paroles, du moins, s'étaient fait entendre de la bouche d'un *Bibelforscher*, un de ces Témoins de Jéhovah internés par le nazisme dans les camps de concentration pour leur refus de porter les armes, qui participa à certaines de nos réunions.

Jéhovah, donc, ou plutôt son Témoin, nous a parlé ce dimanche-là des *Recherches* de Schelling. Une formulation de ce dernier s'est gravée dans ma mémoire.

Jéhovah la répétait, en chuchotant, dans la pénombre puante du Block 56. Formulation qui vient clore un passage où Schelling aborde la question du fondement originel où s'enracinent les choses scindées de Dieu, et Dieu lui-même, et ce qui en Dieu n'est pas Lui-même, c'est-à-dire le désir nostalgique (*Sehnsucht*) d'être Un, d'enfanter Dieu, qui est le fondement de l'humain : de la liberté du mal et du mal de la liberté. Fondement obscur, problématique, mais, dit Schelling – et c'est là la formulation dont je parlais, que Jéhovah répétait d'une voix sourde – « sans cette obscurité préalable, la créature n'aurait aucune réalité : la ténèbre lui revient nécessairement en partage ».

Ces mots énigmatiques nous semblaient nommer l'évidence. Les dimanches de Buchenwald, autour de Halbwachs et de Maspero, gisant dans leur litière, mourants, la ténèbre nous revenait nécessairement en partage.

Quelques semaines plus tard, un autre dimanche, le dernier dimanche, Nicolaï m'accueillait à la porte du Block 56. Nicolaï, jeune Russe, jeune barbare, était le chef du *Stubendienst*, le service intérieur de la baraque. Il était d'humeur particulièrement joviale, ce jour-là. « T'as vu ma casquette ? », disait-il. Il se découvrait, me tendait sa casquette. Je ne pouvais pas ne pas la voir. Une casquette d'officier de l'armée soviétique, voilà ce que c'était. Nicolaï effleurait du doigt, d'un geste caressant le liseré bleu de sa belle casquette d'officier. « Une casquette du NKVD ! s'était-il exclamé, triomphant. Une vraie ! Je l'ai obtenue aujourd'hui même. Elle m'a coûté les rations de pain de toute la semaine. » J'étais sûr que ce n'étaient pas ses rations à lui qu'il avait données en échange de la belle casquette policière. Nicolaï était, en effet, l'un des caïds des bandes russes, sauvages, qui contrôlaient les trafics et les partages de pouvoir dans le Petit Camp de Buchenwald.

Je ne comprenais pas pourquoi il était si heureux d'avoir obtenu une casquette de policier, mais il a enchaîné sur une autre nouvelle.

« *Dein Herr Professor*, a-t-il murmuré, *kommt heute noch durch's Kamin.* » (Ton monsieur professeur s'en va par la cheminée aujourd'hui même.)

Le dimanche précédent, Maurice Halbwachs était déjà très faible. Il n'avait plus la force de parler. Il ne pouvait plus que m'écouter, et seulement au prix d'un effort surhumain, ce qui est le propre de l'homme. Mais cette fois-là, cette dernière fois, Halbwachs n'avait même plus la force d'écouter. À peine celle d'ouvrir les yeux. J'avais pris la main de Halbwachs, qui n'avait pas encore eu la force d'ouvrir les yeux. J'ai senti seulement une réponse de ses doigts, une pression légère, message presque imperceptible.

Le professeur Halbwachs était parvenu à la limite des résistances humaines. Il se vidait lentement de sa substance, arrivé au stade ultime de la dysenterie qui l'emportait dans la puanteur.

Un peu plus tard, alors que je lui racontais n'importe quoi, pour qu'il entende le son d'une voix amie, il a soudain ouvert les yeux. La détresse, la honte de son corps en déliquescence y étaient lisibles. Mais aussi une flamme de dignité, la lueur immortelle d'un regard d'homme qui constate l'approche de la mort, qui sait à quoi s'en tenir, qui en mesure face à face les enjeux, librement : souverainement.

Alors, dans une panique soudaine, ignorant si je puis invoquer quelque Dieu pour accompagner Maurice Halbwachs, conscient de la nécessité d'une prière, pourtant, je dis à haute voix quelques vers de Baudelaire. C'est la seule chose qui me vienne à l'esprit.

Ô mort, vieux capitaine, il est temps, levons l'ancre...

Le regard de Halbwachs devient moins flou, semble s'étonner. Je continue de réciter. Quand j'en arrive à... *nos cœurs que tu connais sont remplis de rayons*, un mince frémissement s'esquisse sur les lèvres de Maurice Halbwachs.

Il sourit, mourant, son regard sur moi, fraternel.

VII

Deux observations seulement sur le texte de Heidegger à propos des *Recherches* de Schelling, qui vont nous ramener à la question centrale de la modernité.

Il s'agit d'un travail où se manifeste toute la *Gründlichkeit* professorale de Heidegger. Au double sens du mot : au sens d'un sérieux un peu académique. Et puis au sens d'une recherche, parfois tatillonne, sémantiquement empêtrée, du fondement métaphysique (*das Grund*) de toute chose, de tout concept.

Ma première observation portera sur l'introduction du cours de Heidegger, consacrée à situer l'œuvre de Schelling dans le contexte historique de 1809.

Ce sont des pages irritantes, significatives par ailleurs. Par leur nationalisme étriqué et grinçant, surtout. Aucun des événements, des noms, des travaux philosophiques qu'énumère Heidegger ne concerne d'autre réalité que celle de l'Allemagne de l'époque. Même quand il parle des trois inséparables compagnons qu'ont été dans leur jeunesse universitaire Hegel, Hölderlin et Schelling – dont les destins se sont à cette époque déjà séparés –, Heidegger trouve le moyen de passer sous silence l'événement historique qui cimenta cette amitié, qui provoqua leur enthousiasme et leur réflexion : la Révolution française.

Mais comment peut-on situer l'œuvre de Schelling – ou de Kant, ou de Fichte, ou de Hegel, ou de Heine, ou de Herder, pour n'en citer que certains parmi les plus importants – en occultant les relations de l'Allemagne de l'époque avec la France révolutionnaire ? En fait, les *Recherches philosophiques sur l'essence de la liberté* de Schelling viennent clore d'une certaine façon une période qu'inaugurent, en 1793, Kant et Fichte. Période tout entière marquée par le déroulement et l'influence de la Révolution française.

L'essai d'Alexis Philonenko sur la pensée morale et politique de Kant et de Fichte commence par ces mots :

> En 1793, la Révolution française ne semble pas accomplir l'enthousiasmante promesse de 1789… C'est l'année, en effet, où Louis XVI a été guillotiné, où s'installe le Comité de salut public, où commence la Terreur. Les Girondins sont écrasés, la Vendée se soulève.

Dans ce contexte historique, Edmond Burke vient de publier en Angleterre ses *Réflexions sur la Révolution française*, dont la répercussion en Europe est immédiate. Les philosophes allemands de l'*Aufklärung*, en particulier, qui ont salué les premiers pas de la Révolution de 1789, qui l'ont célébrée d'une même voix, sont confrontés à une interrogation déchirante. Et inaugurale, en quelque sorte, puisqu'elle se reproduira, un siècle et demi plus tard, dans des conditions historiquement différentes, mais analogues dans leur essence, à propos de la révolution soviétique. L'interrogation des intellectuels éclairés devant les consé-quences pratiques – imprévues, terrifiantes – d'une théorie rationnelle, à prétention scientifique même, du progrès social, du bonheur collectif : idée neuve en Europe, certes, mais néfaste.

Et cette interrogation recoupe, en fin de compte, le questionnement du mal que provoque, dans l'épaisseur concrète et tragique de l'histoire, la recherche éperdue, autoritaire, du bien.

Georg Forster, homme de science allemand, compa-gnon à 18 ans de Cook pendant son voyage autour du monde, et d'Alexander von Humboldt ses explora-tions des contrées rhénanes, observateur sympathisant mais lucide des événements révolutionnaires parisiens de 1793, écrit le 16 avril de cette année :

> [...] La domination, ou mieux encore, la tyrannie de la rai-son, peut-être la plus brutale de toutes, est encore à venir dans notre monde. Lorsque les hommes connaîtront toute l'efficacité de cet instrument, quel enfer ne vont-ils pas créer autour d'eux !

C'est à ce genre de questions que Kant et Fichte essaient de trouver réponse, en cette année 1793 qu'étu-die Philonenko. Fichte s'y essaie dans ses *Contributions destinées à rectifier le jugement du public sur la Révolution française*, et Kant dans son opuscule sur le lieu commun : *Cela est bon en théorie mais ne vaut rien pour la pratique.*

L'ouvrage de Kant sur la religion, où il aborde le pro-blème du « mal radical » et qui fut traduit pour la première fois en français en 1943, juste à temps pour alimenter nos discussions dominicales de Buchenwald, s'inscrit d'emblée dans cette même réflexion sur la morale et la politique de l'*Aufklärung*.

Un livre de Denis Rosenfeld (*Du mal : essai pour introduire en philosophie le concept de mal*), reprend systématiquement toute cette problématique de l'idéalisme allemand, de Kant à Hegel.

De son côté, Luc Ferry, dans un travail plus ancien, *Le Système des philosophies de l'histoire*, deuxième volume de sa *Philosophie politique*, élargit ce champ d'investigation et, partant des acquis et des impasses de l'idéalisme allemand, examine l'antinomie de rationalisme et d'irrationalisme qui se déploie depuis lors, dans une sorte de va-et-vient historique : de Hegel à Heidegger et de Heidegger à Kant, en somme.

En 1809, lorsque Schelling publie ses *Recherches* sur l'essence de la liberté humaine, Hegel a déjà fait paraître sa *Phénoménologie de l'esprit*. Les positions des divers courants de l'idéalisme allemand ont déjà cristallisé. Pour le dire avec un certain schématisme, nous avons en premier lieu, dans une position dominante, l'ontologie théorique appliquée à l'histoire, de Hegel. Elle se caractérise par l'extension absolue au réel du principe de raison et par la théorie de la *ruse de la raison*, qui conduit la progression de l'histoire par ses mauvais côtés et qui légitime les maux et massacres qui permettent à l'esprit du monde de triompher.

À l'autre extrême, nous avons l'ontologie pratique de Fichte, qui prétend à la transformation révolutionnaire du réel au nom d'une fin universelle.

D'une certaine façon, le marxisme-léninisme du XXᵉ siècle, qui s'est abusivement attribué le statut d'une *science* révolutionnaire, qui a prétendu rendre l'histoire intelligible et maîtrisable, avec l'effroyable succès que l'on

sait, est une fusion ou violente synthèse de ces deux positions ontologiques.

Et la position de Heidegger en est l'abolition, Luc Ferry
l'argumente de façon limpide dans son essai. Martin
Heidegger, tout au long de son œuvre, a poursuivi la
déconstruction de l'ontologie. L'histoire est par essence
non explicable, non maîtrisable : elle est un « miracle » de
l'être.

La position d'Emmanuel Kant, pour en revenir à
l'époque foisonnante de l'idéalisme allemand, est sans
doute la plus raffinée, la plus complexe. Raffinement et
complexité qui se manifestent au prix de quelque inco-
hérence apparente. Par certains de ses points de vue, en
effet, Kant semble tout proche de l'ontologie de la *ruse de
la raison* hégélienne.

Par d'autres, il recoupe le volontarisme moral de Fichte.
Mais cette contradiction au prime abord est la conséquence d'une orientation fondamentale, qui donne à la
démarche de Kant, depuis ses *Idées d'une histoire universelle au point de vue cosmopolitique* de 1784, jusqu'à la
théorie du « mal radical », une forte cohérence interne.
Orientation qui consiste à essayer de penser ensemble la
« mauvaise nature » de l'homme – son *insociable socia-
bilité*, dit Kant, qui fait de l'homme un animal qui,
lorsqu'il vit parmi d'autre individus de son espèce, a
besoin d'un maître – et la possibilité d'un progrès social,
d'un État de droit.

Mais rien de tout cela n'intéresse Martin Heidegger
quand il situe dans son époque – celle qui vient clore et
clôturer l'expérience de la Révolution française dans
l'Europe napoléonienne – l'œuvre de Schelling qu'il commente. La philosophie ne semble être pour lui qu'une
querelle d'Allemands, professeurs d'université.

Ma deuxième observation sur le cours de l'été 1936 est d'ordre apparemment philologique, de critique textuelle. Je pense cependant qu'elle porte sur le fond, sur le *Grund*, qui dans ce cas est un *Abgrund*.

Il se trouve, en effet, que nous disposons de deux versions du séminaire de Martin Heidegger à propos de Schelling. L'une a été publiée en volume autonome chez Max Niemeyer, en 1971. L'autre est contenue dans le tome XLII des *Œuvres complètes* en cours de publication.

À les examiner superficiellement, il semble qu'il n'y ait entre les deux textes que des divergences minimes de mise en page, de nomenclature des différentes parties et paragraphes. À y regarder de plus près, il apparaît cependant que plusieurs lignes ont été censurées dans l'édition Niemeyer (qu'on peut considérer comme étant celle destinée au grand public)*.

Heidegger est en train d'examiner les ravages du nihilisme à l'époque moderne, ravages que Nietzsche a déjà dénoncés.

> Ce qui appartient au médiocre, dit Heidegger, se présente comme supérieur ; ce qui n'est qu'invention astucieuse se fait passer pour œuvre créatrice ; l'absence de réflexion est prise pour de l'énergie et la science prend l'apparence d'une connaissance essentielle.

Nietzsche, affirme Heidegger, est le seul philosophe à avoir amorcé un contre-mouvement, qui n'a d'ailleurs pas abouti. Il faut donc continuer à se tenir sur ses gardes, à réfléchir encore et toujours, à accumuler un savoir impitoyablement rigoureux.

---

* Je me reporte à la page 28 de l'édition Niemeyer et à la page 40 du tome XLII des *Œuvres complètes*.

Après cet avertissement, le texte de l'édition Niemeyer enchaîne sur la problématique de la liberté dans tout système philosophique. Mais le texte du tome XLII des *Œuvres complètes* prolonge les considérations sur Nietzsche par quelques lignes qui ont disparu dans la version grand public. Les voici :

> Il est en outre notoire que les deux hommes qui, en Europe, ont déclenché des contre-mouvements, à partir de la structuration politique de la nation, et du peuple, par conséquent – de façon diverse, sans doute – c'est-à-dire Mussolini et Hitler, ont été tous les deux, à divers égards, influencés par Nietzsche de façon essentielle sans que pour autant le domaine métaphysique particulier de la pensée nietzschéenne soit pris en compte directement.

Il est bien évident, dirais-je moi-même, que le domaine métaphysique particulier de Nietzsche ne pouvait être directement pris en compte que par Heidegger lui-même.

Quoi qu'il en soit, ce paragraphe censuré dans l'édition Niemeyer constitue la seule référence historique de Heidegger, la seule allusion à la réalité historique de cet été 1936 pendant lequel il tient son séminaire sur Schelling.

Il semble pourtant qu'il y aurait autre chose à dire, qu'on pouvait attendre davantage d'un philosophe attentif aux mouvements et contre-mouvements historiques.

Été 1936 : la guerre civile espagnole vient de commencer ; Staline vient de tenir le premier des grands procès-spectacles de Moscou, tout en développant une stratégie antifasciste qui n'aboutira à rien, sauf au désastre espagnol et au retournement brutal des alliances en 1939 lors du Pacte germano-soviétique, où s'exprime la vraie nature convergente des systèmes totalitaires. Stratégie antifasciste qui se soldera par un échec, donc, mais qui aura obnubilé, aveuglé

pour des décennies une bonne part, la meilleure sans doute,
à quelques exceptions près, de l'*intelligentsia* européenne.

Comme si, à l'approche de la crise, de la guerre, du
silence totalitaire, s'exprimaient avec d'autant plus de force
les voix de la raison critique, cette période aura été l'une
des plus riches de la culture européenne. Husserl prononce
les conférences de Prague et de Vienne, qui sont à l'origine
d'un de ses derniers grands textes, *La Crise des sciences européennes*. Walter Benjamin écrit en exil son essai sur l'œuvre
d'art à l'époque de sa reproductibilité technique, sans
lequel on ne peut rien entendre aux problèmes actuels du
marché de l'art ni de l'art de marché. Freud vient d'analyser le malaise dans la civilisation…

Toutes ces voix, notons-le – et George Steiner l'a souligné à l'occasion d'un colloque sur Vienne et la modernité –, sont des voix d'intellectuels juifs européens. Ce
n'est certainement pas un hasard.

Je voudrais mettre en relief l'une d'entre elles, sans
doute la plus aiguë, la plus prophétique.

Nous sommes à Vienne, en novembre 1936, peu de
temps après le séminaire heideggérien sur Schelling. On
célèbre le cinquantième anniversaire de Hermann Broch,
précisément. Élias Canetti prend la parole. De façon
éblouissante, il fait l'éloge de son ami, établissant en passant les critères esthétiques et moraux de toute activité
créatrice. À la fin de son discours, soudain, se fait entendre
le ton prophétique dont j'ai parlé.

Il n'y a rien à quoi l'être humain soit aussi ouvert qu'à l'air.
Là-dedans, il se meut encore comme Adam au paradis… L'air
est la dernière aumône… Et si quelqu'un mourait de faim, il
aura du moins, ce qui est certes peu, respiré jusqu'au bout.
Et cette ultime chose, qui nous était commune à tous, va tous
nous emprisonner en commun. Nous le savons ; mais nous
ne le sentons pas encore ; car notre art n'est pas de respirer.

L'œuvre de Hermann Broch se dresse entre une guerre et une autre guerre ; guerre des gaz et guerre des gaz. Il se pourrait qu'il sente encore maintenant, quelque part, la particule toxique de la dernière guerre. Ce qui est certain toutefois, c'est que lui, qui s'entend mieux que nous à respirer, il suffoque aujourd'hui déjà du gaz qui, un jour indéterminé encore, nous coupera le souffle.

VIII

Dès qu'il est question de Heidegger, en France du moins, et particulièrement dans une enceinte universitaire, resurgit le débat sur son appartenance au nazisme. Faux débat, presque indécent d'ailleurs, au vu de la documentation existante. Oui, Martin Heidegger a ouvertement soutenu le nazisme : jamais il n'est revenu de façon crédible sur les raisons de ce soutien. Jamais il ne l'a mis en doute, en cause ni en question, lui qui aura tenté de faire du questionnement le fondement même de toute activité proprement philosophique.

Oui, il existe un lien théorique, une raison non pas de conjoncture historique, mais déterminante sur le plan de l'ouverture métaphysique aux problèmes de l'être, entre la pensée de Martin Heidegger et le nazisme.

Le plus scandaleux, donc, n'est pas que Heidegger ait appartenu au parti nazi. Le plus scandaleux est qu'une pensée originale et profonde, dont l'influence d'une manière ou d'une autre s'est étendue au monde entier, ait pu considérer le nazisme comme un contre-mouvement spirituel historiquement capable de s'opposer au déclin présumé d'une société mercantile et massifiée.

Il faut, en somme, affronter et assumer le scandale dans sa radicalité : ce n'est pas parce qu'il est l'un des plus

considérables philosophes de ce siècle qu'il faut occulter,
nier ou minimiser l'appartenance de Heidegger au nazisme.
Ce n'est pas parce qu'il fut nazi qu'on peut refuser de questionner jusqu'au bout le fond et la raison de son questionnement.

Il faut prendre en compte les textes de la période du
Rectorat, sans doute. Mais il faut aller bien au-delà... Il
faut prendre en compte, avant de revenir sur *Sein und
Zeit*, les textes, désormais accessibles pour l'essentiel, des
cours et séminaires tenus par Heidegger durant les années
trente et quarante, période pendant laquelle il a très peu
publié mais beaucoup écrit.

À commencer par l'*Introduction à la métaphysique* de
1935, à suivre par les cours sur Schelling, déjà men-
tionnés, sur Nietzsche – indispensables –, sur Hegel et
Hölderlin.

Il faudra aussi prendre en compte le livre auquel
Heidegger a travaillé pendant toutes ces années-là, où s'ins-
crivent – parfois de façon quasiment aphoristique – les
traces de l'évolution de sa pensée. Il s'agit sans doute du
pendant de *Sein und Zeit*, pour l'époque d'après la *Kehre*, le
fameux tournant, malgré son aspect formellement moins
structuré (mais peut-être n'est-ce là que l'un des effets de la
déconstruction à laquelle Heidegger s'est consacré).

On peut prévoir, prédire même, que ces *Beiträge zur Philosophie* (*Vom Ereignis*), ouvrage posthume publié l'année
dernière en tant que tome 65 des *Œuvres complètes*, devien-
dront le prochain enjeu des discussions sur la pensée de
Heidegger. Je veux parler des discussions sérieuses.

Signalons d'ores et déjà la parution récente d'une analyse
critique de Nicolas Tertulian, pertinente et pénétrante, et
dont on peut reprendre les phrases qui en constituent pratiquement la conclusion :

On pourrait dire, en forçant un peu la note, que la défaite de l'Allemagne dans la Deuxième Guerre mondiale a été aussi une défaite pour la pensée de Heidegger : la victoire est revenue aux formes de vie et de civilisation auxquelles il oppose, conformément à l'histoire de l'être (*seinsgeschichtlich*), sa fin de non-recevoir à la démocratie et au libéralisme, à l'américanisme et au socialisme, au christianisme et aux messages des Églises. S'il n'a jamais renié ses vues politiques, c'est parce qu'elles étaient trop liées aux fondements de sa pensée…

Nous voici, je crois, au plus près de l'essentiel.

De la formulation bien connue du cours de 1935, l'*Introduction à la métaphysique*, sur la vérité interne et la grandeur du mouvement national-socialiste, qui s'exprimeraient dans « la rencontre, la correspondance, entre la technique déterminée planétairement et l'homme moderne », en passant par le premier cours public donné après la guerre, en 1951-1952, « Qu'appelle-t-on penser ? », et jusqu'à l'entretien posthume de *Die Zeit*, un même fil conducteur traverse toute la pensée de Martin Heidegger : le refus du monde sous les espèces de la modernité technicienne, de la société démocratique de masse et de marché ; du monde où semble s'effacer, dans le domaine de l'art, l'aura de l'authentique, le même monde qu'a exploré, pour en arriver à de tout autres conclusions, Walter Benjamin.

Le verdict de Heidegger est établi dès 1935. Il peut se résumer ainsi : l'Europe est en danger mortel, prise comme elle l'est en étau entre l'Amérique et l'URSS. Ces deux puissances sont, du point de vue métaphysique, la même chose : « la même frénésie sinistre de la technique déchaînée, et de l'organisation sans racines de l'homme normalisé ». Cette situation est qualifiée par Heidegger comme une « invasion du démoniaque (au sens de la malveillance dévastatrice) ».

C'est la montée de cette *démonie* de la frénésie technique et de l'organisation sans racines que Heidegger considère comme le « mal radical » de l'époque. C'est pour faire face à cette démonie qu'il en appelle au peuple allemand, peuple métaphysique par excellence, et qu'il adhère à la révolution nazie, qui lui semble incarner, malgré ses inconséquences et une certaine superficialité, les possibilités d'un sursaut de l'être contre le déclin de l'Occident.

« L'Europe veut encore se cramponner à la démocratie et ne veut pas apprendre à voir que cette dernière équivaudrait à sa mort historique », dit encore Heidegger dans son cours sur Nietzsche de l'hiver 1936-1937 (je cite d'après le tome 43 des *Œuvres complètes*, l'édition de 1961 des différents séminaires sur Nietzsche en deux volumes autonomes ayant également subi quelques arrangements circonstanciels).

Et Heidegger de poursuivre : « Car la démocratie n'est, comme Nietzsche l'a clairement vu, qu'une variété vulgaire du nihilisme. »

IX

La démocratie… Il n'est question de rien d'autre dans *L'Étrange Défaite*, le livre posthume que Bloch a écrit dans la hâte et la colère, mais avec une extrême lucidité, de juillet à septembre 1940, il y aura bientôt cinquante ans.

Je l'ai déjà dit, le texte de Marc Bloch me semble poser avec une acuité très actuelle les questions de la modernité démocratique, de ses exigences et de ses possibilités.

Pourtant, à première et dans ce cas-ci courte vue, la réflexion de Marc Bloch s'articule tout d'abord sur une critique rigoureuse des archaïsmes de la démocratie française. Sur un constat de la « modernité » nazie.

Au vrai, écrit Marc Bloch, ce furent deux adversaires appartenant chacun à un âge différent de l'humanité qui se heurtèrent sur les champs de bataille. Nous avons en somme renouvelé les combats, familiers à notre histoire coloniale, de la sagaie contre le fusil. Mais c'est nous, cette fois, qui jouions les primitifs…

On peut trouver pratiquement la même idée dans l'essai de George Orwell, *The Lion and the Unicorn*, que j'ai déjà mentionné. Souvent exprimée dans les mêmes termes. Ainsi, lorsque Orwell parle de l'« archaïsme » des dirigeants anglais par rapport à la « modernité » des nazis, il dit des premiers « qu'ils ont traité le fascisme comme les généraux de cavalerie de 1914 ont traité les mitrailleuses : par l'ignorance ».

Adaptation, donc, du nazisme à l'âge de la technique planétaire (« Depuis le début du XXe siècle, dit Marc Bloch, la notion de distance a radicalement changé de valeur »). Capacité d'improvisation des chefs militaires nazis, fondée sur ladite adaptation aux techniques révolutionnaires (« Ils croyaient à l'action et à l'imprévu, constate l'historien. Nous avions donné notre foi à l'immobilité et au déjà fait »).

Tout cela a conduit au renouvellement des cadres de la nation allemande, à la primauté de la jeunesse, d'esprit autant que d'âge (« Les révolutions nous paraissent tantôt souhaitables, tantôt odieuses, selon que leurs principes sont ou non les nôtres, dit Marc Bloch. Elles ont cependant toutes une vertu, inhérente à leur élan : elles poussent en avant les vrais jeunes. J'abhorre le nazisme. Mais comme la Révolution française, à laquelle on rougit de la comparer, la révolution nazie a mis aux commandes, que ce soit à la tête des troupes ou à la tête de l'État, des hommes qui, parce qu'ils avaient un cerveau frais et n'avaient pas été formés aux routines scolaires, étaient capables de comprendre le surprenant et le nouveau. Nous ne leur opposons guère que des messieurs chenus ou de jeunes vieillards »).

Il est rare de trouver une pensée qui, comme celle de Marc Bloch dans ces lignes, assume avec autant de courage les risques de sa propre lucidité. Nous en arrivons ici à un point de l'analyse où les lumières de la raison peuvent devenir aveuglantes. Où l'on risque de basculer du côté du « mal radical » historiquement objectivé. Souvenons-nous de Drieu La Rochelle ; du Montherlant de *Solstice de juin*, de sa jubilation solaire devant les « divisions panthères » nazies.

Nous voici devant la rencontre, la correspondance, entre la technique planétairement déterminée et l'homme moderne. Ou plutôt l'homme allemand, appartenant au peuple métaphysique, selon les dires de Martin Heidegger. Nous voici devant le sursaut de l'être allemand contre le déclin, sursaut spirituellement matérialisé par la force militaire nazie, pétrie de jeunesse d'esprit et d'invention technique.

Quelles sont les raisons fondamentales qui font que la pensée démocratique – celle qui s'exprime, à cette époque-là, par les voix de Marc Bloch, de George Orwell, de Jacques Maritain, par exemple – ne succombe pas devant l'éclatante modernité de la machine militaire et politique nazie ?

Deux ordres de raisons, me semble-t-il.

Tout d'abord, la pensée démocratique, pour critique qu'elle doive être des effets pervers, aliénants, de la technique moderne, principalement dans l'espace de la communication, ne pourra jamais considérer de prime abord et métaphysiquement néfastes les processus à l'œuvre dans nos sociétés de masse et de marché.

Dans *L'Étrange Défaite*, après s'être gaussé des discours moralisateurs sur le retour à la terre que l'on commençait à entendre en France dès les premiers jours du régime de Vichy, Marc Bloch écrit :

> Ces bucoliques avis, pourtant, ne sont pas exclusivement choses d'aujourd'hui. Toute une littérature de renoncement, bien avant la guerre, nous les avait déjà rendus familiers. Elle stigmatisait l'« américanisme ». Elle dénonçait les dangers de la machine et du progrès...

Il semble bien que Marc Bloch touche ici à un point essentiel. La critique de l'« américanisme », de la machine et du progrès – ce que Heidegger appelle la *Machenschaft*, dans son livre posthume –, qu'elle se présente dans un contexte idéologique ou sémantique de droite ou de gauche, est toujours le symptôme d'une pensée faible. Ou vulgaire. Ou les deux à la fois. D'une pensée précritique, en tout cas. C'est-à-dire postmoderne.

Car l'« américanisme » est le miroir, parfois grossissant, déformant aussi, de nos propres réalités : des problèmes, des espoirs, des fantasmes européens aussi. D'où il résulte que la critique de l'« américanisme », quand elle n'est pas au service d'une simple défense, légitime par ailleurs, d'une part de marché menacée, n'est que le signe d'une incapacité à saisir critiquement nos propres réalités européennes.

Dans la belle préface qu'il a écrite pour la récente ré-édition de *L'Étrange Défaite*, Stanley Hoffmann met en parallèle les analyses de Marc Bloch et celles de Léon Blum dans *À l'échelle humaine*. Blum a écrit son livre en prison, avant d'être déporté en Allemagne, dans une villa du quartier des casernes SS de Buchenwald, à quelques centaines de mètres du Block 56 où je retrouvais, tous les dimanches, jusqu'à sa mort, Maurice Halbwachs.

Léon Blum a vécu deux ans dans cette villa isolée, entourée d'une palissade barbelée, sans savoir exactement où il se trouvait, ignorant tout de l'existence du camp de concentration, si proche pourtant.

Le premier indice que nous en avons surpris, a écrit Blum à son retour d'Allemagne, est l'étrange odeur qui nous parvenait souvent le soir, par les fenêtres ouvertes, et qui nous obsédait la nuit tout entière quand le vent continuait de souffler dans la même direction : c'était l'odeur des fours crématoires.

Dans son enfermement, Léon Blum a lu, réfléchi. Quelques extraits de ses notes d'Allemagne ont été publiés. Elles concernent presque toujours les problèmes de la liberté et de l'égalité. Dans l'une de ces notes, Blum s'occupe du problème de la « technique planétaire ».

La machine cyclopéenne qui est la face matérielle du monde, écrit Blum, débite au hasard, sur un rythme sans cesse accéléré, une profusion de richesses que les hommes ne savent plus comment se distribuer entre eux. La production se croit libre, mais le partage n'est ni fraternel ni égal. La gestion de l'univers matériel aurait exigé l'égalité, non pas de tous les hommes, mais de toutes les conditions humaines. Des crises, qui sont devenues la forme la plus apparente du progrès, manifestent la rupture de cet équilibre fondamental.

Plus loin, Blum conclut cette note ainsi :

La révolution politique, l'héroïque, l'éloquente, en créant l'État moderne, en dressant face à face l'État et l'individu, avait rompu les rapports de solidarité qui l'unissaient à l'homme. La révolution industrielle, la fatale, la muette, en créant la technique moderne, en dressant face à face la machine et l'individu rompait les rapports de dépendance qui l'unissaient à la matière. L'individu croyait s'être affranchi par une double effraction, et sa liberté n'était plus qu'un mirage de sa solitude. Cette solitude-là crée l'angoisse, et l'angoisse dramatise l'anarchie du monde mécanique.

La lucidité de Blum, que je trouve superbe, prouve bien qu'il n'est nul besoin de déconstruire la métaphysique pour comprendre la modernité ; nul besoin d'un « sursaut de l'être » pour essayer de porter remède aux maux de la modernité. Il suffit de l'exercice rigoureux et inlassable de la raison pratique et démocratique.

Le deuxième ordre de raisons qui pousse la démocratie à ne pas capituler devant la ruse de la raison totalitaire, devant la flamboyante modernité du nazisme, est de nature morale.

Hermann Broch écrivait à New York, en 1940 : « Les dictatures sous leur forme actuelle sont tournées vers le mal radical. »

C'était façon de parler, certes, de se faire comprendre à l'emporte-pièce. Car les dictatures, toutes celles qui ont une visée totalitaire, du moins, sont tournées vers le bien absolu : bonheur du peuple, avenir radieux, communauté nationale ou mystique. Les dictatures produisent le « mal radical » d'aujourd'hui sous le couvert ou la justification du « bien absolu » de demain.

De même qu'une société démocratique admet le conflit interne, social, culturel ou politique, comme principe de fonctionnement ; qu'elle instaure le respect du pluralisme qui en découle comme loi fondamentale de la gestion de ses propres conflits, de même doit-elle comprendre et assumer le « mal radical » au sens de Kant, comme l'une des possibilités de la liberté constitutive de l'homme.

Les sociétés totalitaires, par contre, ne peuvent pas admettre la liberté de l'homme, y compris dans ses possibilités transcendantes de bien et de mal.

(Remarquons que le totalitarisme ne peut, par définition, jamais être totalement accompli, réalisé : cela signifierait la fin du processus social, sa rigidité cadavérique. Il est donc absurde, sur le plan théorique, de tirer argument de l'actuel effondrement du système totalitaire à l'Est pour prétendre sa non-existence dans le passé.)

Les sociétés à visée totalitaire, donc, veulent un homme nouveau, refondé à leur image et ressemblance ; un homme absolument bon, puisqu'il refléterait dans sa conduite les principes de bonté absolue établis par le pouvoir selon ses besoins relatifs, et par là empreints de malignité morale. Toute déviance ou dissidence sera ainsi traitée comme une maladie de l'âme, dans les asiles psychiatriques et les camps de rééducation.

Et c'est dans les périodes où le totalitarisme parvient à obtenir le plus haut degré d'intériorisation individuelle du fantasme collectif de l'homme nouveau, qu'il obtient aussi le plus haut degré de stabilité. La fin historique du système totalitaire est liée, dans des circonstances stratégiques et socio-économiques déterminées, à la reprise, individuelle d'abord, massive bientôt par contagion communicative, des possibilités transcendantes de la liberté : pour le meilleur et pour le pire.

L'allusion de Hermann Broch au « mal radical » vers lequel se tournent les dictatures n'est qu'une façon frappante de souligner la nécessité d'introduire une dimension morale dans la pratique sociale. Si le mal a son fondement dans le fond constitutif de la liberté humaine, le bien l'a tout autant. Le mal n'est ni le résultat ni le résidu de l'animalité de l'homme : il est un phénomène spirituel, consubstantiel de l'humanité de l'homme. Mais le bien l'est tout autant. Et s'il n'est pas question d'extirper de l'être de l'homme sa libre disposition spirituelle au mal ; s'il est impossible, heureusement dirais-je, de façonner l'homme nouveau autrement que sous la forme de cadavre, il est tout aussi impossible d'interdire à l'homme,

dans son irréductible liberté, l'expression concrète de sa
volonté de bien, qui se nomme selon les circonstances :
courage civique, solidarité, compassion religieuse, dissidence, sacrifice de soi. Rien, jamais, n'empêchera l'homme
de décider de résister au mal, quelles que soient les cou-
leurs dont il se pare, même s'il se déguise avec les ori-
peaux du bien et du bonheur pour tous.

C'est cette certitude qu'exprime admirablement Marc
Bloch, dans une page de *L'Étrange Défaite*.

Écoutons-la, cette voix française de 1940 :

> Je ne sais quand l'heure sonnera où, grâce à nos Alliés,
> nous pourrons reprendre en main nos propres destinées.
> Verrons-nous alors des fractions du territoire se libérer les
> unes après les autres ? Se former, vague après vague, des
> armées de volontaires, empressées à suivre le nouvel appel de
> la Patrie en danger ? Un gouvernement autonome poindre
> quelque part, puis faire tache d'huile ? Ou bien un élan total
> nous soulèvera-t-il soudain ? Un vieil historien roule ces
> images dans sa tête. Entre elles, sa pauvre science ne lui per-
> met pas de choisir. Je le dis franchement : je souhaite, en
> tout cas, que nous ayons encore du sang à verser… Car il
> n'est pas de salut sans une part de sacrifice ; ni de liberté
> nationale qui puisse être pleine, si on n'a travaillé à la
> conquérir soi-même.

CONCLUSION

Je pense qu'il n'y a pas de meilleure époque que la
nôtre pour comprendre dans leur profondeur véritable
les paroles de Marc Bloch. Paroles signées de son
propre sang. Notre époque où s'effondrent les systèmes
totalitaires, en Europe du moins, mais l'Europe, y compris sous sa forme d'« américanisme », est le sel de la
terre.

Que signifie cet effondrement, du point de vue du travail obscur et têtu de l'histoire ? Il signifie l'échec de la ruse de la raison, le ressourcement de la liberté morale, la reconquête (sans doute difficile, dont on peut aisément prévoir et prédire les crises et les impasses) d'une société civile fondée sur le marché et réorientée par les mécanismes égalitaires de l'État de droit.

On connaît le mot terrible du général de Gaulle : « Tous les morts comptés, Staline aura sans doute établi la grandeur de la Russie… » Mais, étrangement d'ailleurs, tous les grands hommes, ceux qui modifient l'histoire par leur engagement visionnaire et moral, sont hégéliens de ce point de vue. Peut-être parce qu'ils se prennent pour des incarnations du *Weltgeist*. Ce qu'ils sont parfois…

Et non, pourtant ! Tous les morts comptés, Staline aura détruit la grandeur de la Russie, même s'il n'est point parvenu à détruire son âme.

En 1952, en reprenant pour la première fois depuis la fin de la guerre ses cours publics, Martin Heidegger a traité le sujet « Qu'appelle-t-on penser ? ». Il y dit à un moment donné – toujours dans le contexte d'une considération sur Nietzsche : « Qu'est-ce que la Deuxième Guerre mondiale a décidé en fin de compte, pour ne parler ni des atroces conséquences qu'elle a eues dans notre patrie, ni surtout de la déchirure qui traverse son cœur ? »

Ainsi, fidèle à lui-même, Heidegger ne considère atroces que les conséquences de la guerre en Allemagne. Pas un mot sur les conséquences atroces de la guerre de l'Allemagne.

Rappelons que, quelque temps auparavant, Karl Jaspers avait publié son essai sur *La Culpabilité allemande*. Rappelons-le pour dire que si nous n'étions pas dans un amphithéâtre de la Sorbonne, si nous étions, par exemple, dans un roman, Karl Jaspers aurait été l'un de nos personnages principaux. Il accompagne l'histoire intellectuelle de l'Allemagne tout au long de ce siècle. Il est la preuve que l'on peut penser la modernité lucidement, tout en comprenant qu'il n'est nul besoin de la grandeur du mouvement nazi pour affronter ces problèmes. Mais nous ne sommes pas dans un roman et Karl Jaspers n'a pas encore en France la place que sa pensée mérite.

Martin Heidegger, donc, pense que la guerre mondiale n'a rien décidé. Toujours les mêmes dangers, toujours la même démocratie inepte, la même Europe déstructurée. « Un plaisir pour les puissances de l'Est et pour la force énorme de leurs peuples », conclut-il.

Au moment où l'Allemagne efface « la déchirure qui traverse son cœur », où elle le fait dans l'expansion de la raison démocratique, où les puissances de l'Est s'effondrent en tant que telles, où les prévisions apocalyptiques de Heidegger sont démenties par le travail de l'histoire, il est réconfortant de rappeler la pensée allemande qui, de Herbert Marcuse en 1935 à Jürgen Habermas aujourd'hui, en passant par l'œuvre immense de Karl Jaspers, a maintenu la déchirante lucidité de la raison.

4

LA GAUCHE EN EUROPE APRÈS LES UTOPIES

Ce colloque s'est tenu à Francfort-sur-l'Oder, dernière ville allemande avant la frontière polonaise, dans le cadre des journées
« Europa Dialog » en 1992. Il a donné lieu à un passionnant
échange avec Gregor Gysi, actuel dirigeant du parti Die Linke.
De ce dialogue, je retiens surtout la spécificité de la RDA face aux
autres pays communistes d'alors : les Allemands de l'Est voyaient
les succès du système capitaliste retransmis quotidiennement à
la télévision et à la radio. Ils ne luttaient pas contre un ennemi
lointain. Ils développèrent donc la plus subtile et la plus raffinée
des critiques du libéralisme économique – leurs arguments, vingt
ans plus tôt, sont les mêmes que ceux des intellectuels contemporains, en 2010.

La gauche en Europe, après les utopies : le titre de cette
conférence peut prêter à équivoque. Il peut laisser suppo-
ser, en effet, que c'est l'effondrement du système étatique
communiste, en 1989, à partir et autour de l'écroulement
du Mur de Berlin, qui signifie la fin des utopies de la gauche en Europe. Il laisse entendre que, jusqu'à cette date,
le système du « socialisme réel » avait continué à fonctionner dans l'imaginaire collectif des classes opprimées ou
subalternes de l'Occident comme une référence mobilisatrice : comme une utopie rationnelle.

Pourtant, rien n'est moins vrai.

Lorsque le système étatique du « socialisme réel » s'effondre, il y a bien longtemps déjà que le « modèle » soviétique de transformation de la société a cessé d'inspirer les luttes concrètes des masses ouvrières et des élites universitaires européennes.

On peut même dire que dans toutes ces luttes massives – quels qu'en aient été les programmes ou les éléments moteurs, les couches sociales en avant-garde – depuis 1956 au moins, depuis 1968 de façon évidente, il y a toujours eu une composante idéologique *libertaire* : antistalinienne à l'origine, antibureaucratique toujours ; anti-Parti et anti-marxiste pour finir.

Il y a dix ans, invité par la revue parisienne *Le Débat* à répondre à un questionnaire sur les problèmes d'une identité de gauche, sur la nécessité ou non-nécessité historique d'une politique de gauche rénovée, j'avais répondu ce qui suit. Et je me permets de reproduire une synthèse de ma réponse car cela me permettra de faire un bilan, personnel et historique à la fois.

Comment caractériser conceptuellement une authentique pensée de gauche en 1981 ? La réponse était relativement simple, même si elle semblait paradoxale, pour ne pas dire scandaleuse, à la plupart des intellectuels « progressistes ». Était de gauche une pensée qui ne se refusait pas d'analyser jusqu'au bout la nature sociale de l'URSS, d'en tirer toutes les conséquences morales et politiques, stratégiques, en fin de compte.

Renversant la formule d'autrefois, surgie dans les années trente dans l'exigence du combat antifasciste, il fallait dire désormais que la pierre de touche d'une pensée de gauche se trouvait dans la capacité critique radicale envers l'URSS. L'un des corollaires de cette attitude était, bien entendu, le rejet des partis issus de la tradition léniniste-kominternienne, parce que ceux-ci n'étaient, en aucun cas et sous aucune condition, réformables.

Ce rejet des partis communistes de la tradition kominternienne n'était pas purement empirique. Il ne se fondait pas seulement sur l'expérience désastreuse d'une organisation internationale où les partis communistes ont été incapables d'articuler démocratiquement, avec les masses exploitées, les conditions d'une hégémonie politique en vue de la prise du pouvoir ; et où, d'un autre côté, quand ils étaient parvenus au pouvoir dans des périodes de crise, comme en 1917 et en 1945, ces partis avaient été incapables de maintenir le pluralisme politique et social nécessaire à une hégémonie démocratique véritable.

Cet échec historique du léninisme – que l'Italien Antonio Gramsci a partiellement compris mais dont il n'a pas su tirer les conséquences théoriques jusqu'au bout, sans doute à cause d'un double isolement : celui de la prison fasciste, en premier lieu ; celui de sa position critique envers Staline, non partagée par le reste de la direction du Parti communiste italien, en deuxième lieu – cet échec du léninisme exigeait de se poser radicalement la question du Parti. Non pas seulement la question de telle ou telle forme concrète de fonctionnement, mais la question générale, ontologique pourrait-on dire, de la forme-Parti, de sa signification historique véritable.

En fin de compte – et je ne fais cette remarque qu'en passant : elle mériterait une analyse plus détaillée qui n'a pas sa place ici –, on ne trouve pas dans la pensée de Karl Marx une théorie du Parti. On ne trouve qu'une théorie de la classe. La substitution du Parti, conçu en outre comme parti *unique*, comme *Parti/État*, à la classe des travailleurs, à son activité autonome, est l'une des inventions les plus hasardeuses du léninisme. Et les plus néfastes, dans la mesure où elle est devenue un dogme intangible, un impératif catégorique de l'action militante.

Quoi qu'il en soit, toute hésitation, tout faux-fuyant dans cette question centrale, toute tentation de sauver d'une façon ou de l'autre le « socialisme réel » ou « primitif » ou « inachevé » (laissons les théologiens choisir leurs adjectifs et laissons-les fourbir leurs sophismes !) sur l'autel du cours des choses, de l'inexorable marche progressiste de l'histoire, ne pouvait conduire qu'à une impasse théorique et pratique.

Une pensée de gauche, donc, à mon avis – disais-je en 1981 – ne pouvait s'articuler qu'autour de deux thèses centrales :

a) Même si l'histoire circonstanciée de l'émergence d'une nouvelle classe exploiteuse en URSS était loin d'être terminée, même si le fonctionnement exact des nouveaux rapports d'oppression devait encore être plus finement analysé, il y avait pourtant une conclusion qui s'imposait déjà et qu'il fallait avoir le courage d'affronter : *la victoire des bolcheviks en octobre 1917 avait été un désastre pour la classe ouvrière mondiale.*

Sans doute avait-elle été un chef-d'œuvre de tactique politique (rendons à Lénine ce qui lui appartient en propre !) ; sans doute avait-elle provoqué et propagé, non seulement à travers la vieille Russie tsariste, mais dans le monde entier, le plus formidable mouvement social, la plus vertigineuse « illusion lyrique » de l'histoire moderne. Mais, malgré cela, son résultat fondamental aura été non seulement celui d'établir une nouvelle société d'oppression bureaucratique, mais encore, et plus gravement, celui de réduire la classe ouvrière à un rôle exclusif de productrice de plus-value, la privant d'autonomie, de véritable dynamisme interne, de possibilité même de lutte pour l'hégémonie.

Aucun régime capitaliste n'a réussi, ni ne peut par définition réussir ce tour de force, puisque son progrès même dépend partiellement des luttes et de l'expansion de la classe des travailleurs.

Ce n'était donc pas en fonction d'une politique des droits de l'homme, pour respectable qu'elle fût, ni en vertu de la défense des principes démocratiques, pourtant décisive : *c'était d'un point de vue de classe, du point de vue de la classe ouvrière même, qu'il fallait condamner le régime issu de la brillante victoire des bolcheviks.*

Mais condamner, pour une pensée de gauche, structurée forcément par une praxis sociale, cela voulait dire *combattre*. Il fallait que cela fût clair.

b) En ce qui concerne le marxisme, par rapport auquel s'est définie la pensée de gauche contemporaine – comme sa pratique s'est élaborée en fonction de l'URSS et des partis communistes –, il suffisait de souligner, dans le contexte d'une critique d'ensemble radicale, qu'il fallait en finir avec l'idée qui lui est consubstantielle d'une classe universelle dont la mission historique serait de changer le monde.

Car le prolétariat n'est pas cette classe, on peut le démontrer non seulement en faisant appel à l'expérience historique mais aussi par une élaboration conceptuelle qui n'aura pas à rejeter purement et simplement certaines des analyses majeures de Karl Marx, mais plutôt à les développer jusqu'au bout avec rigueur. En vérité, c'est dans la non-réalité historique du prolétariat comme classe universelle que s'enracine le rôle de substitution parodique et totalitaire de l'Unique : le Parti/État.

En définitive, il fallait en terminer avec le fantasme d'une société totalement unifiée, univoque et pacifiée en apparence. Il fallait comprendre qu'une société civile, démocratique, ne peut se fonder que sur le conflit, le jeu des contradictions, sur leur opérativité reconnue et sans cesse renouvelée, et non pas sur leur dépassement ou *Aufhebung* totalitaire, par ailleurs illusoire.

Ce n'est certainement pas dans l'œuvre de Marx que l'on pouvait trouver toutes les idées nécessaires à ce renversement théorique, surtout si l'on s'en tenait à sa codification du moment, au début des années quatre-vingts, aussi dispersée qu'inopérante. Il fallait en trouver ailleurs et en inventer de nouvelles. Mais on pouvait trouver dans Marx lui-même, telle était ma conviction, certains des thèmes, des principes critiques, qui nous aideraient à liquider le marxisme.

Il me semble, plus de dix ans après, que l'histoire a confirmé la justesse de cette identification de la pensée de gauche, volontairement schématique et concentrée sur quelques points essentiels.

Certes, la majorité de la gauche européenne n'a pas fait sienne cette analyse, n'en a donc pas déduit une stratégie adéquate.

La majorité de la gauche européenne a plus ou moins capitulé dans l'opportunisme d'une *Realpolitik* à courte vue. Elle a sacrifié les intérêts à long terme des masses opprimées en URSS et dans les pays du glacis soviétique à ceux à court terme de la raison d'État diplomatique.

La majorité de la gauche européenne s'est, en effet, lourdement trompée dans son analyse de la nature sociale de l'URSS et dans sa conception de l'évolution possible du système. Elle a pensé, en particulier, que ce système était réformable ; elle a cru que la meilleure politique pour aider le mouvement hypothétique des réformes était celle de la détente et de l'apaisement.

Aujourd'hui, après l'effondrement du système pour des raisons que la majorité de la gauche européenne n'avait ni prévues ni élaborées théoriquement, qui l'ont donc laissée littéralement aphasique, quitte à remplir ce vide avec du bavardage de talk-shows, il est malheureusement inévitable que les idées de gauche jouissent d'une influence limitée, d'une faible capacité d'expansion et d'influence sociale en URSS et dans les pays de l'ancien empire soviétique.

C'est là le prix à payer pour les erreurs dramatiques de la gauche européenne dans sa vision d'ensemble et dans sa stratégie d'intervention politique ou morale dans l'évolution des systèmes du « socialisme réel ».

Dans ce contexte, il faut dire quelques mots de la position de la social-démocratie sur toutes ces questions, puisqu'elle constitue, malgré le moment actuel d'involution dans la plupart des pays européens, la force organisée principale – à une exception près, l'Italie – de la gauche, après la disparition, l'éclatement ou la perte décisive d'influence des partis communistes, même de ceux qui étaient relativement autonomes de la politique de Moscou.

Il faut dire tout d'abord que dans son débat historique avec le communisme, la social-démocratie a eu raison. Ceux qui, en 1920, ont « gardé la vieille maison », comme disait en France Léon Blum, ont eu raison. Mais cela ne suffisait pas à garantir l'avenir.

La social-démocratie a subi, va continuer à subir le contrecoup de l'effondrement de son adversaire, ou plutôt de son concurrent historique.

Pour plusieurs raisons.

Rappelons, en premier lieu, que le maintien d'un parti social-démocrate, dans les années vingt, contre les exigences de la IIIᵉ Internationale, était essentiellement lié aux questions de la démocratie interne, au refus de se soumettre aux vingt et une conditions de Moscou. Mais cette autonomie social-démocrate ne prenait pas en compte les questions, en particulier, du type de société qu'on voulait construire.

Pour continuer à utiliser l'exemple français, je rappellerai que Léon Blum, en 1920, ne se distingue pas, ne veut surtout pas se distinguer des communistes dans les problèmes du rôle du prolétariat, de la rupture révolutionnaire avec le système capitaliste, de l'appropriation collective des moyens de production, etc. Encore après la Seconde Guerre mondiale, en 1946, à un Congrès du parti socialiste, Léon Blum proclame : « Notre objet est la transformation révolutionnaire de la structure sociale, c'est-à-dire du régime de la production et de la propriété... »

Certes, l'histoire a amené la social-démocratie au pouvoir à des pratiques différentes. Mais Bad Godesberg est une exception en Europe. Aujourd'hui, le pragmatisme ne suffira plus. En France et en Espagne, la social-démocratie doit se poser des questions fondamentales. Si elle veut continuer à se réclamer et à inspirer le mouvement multiforme des réformes, elle devra redéfinir son mode d'intervention dans la société, ses programmes, ses pratiques théoriques. Il lui faudra conquérir une conception dynamique, une maîtrise sociale, pas seulement étatique, de l'économie de marché, fondement de la liberté et en même temps, dialectiquement, fondement des inégalités et des accumulations injustifiées de pouvoir.

Je ne dis pas que la social-démocratie doive, en France et en Espagne, refaire Bad Godesberg. Aujourd'hui, ce serait de l'archéologie. Je dis que dans ces deux pays, tous les deux importants, à des titres divers, pour la construction d'une Europe plurielle et unifiée dans sa diversité, développant à la fois des instances supranationales et réaffirmant ses identités régionales, la social-démocratie a encore beaucoup à faire pour mettre en accord sa théorie et sa pratique, pour briser certains archaïsmes de la culture de ses appareils organiques.

En deuxième lieu, il faut comprendre pourquoi l'Internationale socialiste a échoué dans sa tentative, d'ailleurs fort timide, de se poser en modèle de secours à l'Est.

Le modèle social-démocrate ne pouvait, en vérité, être un secours réel, à l'Est, en URSS particulièrement, que si les réformes de la *Perestroïka* avaient eu des chances objectives d'aboutir. Or la crise était inévitable. Autant il était facile de comprendre que l'impulsion des réformes devait partir du sommet de l'appareil, autant il était clair qu'un système totalitaire n'est pas réformable, qu'il faut le démanteler par la force, à commencer par le Parti/État qui en formait l'ossature.

La réalité sociale des pays de l'Est, leur expérience du totalitarisme, les traumatismes qui en sont la conséquence, ne permettaient pas l'éclosion immédiate d'un socialisme démocratique.

D'un autre côté, l'*Ostpolitik* de la social-démocratie européenne s'est essentiellement fondée sur la détente et la coopération comme moyens de provoquer l'assouplissement et la modernisation politique.

Or c'est tout le contraire qui s'est produit, comme il était possible de prévoir, à condition de sortir d'un certain aveuglement idéologique, d'une certaine routine de pensée. C'est la fermeté intransigeante sur les questions de la défense européenne, des armements stratégiques, qui a obligé les dirigeants de l'URSS à commencer un virage historique.

Ensuite, la gauche européenne en général, et la social-démocratie en particulier, ont tout misé sur le succès de Mikhaïl Gorbatchev, de sa *Perestroïka*. Or, s'il était évident qu'il fallait appuyer Gorbatchev, il l'était tout autant que cet appui devait être conditionné à des réalisations

concrètes dans le domaine de la démocratisation économique et politique en URSS. Et surtout, cet appui devait
se manifester dans la compréhension des limites objectives inhérentes à la réforme du style Gorbatchev. Dans la
compréhension qu'une crise était inévitable, avec ses risques
d'involution autoritaire, ou bien, au contraire, ceux d'une
marche en avant accélérée, sans doute désordonnée.

Voilà, en somme, quelle est, pour l'essentiel, la situation de la social-démocratie dans son rapport avec la crise
politique dans l'Est de l'Europe.

Mais revenons au point de départ.

Ce n'est pas avec l'écroulement du Mur de Berlin et la
dislocation du système d'États communistes que commence
la fin de l'utopie pour la gauche européenne.

Cet écroulement, cette dislocation ne font que sanc-
tionner, avec la brutalité et la rapidité impitoyables
qu'ont les processus des crises historiques, l'épuisement
de l'idée révolutionnaire, la volatilisation des énergies
sociales qu'avait mises en marche la Révolution de 1917.

En 1989, le communisme était depuis longtemps une
étoile morte et la lumière qui nous en parvenait n'était
plus que de l'ombre : une lumière nocturne et glaciale.

En fait, si l'on s'en tient aux réalités objectives de l'histoire, souvent opaques, difficiles à déchiffrer, et non aux
illusions collectives de la praxis sociale, l'échec du communisme était déjà inscrit dans la crise du début des années
vingt qui a conduit Lénine, contre l'avis de bon nombre
de ses coreligionnaires, à instaurer la NEP, la nouvelle
politique économique, dont l'aspect essentiel consistait à
rétablir les mécanismes du marché et la propriété privée
sur une certaine partie des moyens de production, tout en
maintenant le contrôle central, étatique, sur les sommets

de l'appareil productif et financier et sur le commerce extérieur.

Dans le désastre économique et social des années vingt en URSS, Lénine concevait la NEP comme un repli provisoire, une pause temporaire. En fait, il s'agissait objectivement d'un tournant stratégique. Il y avait dans la NEP les germes d'une conception nouvelle de la démocratie socialiste. Soixante ans plus tard, dans une situation de crise encore plus désastreuse, parce que les mécanismes économiques étaient plus complexes et la place de l'URSS dans le monde bien plus importante, la *Perestroïka* signifie un retour à la stratégie de la NEP, à la perspective du marché pour réanimer le mouvement social.

Mais il était trop tard.

Dans les années quatre-vingts, le totalitarisme politique, d'une part, et la planification centrale bureaucratique, de l'autre, avaient détruit le tissu social, la culture d'entreprise et de liberté, qui entraîne le goût du risque, de la compétitivité, qui laisse fonctionner le principe de plaisir, sans lesquels il n'y a aucune possibilité d'avancée sociale. D'où l'inévitable échec de la *Perestroïka*, d'où la nécessité d'une révolution politique qui brise l'appareil du Parti/ État et libère progressivement les forces sociales assoupies dans le « nirvana » bureaucratique de l'égalité sociale dans la pénurie généralisée. Égalité d'ailleurs purement idéologique, fausse en réalité : depuis les grandes monarchies agraires et despotiques de l'Antiquité, l'histoire n'a pas connu de système social plus injuste, plus rigide dans ses privilèges de caste, que la société soviétique.

Il est inutile, bien entendu, dépourvu de sens, de faire de trop longues considérations spéculatives sur les possibilités de renouveau que comportait la politique de la NEP, du moins en germe.

L'histoire a tranché.

Ou plutôt, Staline a tranché en 1929, en lançant brutalement la politique de collectivisation des campagnes et d'industrialisation forcenée, au moyen des plans quinquennaux. Politique qui a eu comme corollaire inévitable la destruction de toutes les forces sociales encore autonomes, à commencer par celles de la classe ouvrière, par les moyens de la terreur de masse et du stakhanovisme, autre forme plus perverse de terrorisme social.

Inutile, donc, d'essayer d'imaginer ce qu'aurait pu devenir, dans les années trente, une société soviétique où aurait prévalu une stratégie inventive, à partir des résultats de la NEP. Inutile d'essayer d'imaginer ce qu'il serait advenu, à la fin des années vingt, si les idées de Boukharine et des siens avaient triomphé sur celles de Staline et de son groupe, dans les instances dirigeantes soviétiques.

Deux observations, cependant.

La première est d'ordre méthodologique.

La victoire de la politique stalinienne de collectivisation et d'industrialisation à outrance sur celle de Boukharine, fondée pour sa part sur le développement contrôlé de l'économie de marché, sur le libre développement des entreprises paysannes (la politique, en somme, de l'accumulation des réformes partielles, du « socialisme à pas de tortue »), cette victoire stalinienne a toujours été présentée comme une victoire de la gauche.

Nous touchons ici à l'un des points les plus fatidiques de l'idéologie dominante dans la culture de la gauche européenne. Depuis la discussion en quelque sorte fondatrice autour des thèses de Bernstein, qualifiées de « révisionnistes », le mouvement ouvrier, aussi bien social-démocrate que communiste, à quelques nuances près, a toujours attribué des vertus de gauche aux politiques volontaristes, subjectivistes, interventionnistes : idéalistes, en fin de compte.

En revanche, cette même idéologie dominante a toujours qualifié comme de droite le réalisme économique, l'analyse matérialiste des facteurs historiques, le souci du pluralisme de la société civile, le respect de l'autonomie sociale face aux appareils d'État.

Mais il faut le dire de façon catégorique.

Depuis la discussion entre Eduard Bernstein et Karl Kautsky, représentant de la majorité orthodoxe de la social-démocratie allemande, jusqu'à aujourd'hui, ce sont toujours les hommes « de droite » – pour employer la terminologie consacrée, et néanmoins profondément erronée – qui ont eu raison. Il n'y a pas une seule occasion historique où la politique dite « de gauche » n'ait pas provoqué désastre sur désastre, dont le prix principal a toujours été payé par les plus faibles, les plus déshérités, par les couches sociales les plus exploitées.

Cette vérité, dont on pourrait donner des exemples historiques nombreux, est toujours valable aujourd'hui, au moment où l'effondrement du système communiste provoque chez tant d'intellectuels et de politiciens qui se croient de gauche le désarroi, l'irritation, parfois même l'indignation vertueuse.

Sans doute, personne, même pas les dirigeants des partis staliniens échappés au cataclysme, n'ose défendre ouvertement, globalement, le système disparu. Mais on nous annonce de tous côtés des « désastres obscurs », on souhaite la « résurrection du communisme », on nous affirme que le triomphe de l'économie de marché et de la démocratie représentative va conduire inévitablement à des apocalypses de toute sorte, au règne tyrannique de l'argent, du spectacle et de l'inauthenticité grégaire.

Encore une fois, reprenant les termes du discours tradi-tionnel, on nous murmure à l'oreille que l'écroulement du communisme, même si on le considère inévitable, peut-être même juste, est objectivement une défaite de la gauche, une victoire de la droite néo-libérale.

Il faut donc être très clair sur ce point.

L'écroulement du communisme est l'événement le plus important du XXᵉ siècle, parce qu'il est, précisément, une victoire de la liberté.

Or rien n'est plus à gauche que la liberté, sans laquelle il n'y a pas de justice possible, c'est-à-dire, pas d'égalité véritable.

Ainsi, l'écroulement du communisme libère des forces sociales immenses, qui étaient assoupies, inorganisées, ato-misées par la contrainte totalitaire. Sans doute, la situa-tion mondiale, et plus particulièrement européenne, qui découle de cet effondrement est une situation complexe. Difficile à maîtriser, souvent. Difficile même à interpré-ter, parfois. C'est une situation imprévisible sur beaucoup de points. Elle est pleine de dangers nouveaux, qui échap-pent aux routines des politiques antérieures.

Par là, la situation actuelle exige des vertus d'imagina-tion, d'autocritique, d'humilité théorique et d'invention conceptuelle tout à fait considérables. Et qui ne sont pas faciles à produire et à mettre en œuvre. Mais elle est posi-tive si on la compare au passé qu'elle vient clore et si l'on réfléchit à l'avenir quelle augure et inaugure.

 Le passé était en ordre, c'est vrai, et nous sommes dans le désordre. Mais l'ordre ancien était fondé globalement sur l'équilibre de la terreur. L'ordre était figé, bipolaire, soumis aux volontés et velléités de deux superpuissances. C'était l'ordre de la mort, fondé sur des millions de morts en puissance. Le désordre actuel, quant à lui, est pluriel, polycentrique, créateur. Il est ainsi en puissance, du moins. À nous d'exploiter rationnellement ses virtualités.

Un mot, pour conclure cette observation méthodologique.

Il est temps pour nous de changer de vocabulaire. Il est grand temps de cesser de considérer l'aventurisme, le subjectivisme idéaliste des « grand bonds en avant », la stratégie de la rupture, le millénarisme d'un au-delà social, l'utopie, en somme, comme une vertu de gauche, comme une nécessité impérieuse pour la gauche.

À la lumière que projette sur le siècle finissant l'expérience capitale de la fin du communisme, il est grand temps de réévaluer le sens des objectifs et des valeurs de la gauche.

La deuxième observation que je voulais faire est d'ordre historique.

Au moment où Staline lance en URSS l'offensive contre la NEP – offensive qui va détruire les bases sociales de toute possible évolution démocratique du système socialiste –, une nouvelle crise cyclique d'une extrême profondeur commence à gagner le monde capitaliste.

Nous sommes en 1929, ne l'oublions pas.

En fait, tous les bouleversements politiques qui remplissent les années trente jusqu'à l'éclatement de la Seconde Guerre mondiale sont à interpréter sur l'arrière-plan de la Grande Dépression.

Ainsi, les deux totalitarismes de signe contraire – le nazisme et le stalinisme – qui montent en puissance à partir de ce moment, pour atteindre à leur apogée en même temps et par des moyens formellement comparables – quelle que soit la différence de leurs programmes politiques – vers 1934-1935, sont des ripostes à la crise brutale du système capitaliste mondial, dix ans après la fin d'une guerre meurtrière qui a laissé des traces ineffaçables dans la mémoire collective des peuples européens, portant un coup très rude à la crédibilité des systèmes de démocratie de masse et de marché.

C'est donc sur le fond de la grande crise qui recommence en 1929 qu'il faut comprendre l'influence, parfois la fascination, qu'ont exercées sur les masses européennes les deux réponses révolutionnaires, antilibérales, chargées de religiosité, qu'ont représenté le hitlérisme et le stalinisme.

De leur côté, la France et la Grande-Bretagne – surtout la première à cause de sa tradition de grande puissance continentale, avec son réseau de clients et d'alliés – sont restées empêtrées dans des politiques obsolètes, aussi bien sur le plan économique que diplomatique.

De ce dernier point de vue, elles ont continué à pratiquer (avec indécision et faiblesse, de surcroît) la politique du traité de Versailles, dont les conséquences auront été funestes en Europe.

Nous pouvons le constater encore aujourd'hui, en Europe centrale. Nous voyons tous les jours comment les erreurs de Versailles, confirmées pour la plupart à Yalta, ont créé des sources de conflits nationalitaires ou ethniques, des problèmes de minorités, qui ne pourront se résoudre que dans une perspective européenne de pluralisme des identités nationales ou régionales, relayé par une supranationalité communautaire, et jamais dans une politique d'alliances autour de telle ou telle grande puissance.

L'un des avantages du traité de Maastricht, de ce point de vue, est précisément qu'il permet de sortir de Versailles et de Yalta pour avancer vers une galaxie européenne en expansion, articulée autour de ses valeurs communautaires.

Quoi qu'il en soit, la crise économique est la toile de fond sur laquelle il faut analyser les événements politiques des années trente, aussi bien l'apparition des totalitarismes que celle des fronts populaires antifascistes.

Mais ce n'est pas l'histoire de cette période que je prétends faire ici. Histoire passionnante, par ailleurs, et pleine d'enseignements.

Je veux simplement indiquer que l'actuelle crise politique de la fin du siècle se déroule en fonction de paramètres historiques analogues. Je dis *analogues* et non pas *identiques*, notons-le.

Nous avons, en effet, à la base de tous les processus historiques en cours, une profonde récession prolongée du système capitaliste mondial. Et c'est en fonction de cette situation qu'il faut interpréter – de façon vraiment dialectique, c'est-à-dire en fonction des contradictions et des médiations historiques et sociales réelles, et non pas en fonction d'une mécanique abstraite et téléologique comme l'étaient les concepts du marxisme vulgaire, doctrine officielle des partis communistes – qu'il faut interpréter, donc, la double crise politique et de civilisation à laquelle nous assistons.

D'un côté, l'effondrement du système communiste, incapable de survivre au défi des nouvelles technologies (qui exigent une société ouverte pour se développer), aux problèmes du marché mondial et des restructurations planétaires des forces productives, et à la stérilité de sa vie sociale interne, étouffée par tant de décennies de bureaucratisme totalitaire… Contrairement aux opinions de la gauche européenne, j'y insiste, ce n'est pas la détente qui a fait mûrir cette problématique en URSS et dans son empire, mais c'est l'affrontement militaire froid qui a fait éclater toutes les contradictions du système social soviétique.

D'un autre côté, la récession prolongée induit dans les pays démocratiques une crise du système représentatif parlementaire, qui se traduit, entre autres, par une désaffection

croissante des citoyens envers la classe politique traditionnelle, par une abstention électorale de plus en plus inquiétante, par un pessimisme cynique généralisé. En somme,
par la passivité politique croissante des couches sociales
les plus actives, liées au développement d'une productivité intellectuelle et matérielle d'un type nouveau.

C'est pour cette raison, en fonction du développement de cette double crise qui reflète la situation économique mondiale, et, plus en profondeur, la phase
actuelle de la crise de la modernité, que l'effondrement
du communisme, malgré la libération impressionnante
des forces de liberté qu'il signifie virtuellement, ne se
traduit pas spontanément dans une avancée nouvelle des
idées de la gauche démocratique.

Mais il faut pousser un peu plus loin la comparaison
avec la crise des années trente pour essayer de déterminer
la spécificité de la situation actuelle.

J'ai déjà indiqué – schématiquement, sans doute – quelle
était l'analogie globale entre les deux époques. Maintenant, pour arriver à un diagnostic précis, il faut parler des
différences spécifiques.

Elles sont considérables.

Premièrement, la crise des années trente a provoqué
l'apparition et la montée en puissance des deux mouvements totalitaires de signe contraire – mais dont l'alliance
de 1939 à 1941 montre les points communs dans une
stratégie antidémocratique – qui ont marqué de leur
sceau négatif le XXᵉ siècle.

La crise actuelle de la modernité capitaliste provoque
quant à elle, bien au contraire, l'effondrement du communisme, dernier système totalitaire encore existant.

Cela ne veut pas dire que nous vivions désormais dans
un paradis mondial de tolérance, de liberté, de solidarité.

Nous en sommes loin. Dans nos vieilles sociétés démocratiques d'Europe et d'Amérique, en plus des symptômes de crise que j'ai déjà énumérés, on assiste à la persistance ou au renouveau de phénomènes collectifs de racisme, de xénophobie, d'antisémitisme, de populisme démagogique. Ce sont des phénomènes qui revêtent dans les divers pays des formes variées selon les traditions culturelles et politiques et qui prennent d'autant plus d'ampleur lorsque la mémoire collective – c'est le cas en France, particulièrement – n'a pas fait un travail de deuil et d'analyse critique de certains épisodes de son passé plus ou moins proche.

Cependant, malgré le danger de ces phénomènes et malgré la nécessité de les combattre avec toutes les énergies de la société civile, il n'est pas possible, conceptuellement, de les assimiler mécaniquement aux mouvements de type fasciste ou nazi des années trente. Ils expriment avec une violence souvent repoussante la crise de fonctionnement du système démocratique parlementaire, mais ils ne sont pas porteurs d'une vision révolutionnaire d'ensemble, d'une alternative sociale qui puisse mobiliser les masses sur le long terme.

De même hors de l'Europe ou en Europe même, parmi la population immigrée, pour les mouvements de l'intégrisme religieux. Sans doute constituent-ils un danger grave de déstabilisation antidémocratique, autoritaire et intolérante, dans certaines régions de la Méditerranée. Sans doute la Communauté européenne doit-elle y être plus attentive, plus solidaire avec les forces de progrès, les forces de la démocratie laïque. Sans doute des risques de violence terroriste sont-ils liés à l'existence de ces mouvements intégristes.

Mais, d'un côté, la perspective aujourd'hui en vue d'une juste solution des problèmes du Proche-Orient, par la reconnaissance définitive de la démocratie israélienne et

celle, simultanée, de la réalité nationalitaire palestinienne ;
et, d'un autre côté, l'incapacité originaire des intégrismes
à gérer positivement les problèmes économiques d'une
société marchande mondialement prédominante, sont des
éléments positifs dans la situation actuelle.

Ils laissent prévoir, pour peu que les démocraties occidentales sachent maîtriser les mécanismes économiques et
culturels de la solidarité, un échec à moyen terme – en
histoire, le moyen terme se compte par années, bien sûr,
pas par jours ni même par mois – des intégrismes de
l'univers musulman, où la modernité, si elle a créé les
problèmes qui les ont fait naître, a aussi créé les forces
sociales et intellectuelles qui peuvent les dépasser.

En deuxième lieu, et c'est certainement la différence
spécifique la plus importante avec les années trente,
l'effondrement du communisme et l'expérience économique et sociale des sociétés occidentales, caractérisées par
la démocratie parlementaire, la structure massifiée et
l'économie de marché, cette double expérience simultanée
a permis ou devrait permettre d'élaborer une théorie et
une pratique nouvelles de la crise du capitalisme.

Nous savons maintenant que le système capitaliste ne
peut éviter les crises. Nous savons même que la crise fait
partie de son mode de fonctionnement, qu'il se développe
et développe ses forces productives, objectivement inépui-
sables, à travers les périodes de crise. Mais nous savons
aussi qu'il n'y a pas de crise *finale*, que le système capita-

liste ne succombera pas aux conséquences de l'une de ces
crises cycliques, qu'il aura appris, en fonction de sa domination mondiale, à partiellement maîtriser, corriger et
réorienter.

Dans les années trente, cette vérité historique n'était
pas encore reconnue. Dans les années trente, l'analyse de
la crise du capital renforçait les théories, marxistes ou plus

ou moins inspirées du marxisme traditionnel, qui pré-
voyaient la fin du capitalisme, son effondrement, et qui
fondaient sur cette perspective l'émergence d'une société
rationnellement planifiée.

En troisième lieu, pour en rester au domaine de la théorie de la crise, sans entrer dans l'analyse d'autres aspects,
politiques ou culturels, de la situation, il faut signaler une
autre différence entre les deux époques.

Dans les années trente, la crise de la modernité capitaliste a partout porté à renforcer le rôle de l'État dans la vie
économique et sociale, et cela quelle que fût la différence
de contenu, aussi bien dans les systèmes totalitaires que
dans les systèmes démocratiques.

Dans ces derniers, c'est sous la forme du *welfare state*
que cette tendance profonde s'est manifestée.

Dans la crise actuelle, bien au contraire, le rôle de
l'État, de sa vertu interventionniste, est largement discuté,
mis en question. Dans la crise actuelle, les problèmes que
fait surgir le dysfonctionnement du système représentatif
ne cherchent pas objectivement leur solution dans le renforcement du rôle de l'État, mais dans celui de la société
civile, de ses capacités collectives, autonomes, décentrali-
sées, débureaucratisées.

Où en sommes-nous, donc ? Où en est l'Europe, en
cette fin de siècle prodigieuse ? L'effondrement du
communisme est-il la fin de l'histoire ? Aucune dialectique
sociale n'est-elle plus concevable ? Comment reconstruire
une pensée critique, porteuse d'un projet de société alternative, après l'échec, parfois sanglant, de toutes les illusions
traditionnelles de la gauche ? L'horizon des systèmes socio-
politiques actuels, où prédomine à l'échelle planétaire,
tendanciellement du moins, une démocratie de masse et
de marché, est-il réellement indépassable ?

Toutes ces questions se posent, objectivement.

Elles se posent dans l'épaisseur, parfois opaque, difficile à déchiffrer et à maîtriser, du cours de l'histoire. Et ce ne sont pas des questions purement théoriques, académiques. La réponse ne concerne pas seulement des cercles intellectuels restreints. La réponse concerne les masses les plus amples : des peuples entiers.

Ce serait contraire à l'esprit anti-utopique de toute mon intervention que j'essaye de vous fournir maintenant une réponse idéelle et idéale, idéaliste en somme. Seule la praxis sociale orientée sur les valeurs fondamentales de la raison démocratique trouvera des réponses successives à toutes ces questions.

Je me bornerai donc à quelques remarques d'ordre général.

1) L'effondrement du communisme montre que nous avons parcouru jusqu'au bout le cycle historique inauguré par l'*Aufklärung*, que le marxisme avait ensuite poussé jusqu'à ses conséquences ultimes, qui renversaient sa rationalité originaire, qui est le cycle fondé sur la croyance en une transcendance sociale, en un au-delà social. Fondé sur l'idée que l'on peut construire une société nouvelle à partir d'une rupture révolutionnaire. Et non seulement une société nouvelle mais aussi un homme nouveau.

Cette idée-là, qui fut mobilisatrice et s'est révélée néfaste, sanglante, est maintenant condamnée. Elle ne fait plus rien bouger.

Nous sommes donc aujourd'hui face à cette réalité : la société dans laquelle nous vivons est un horizon indépassable. Nous agissons désormais dans l'immanence historique. Enfin, dirai-je, car cela nous oblige à liquider conceptuellement tous les résidus de religiosité qui imprégnaient encore la théorie sociale de la gauche.

Mais si cette société est un horizon indépassable, dans l'état historique actuel des forces productives et des rapports sociaux, elle est également invivable ou injuste pour un bon nombre de ses habitants.

Il faut donc la modifier. Mais la modifier dans une perspective réformiste. Réformiste et radicale, c'est-à-dire concevant la réforme comme un processus permanent, sans cesse renouvelé. Et aussi comme un processus social, pas seulement comme un processus de gouvernement ou de domination.

Sur le plan social, donc, il faut savoir qu'il n'est pas possible, ni même souhaitable, de briser les limites de l'économie de marché. Mais il faut savoir aussi que celle-ci, dans le cadre historique actuel à l'échelle mondiale, crée ou recrée sans cesse des accumulations de pouvoir, de monopole de puissance et de savoir, des poches d'inégalité qu'il faut corriger en permanence.

À ce sujet, il est clair que la gauche doit trouver un nouveau discours, une nouvelle pratique sociale qui prenne en compte l'existence et les besoins culturels de la nouvelle classe ouvrière. Car, si cette dernière n'est pas la classe universelle erronément postulée par le marxisme, une classe destinée messianiquement à liquider toute société de classe en se liquidant elle-même, il n'en est pas moins vrai qu'une société vraiment démocratique ne pourra fonctionner de façon juste et raisonnable si la classe des travailleurs de la modernité capitaliste n'y joue pas un rôle autonome et à vocation transformatrice.

2) Dans l'immanence anti-utopique, laïque, de la pensée de gauche à reconstruire, l'idée de l'Europe communautaire peut et doit jouer un rôle prédominant.

L'idée de l'Europe, conçue comme une « figure spirituelle », pour reprendre la formule de la belle et rigoureuse conférence d'Edmund Husserl à Vienne, en mai 1935, conçue donc comme l'unité dans la diversité, comme une supranationalité communautaire où s'affirmeraient, au lieu de se disloquer ou de s'estomper, les identités régionales ou locales, cette idée-là est le projet le plus conséquent et le plus mobilisateur pour la gauche européenne.

Ce n'est pas un projet de rupture, de manichéisme social, puisqu'il entraîne l'adhésion de forces sociales et politiques très diverses. Ce n'est pas un projet bureaucratique, puisqu'il exige la participation des citoyens et l'extension indéfinie de la démocratisation de la vie politique. Ce n'est pas un projet de puissance étatique, puisqu'il limite la souveraineté arbitraire et souvent mutilante des États, au bénéfice d'une Communauté fondée sur des valeurs communes et des identités sociales et culturelles fortes.

3) Il faudrait, en troisième et dernier lieu, évoquer la place et le rôle de l'Allemagne unifiée, réunifiée dans la liberté, dans cette Europe en train de se faire.

Le temps me manque aujourd'hui pour analyser sérieusement cette question, décisive pourtant.

Je dirai seulement que l'Allemagne doit être consciente, mais je crois qu'elle l'est, sans arrogance nationale mais sans inhibition coupable, du rôle fondamental qu'elle peut jouer en Europe. Et je ne pense pas en premier lieu à sa puissance économique. Je ne pense pas seulement à sa situation géopolitique. Je pense ce soir surtout, par-dessus tout, dans cette ville de l'ancienne RDA, à cette « figure spirituelle » de l'Allemagne qui en fait le seul pays européen à devoir assumer comme une aventure intérieure, non comme une imposition de l'étranger, l'expérience sociale traumatique des deux totalitarismes de signe contraire, le nazisme et le stalinisme, qui ont ravagé nos pays pendant la majeure partie de ce siècle.

Je suis convaincu que, dans cette expérience, dans cette double mémoire critique, l'Allemagne puisera les forces spirituelles qui aideront à un renouveau décisif de la raison démocratique en Europe.

5

LA DIVERSITÉ CULTURELLE ET L'EUROPE

1992, année faste pour l'Europe : le Traité de Maastricht est signé par l'ensemble des États membres de la Communauté économique européenne. Cette conférence me permet d'insister sur la nécessité de la diversité culturelle en Europe. C'est sur le socle de la « Raison démocratique » européenne que s'édifie cette diversité.

Nous sommes à Vienne et nous sommes en 1992, une année sans doute importante – peut-être décisive – dans l'histoire de l'Europe.

Décisive pour l'unité de l'Europe, dans le respect, l'approfondissement même – tel est l'enjeu – de sa diversité.

En parlant de l'Europe, nous pensons, bien entendu, à la Communauté européenne, ensemble de douze pays où se construit une unité économique et monétaire, où s'établissent les fondements d'une unité politique.

Cet objet de notre réflexion – la Communauté économique européenne – est essentiel, certainement. Mais il n'épuise pas la pensée de l'Europe, la pensée d'une vision globale de l'Europe. Globale non seulement d'un point de vue territorial, géographique, mais aussi d'un point de vue historique : du point de vue d'une philosophie de l'histoire.

Dans ce sens, notre pensée ne peut se limiter, se confiner aux frontières actuelles de la Communauté européenne. Elle doit sans cesse les déborder. Il est impossible de penser l'Europe sans tenir compte des pays du Centre et de l'Est, cette autre Europe de la tradition culturelle et de l'expérience historique et existentielle qui en a été arrachée par les accords de Yalta. Ou plutôt, pour être plus précis, par l'interprétation peu courageuse et très peu lucide qu'ont fait de ces accords, pendant des décennies, les Chancelleries occidentales.

Pour introduire à cette réflexion, forcément schématique, étant donné le temps dont nous disposons, je vous propose de revenir quelque peu en arrière, de remonter le temps historique. Je vous propose de revenir un moment au milieu des années trente de ce siècle.

Mais si nous changeons d'époque historique, nous n'allons pas changer de lieu. Nous restons à Vienne.

Je vous propose, en effet, de commencer cette réflexion par le commentaire d'un texte du philosophe Edmund Husserl, le fondateur de l'école phénoménologique. Il s'agit du texte d'une conférence prononcée ici, à Vienne, au mois de mai 1935, *La Philosophie dans la crise de l'humanité européenne*.

Cette conférence de Vienne, on s'en souvient sans doute, prolongée ultérieurement dans le cycle de Prague, est à l'origine d'une des dernières grandes œuvres de Husserl : *Die Krisis der europäischen Wissenschaften und die transzendentale Phänomenologie*.

Mai 1935… Le moment historique où Husserl prononce sa conférence de Vienne n'est pas insignifiant. C'est un moment où se noue aussi bien le destin collectif des Européens que le destin personnel du philosophe.

Deux ans plus tôt, Adolf Hitler a pris le pouvoir en Allemagne. Il l'a pris, sans doute, grâce à la division des forces politiques antifascistes – dont la cause fondamentale est la politique aberrante de l'Internationale communiste : sa stratégie « classe contre classe », qui dénonce et attaque la social-démocratie comme l'ennemi principal – mais Hitler arrive aussi au pouvoir en vertu d'un processus électoral libre, formellement démocratique.

FORMELLEMENT : je m'arrête sur ce mot. Car il ne s'agit pas ici de reprendre les thèses extrémistes, de droite ou de gauche, léninistes ou fascistes, de critique de la démocratie parlementaire.

Disons en passant que la démocratie parlementaire aura été, tout au long de ce siècle – et tout particulièrement dans les années trente où se situe la conférence de Husserl – la théorie, et la pratique politique, la plus critiquée, la plus violemment mise en cause par des penseurs et des politiciens de tous les horizons idéologiques.

Parallèlement, durant la même période historique, l'économie sociale de marché aura également été la cible d'idéologies politiques fort diverses. Le rôle économique de l'État (providence ou garde-chiourme), de la planification centrale, de l'interventionnisme public aura été souligné de façon dogmatique et unilatérale, sans doute en réponse aux convulsions de toute sorte provoquées par les suites de la Première Guerre mondiale, convulsions et déséquilibres exaspérés par la grande dépression de la fin des années vingt.

Mais fermons cette parenthèse sur un sujet qui mérite une plus longue et plus minutieuse analyse.

Lorsque je parle du processus « formellement » démocratique qui a conduit Hitler au pouvoir, je veux simplement souligner que les élections libres, dans un système pluraliste, ne sont qu'un aspect, nécessaire mais insuffisant, du processus de démocratisation dans son ensemble. En effet, formellement, il est pratiquement impossible d'empêcher la participation électorale de groupes politiques qui, tout en respectant la légalité formelle du processus, soient stratégiquement décidés – en fonction de leur idéologie et de leur programme – à mutiler ou à détruire le système démocratique, une fois parvenus au pouvoir.

En fin de compte, le processus démocratique n'est réellement opératoire que si tous les groupes politiques sont disposés à respecter scrupuleusement les règles du jeu : élections libres et pluralisme, sans doute, mais également séparation des pouvoirs, laïcité de l'État (par rapport aux religions de toute sorte et aux idéologies de salut public), système parlementaire, délégation des pouvoirs... En un mot : toutes les règles et normes qui assurent la libre expression des conflits de la société civile et qui fassent de la gestion démocratique des conflits le moteur d'une démocratisation permanente, la base d'un consensus qui ne peut être que dynamique, qui ne doit jamais se figer dans des formules autoritaires, même lorsque l'autorité compte sur un appui majoritaire.

Rappeler que l'arrivée de Hitler au pouvoir a lieu, deux ans avant la conférence d'Edmund Husserl à Vienne, essentiellement par la voie démocratique – je parle de l'arrivée, bien entendu, non pas de son maintien au pouvoir – n'est pas seulement nécessaire aujourd'hui parce que la démocratie parlementaire traverse une période de crise – crise de fonctionnement, de participation et des valeurs – et qu'il nous faut donc réfléchir de nouveau, produire des idées nouvelles à ce sujet, c'est également nécessaire d'un autre point de vue, moins directement politique.

Nous savons tous à quel point la question de la culpabilité collective (depuis que Karl Jaspers l'a posée en 1946, avec la rigueur éthique qui caractérise toute sa philosophie) aura été au centre de la réflexion allemande, de la politique allemande, que ce soit de façon directe ou détournée, que ce soit dans le discours explicite ou dans l'inconscient collectif.

Encore récemment, sur un terrain idéologique précis, cette question est revenue au premier plan au cours de l'*Historikerstreit* qui a agité les milieux intellectuels et politiques allemands, dépassant largement le cercle restreint des spécialistes de l'histoire contemporaine de l'Europe.

Or il me semble que c'est dans les années trente, précisément, à l'époque de l'accession démocratique – formellement démocratique – de Hitler au pouvoir, qu'il faut chercher les racines historiques et morales de la culpabilité. C'est à ce moment-là que la société allemande, le peuple allemand, avait encore la possibilité de changer de destinée, de refuser le destin que lui préparait, dans la radicale lisibilité de ses textes programmatiques, le mouvement national-socialiste. C'est à ce moment-là qu'il était encore possible pour le peuple allemand de refuser l'horreur du destin que lui imposait, inéluctablement, le programme national-socialiste.

Plus tard, une fois les libertés abolies, le système totalitaire mis en place, la terreur déployée, et déployées aussi les illusions d'un renversement révolutionnaire des valeurs, d'un sursaut national, la possibilité concrète de se dégager collectivement des conséquences de cette culpabilité initiale, originaire, devient historiquement aléatoire.

La question, donc, à mon sens, n'est pas tant de s'interroger sur le silence coupable d'une société allemande atomisée, massifiée dans la solitude individuelle, privée de communication intrasubjective, qu'a provoqué la terreur hitlérienne. On peut comprendre ce silence, même si on le condamne à jamais, sans oubli possible, quelle que soit la volonté de pardonner. C'est le silence que produit le totalitarisme, dans le déchaînement de ce versant spécifiquement humain qu'est le « mal radical », dont Kant nous a parlé déjà en 1791 après l'expérience de la Terreur révolutionnaire en France.

Ce n'est donc pas le silence qui est en question, c'est le discours massif, le bruit et la fureur des paroles scandées par le peuple, dans les derniers soubresauts de sa liberté, c'est-à-dire de sa servitude volontaire.

Ces observations paraissent nous éloigner de la conférence d'Edmund Husserl à Vienne, en mai 1935, et des circonstances concrètes dans lesquelles elle fut prononcée. Mais pas du tout.

À la fin de sa conférence, Husserl trace, en effet, la perspective suivante :

La crise de l'existence européenne ne peut avoir que deux issues : ou bien le déclin de l'Europe devenue étrangère à son propre sens rationnel de la vie, la chute dans la haine spirituelle et la barbarie, ou bien la renaissance de l'Europe à partir de l'esprit de la philosophie, grâce à un héroïsme de la raison qui surmonte définitivement le naturalisme. Le plus grand danger pour l'Europe est la lassitude.

Des deux termes de cette alternative, le premier, qui concerne le diagnostic, est d'une parfaite lucidité, d'un réalisme pertinent. L'Europe a, en effet, connu *la chute dans la haine spirituelle et la barbarie*.

Dans la concision abstraite de sa formulation, Husserl ramasse l'essentiel de la perspective historique. En 1935, en effet, nous assistons à la montée en puissance étrangement parallèle des deux systèmes totalitaires : le nazisme et le communisme. Malgré la brève phase tactique, de la part de Moscou, de la politique antifasciste des fronts populaires, ce parallélisme atteindra à son apogée en 1939, avec la signature du pacte germano-soviétique. Ainsi, après la défaite de la France, de juin 1940 à juin 1941, l'Europe connaîtra une alliance et un partage territorial qui dévoileront l'essence commune des deux systèmes.

Voilà une vérité difficile à penser, encore plus difficile à dire, du moins pendant des décennies. Une vérité pourtant essentielle, mais qu'il fallait penser rigoureusement, contre l'expérience subjective des luttes d'une multitude de combattants antifascistes. Qu'il fallait penser contre soi-même, contre ses propres illusions et son propre espoir.

Contre « l'illusion de l'avenir », si vous me permettez de renverser la formule qui constitue le titre de l'essai d'un autre Viennois célèbre, Sigmund Freud.

Dans le deuxième terme de l'alternative qu'il établissait, Edmund Husserl visait l'issue positive de la situation de crise, qu'il nommait « la renaissance de l'Europe ».

Comment y parvenir ?

« À partir de l'esprit de la philosophie, dit Husserl, grâce à un héroïsme de la raison. » Ce sont là, certes, des formules abstraites, sèches et désincarnées, au premier abord. Pour en dévoiler et en déployer le sens profond, concret, historique, il faudrait reprendre tout le fil du discours articulé par Husserl, à Vienne d'abord, à Prague ensuite.

Du point de vue philosophique, mais aussi d'un point de vue culturel et politique, ce serait là une entreprise nécessaire. Dans un séminaire privé tenu à Prague au cours de l'été et de l'automne 1973, Jan Patočka a dit : « Depuis la KRISIS de Husserl, aucun philosophe n'a réellement réfléchi sur le problème de l'Europe et de l'héritage européen. »

Le philosophe tchèque Jan Patočka a réfléchi sur ces problèmes. Le séminaire privé que je viens de citer – Patočka était interdit d'enseignement universitaire par les autorités communistes, en 1973 – et qui a été publié sous le titre *Platon et l'Europe* est un développement original, une analyse critique passionnante des thèses principales de Husserl, réactualisées en fonction des événements postérieurs à la Seconde Guerre mondiale.

De la même époque – début des années soixante-dix – date un texte inédit de Jan Patočka, *Réflexion sur l'Europe*, dans lequel le philosophe reprend et approfondit son analyse.

Dans une étude d'ensemble sur les questions que soulèvent les conférences de Husserl de 1935, étude qu'il m'est impossible d'aborder dans le cadre étroit de cet exposé, il faudra prendre en compte les textes de Patočka, ses analyses et ses réflexions.

Il faudra le faire non seulement à cause de la densité philosophique de ces textes, mais aussi à cause de la densité tragique de l'existence de Patočka.

Celui-ci, on s'en souvient sans doute, jeune disciple de Husserl, fut l'un des promoteurs du cycle de conférences prononcées par le vieux philosophe allemand à Prague, cycle où s'élabore la dernière pensée du fondateur de l'école phénoménologique. Et des années plus tard, en 1977, alors qu'il était devenu le porte-parole du mouvement démocratique Charte 77, Patočka est mort, victime d'une crise cardiaque provoquée par la brutalité des incessants interrogatoires auxquels il fut soumis par la police de son pays.

D'où il apparaît que même les idées les plus abstraites, apparemment, sur l'héritage rationnel de l'Europe, sur le sens qu'il faut actuellement lui donner, peuvent provoquer l'irruption du destin tragique dans l'existence des philosophes.

En 1935, Edmund Husserl, parce que juif, avait été chassé de l'Université allemande. Martin Heidegger, un autre disciple de Husserl, avait effacé de la page de garde de *Sein und Zeit* la dédicace à Husserl, ce qui était une façon symbolique de renvoyer son vieux maître dans le néant.

En 1977, Jan Patočka, interdit lui aussi à l'Université de son pays, l'un des rares philosophes qui aient poursuivi la réflexion husserlienne sur la crise spirituelle de l'Europe, mourait victime des brutalités d'une police totalitaire.

La réflexion sur l'Europe, sur la tradition spirituelle et rationnelle qui constitue l'âme de cette entité historique qu'est l'Europe, n'est pas dépourvue de risques, comme on peut s'en apercevoir.

Comment Edmund Husserl concevait-il cette entité historique qu'est l'Europe ?

Nous allons voir que le rappel des thèses husserliennes énoncées en 1935, à l'orée même des désastres qui allaient ravager la vieille Europe, nous conduira dans la plus brûlante actualité.

> Nous posons la question : comment se caractérise la figure spirituelle de l'Europe ?

demande Husserl en 1935, à Vienne. Et il répond :

> J'entends l'Europe non pas géographiquement, comme sur les cartes, comme s'il était possible de définir ainsi le domaine de l'humanité qui vit ici territorialement ensemble. Au sens spirituel, il est manifeste que les dominions anglais, les États-Unis, appartiennent à l'Europe. [...] Il est manifeste que sous le titre d'Europe, il s'agit ici d'une unité de vie, d'une activité, d'une création spirituelle avec tous les

buts, les intérêts, soucis et peines, avec les formations idéologiques, les organisations. [...] Dans cet ensemble, les
hommes individuels agissent au sein de diverses sociétés de
niveaux différents : les familles, les tribus, les nations dans
l'unité d'une seule figure spirituelle...

Je ne pense pas qu'il soit nécessaire de longuement
commenter cette pensée husserlienne pour en dégager
l'actualité, la pertinence historique. L'Europe, en effet, en
tant que *figure spirituelle*, n'est pas dépendante d'un territoire, et encore moins d'un terroir. Elle dépend plutôt
d'un horizon d'universalité extraterritoriale, qui en constitue la visée dynamique.

Nous pouvons ainsi constater à quel point, en 1935,
Husserl prend des distances avec la pensée de Martin
Heidegger. Et, surtout, prémonitoirement, avec la pensée
à venir de ce dernier : la pensée de l'enracinement dans
un monde utérin, qui refuse la modernité de la technique
et la technique de la modernité.

Dans un texte paru en 1961 d'Emmanuel Levinas, philosophe qui s'inscrit dans la double tradition du judaïsme
et de la phénoménologie, et qui a été l'un des premiers
commentateurs de l'œuvre de Husserl en France, on trouve
une référence à cette question.

L'implantation dans un paysage, l'attachement au LIEU,
sans lequel l'univers deviendrait insignifiant et existerait à
peine, c'est la scission même de l'humanité en autochtones
et étrangers. Et dans cette perspective la technique est moins
dangereuse que les génies du LIEU.
La technique supprime le privilège de cet enracinement et
de l'exil qui s'y réfère. Elle affranchit de cette alternative. Il
ne s'agit pas de revenir au nomadisme, aussi incapable que
l'existence sédentaire de sortir du paysage et d'un climat.
La technique nous arrache au monde heideggérien et aux
superstitions du LIEU. Dès lors une chance apparaît :

apercevoir les hommes en dehors de la situation où ils sont campés, laisser luire le visage humain dans sa nudité.

Dans le cours de sa conférence de Vienne, Husserl examine quelle est la source de cette extraterritorialité de l'idée de l'Europe, le fondement de l'unité, de cette *figure spirituelle* qu'est l'Europe.

Pour Husserl, cette source c'est la raison grecque, l'esprit de la philosophie grecque. Pour lui, l'essence de cette philosophie consiste en une vision théorique dégagée de l'immédiateté pratique de l'être-au-monde, dégagée également des mythes et des archaïsmes. C'est de cette visée théorique dégagée du pragmatisme étroit et des mythes que surgit une praxis nouvelle.

Le deuxième trait essentiel de la pensée grecque que Husserl place à l'origine de l'histoire de l'Europe en tant qu'entité spirituelle, c'est l'esprit critique, la rationalité universelle propre de l'esprit critique.

C'est à partir de cette mutation culturelle radicale, fondée sur le double mouvement de la visée purement théorique et de l'esprit critique, que Husserl envisage la possibilité de déploiement historique concret de l'Europe.

C'est de ces prémisses que Husserl tirait la conclusion suivante, qui me semble capitale :

Il pouvait surgir de là une supranationalité d'un type entièrement nouveau, je pense naturellement à la forme spirituelle de l'Europe. Celle-ci n'est plus désormais le simple voisinage de nations différentes qui n'influent les unes sur les autres que dans les rivalités du commerce ou les combats de la puissance. C'est un nouvel esprit, un esprit de libre critique et de normation par des tâches infinies.

Sans doute faudrait-il souligner ici l'unilatéralité des formulations husserliennes sur les origines de la culture européenne, dont la seule source affirmée semble être la philosophie grecque. Il est vrai qu'on ne trouve dans l'œuvre de Husserl que de rares traces d'une conception moins étroite de ces origines. Ainsi, dans un texte de 1934, il parle des deux *Sinnesquellen aus denen das europäische Menschentum im Altertum, entsprungen ist : der griechischen Philosophie und dem jüdisch-christlichen Monotheismus.* Et une autre fois, dans un texte de 1930, Husserl parle de l'Europe *als intentionale Synthesis von Judentum, Grieschentum, Hellenismus überhaupt.*

Malgré cette étroitesse de la conception husserlienne (dont la conséquence la plus grave, à mon avis, est qu'elle fait obstacle à la compréhension exacte du rôle de la culture juive d'expression allemande dans la formation universaliste de l'esprit européen des temps modernes), malgré cette étroitesse, donc, il faut penser à l'époque où la conférence de Husserl a été prononcée : 1935. Certains, depuis, comparant ce qui est arrivé après cette date avec l'utopie rationnelle d'une supranationalité européenne inspirée par la philosophie et par l'esprit critique – par ce que j'appellerai moi-même la raison démocratique –, certains ont dénoncé le caractère apparemment dérisoire de ce rationalisme abstrait, rhétorique.

Et pourtant, cette raison démocratique a triomphé des totalitarismes qui approchaient de leur apogée en 1935. Dans l'Europe actuelle, indépendamment de tous les problèmes liés à l'exaspération des nationalismes, à l'éclatement renouvelé de l'empire russe sous sa forme soviétique, il est évident que l'idée majeure que le vieux philosophe exprimait pathétiquement en 1935, ici même, à Vienne, commence à prendre forme, à prendre corps.

Mais l'unité de l'Europe qu'invoquait Husserl en 1935 – une figure spirituelle où sont constamment assumées, brassées, intégrées et remises en question les diversités

sociales, politiques et culturelles qui ont toujours consti-
tué la richesse et l'originalité de l'Europe –, cette unité
commence à se produire historiquement dans des circonstances radicalement nouvelles.

En 1935, l'Europe était à la veille d'une expansion du
totalitarisme qui allait bouleverser les frontières, détruire
des régimes démocratiques, aveugler les sources spirituelles
et culturelles du pluralisme critique de la modernité,
exterminer le peuple juif, collectivité multinationale dont
le rôle aura été déterminant, très particulièrement dans
son expression culturelle de langue allemande – et Vienne
est l'un des lieux privilégiés de cette expression –, du point
de vue de la créativité intellectuelle, de l'élaboration d'un
universalisme européen, critique et riche de ses diversités
spécifiques.

Aujourd'hui, la situation est radicalement différente.
Après l'écroulement du système soviétique ; après la consolidation d'une Allemagne réunifiée qui – fait nouveau et
décisif dans l'histoire des temps modernes en Europe –
est une puissance démocratique, vouée au développement
de nouveaux équilibres intégrateurs et non, comme jadis,
à l'expansionnisme des déséquilibres ségrégateurs ; après
l'incorporation au projet européen des pays du Sud médi-
terranéen, qui lui permettent une plus grande ouverture
vers les pays et les cultures d'Amérique, de l'Afrique du
Nord et du Proche-Orient, la question de la relation
dynamique entre unité et diversité de l'Europe se pose de
façon nouvelle aujourd'hui.

Nous assistons à présent en Europe à un double processus historique. D'un côté, le processus de l'unité européenne, de l'intégration, dont le traité de Maastricht sera
certainement une étape importante. Apparemment, dans
ce processus, les questions économiques et monétaires se
situent au premier plan. Marché unique, libre circulation

des biens, des capitaux et des personnes dans l'espace communautaire ; Banque centrale européenne ; monnaie commune : telles sont en particulier les perspectives qui semblent être les plus proches, les plus accessibles. Et qui le sont effectivement, c'est indiscutable.

Mais aurait-il été possible d'envisager ces objectifs économiques et financiers s'il n'y avait pas eu, entre les pays de la Communauté européenne, un accord essentiel sur les valeurs et le sens d'une société démocratique ? N'y a-t-il pas, sous-jacente à toutes les décisions d'ordre économique, une vision commune, pluraliste et normative de la société, du rôle d'un État de droit ? N'est-ce pas, en fin de compte, et quelle que soit la complexité des médiations nationales, d'ordre culturel ou politique, la même conception d'une raison démocratique qui anime en profondeur le mouvement de construction de l'Europe ?

Nous sommes ici à la fois près de Husserl et loin de lui, loin de ses thèses.

Près de Husserl, de son inspiration philosophique, dans la mesure où nous considérons aussi l'Europe comme une *figure spirituelle*, bien au-delà des simples mécanismes d'intégration économique. Loin de lui, dans la mesure où la source de cette figure de l'Europe n'est pas aussi restrictive, unilatérale, que chez lui. La source de cette *figure spirituelle* ne peut pas se réduire, en effet, à la seule philosophie grecque ; quelle que soit l'importance de cette philosophie, et elle est considérable, dans la constitution d'une tradition spécifique, de portée universelle.

À côté de l'apport grec, il faut considérer le poids et la portée de l'apport judéo-chrétien. Il faut considérer, surtout, dans une vision cohérente de l'histoire culturelle, la façon dont ces différents apports se sont transmis et ont été brassés. Ainsi, il est impossible d'oublier le rôle de Rome, de la latinité, de la romanité, dans la constitution de la figure de l'Europe. Je dirais même que toute tentation ou tentative de dévaloriser l'apport romain en survalorisant l'apport grec, parfois réinterprété de façon abusive ou anachronique – je pense en particulier à certaines extrapolations de Nietzsche, à certaines lectures de Heidegger –, toute tentative de ce genre, donc, paraît suspecte du point de vue de la rigueur intellectuelle.

Car l'Europe, la *figure spirituelle* de l'Europe, est un produit de l'histoire, un produit des luttes sociales, ethniques et religieuses. L'Europe n'est pas le résultat épuré d'une idée philosophique : elle est le résultat épais, dense, parfois opaque et tragique de longs siècles d'affrontements et de brassages, d'invasions et de résistances.

L'Europe d'aujourd'hui, en particulier, est née des luttes contre le nazisme, en premier lieu, de la résistance, en second lieu, contre le totalitarisme soviétique. Sa *figure spirituelle* est davantage marquée par ces luttes-là que par l'esprit pur de la philosophie grecque, qu'il ne faut cependant jamais oublier ni oblitérer, à l'heure des synthèses historiques.

De même, il est impossible d'oublier l'importance de la culture arabe dans les époques de formation de l'esprit européen. C'est par le truchement de cette culture qu'une bonne partie de la philosophie grecque a été transmise à l'Europe, grâce aux traductions qui ont transité par l'Espagne d'avant 1492, l'Espagne des Trois Cultures – chrétienne, arabe et judaïque – qui a été une plaque tournante essentielle dans les échanges d'idées et de marchandises qui ont commencé à articuler, dès avant la Renaissance, un espace européen.

Que le processus d'intégration européenne soit fondé, historiquement – et quels que soient ses avantages économiques du point de vue du marché mondial – sur un mouvement que l'on peut désigner, synthétiquement, comme celui de la raison démocratique, est important à plusieurs titres.

C'est important, tout d'abord, parce que cela permet de comprendre en profondeur les raisons et les possibilités d'élargissement de la Communauté européenne, à mesure même que s'élargit l'espace démocratique dans l'Europe au sens large, qui est d'ailleurs le sens de l'histoire.

Mais c'est également important au moment d'envisager concrètement l'adhésion de nouveaux pays à la Communauté des Douze.

De ce point de vue, il y a, bien entendu, des conditions à tenir, des rythmes à observer, du point de vue économique. Car une adhésion trop rapide, mal préparée, peut avoir des effets néfastes sur la situation intérieure des pays en question, dans la mesure où ceux-ci ne seraient pas capables de supporter ou de s'adapter aux contraintes d'ordre économique et fiscal que la Communauté impose logiquement à tous les pays membres.

Mais, d'un autre côté, du point de vue politique et culturel, il est évident que certains pays de l'Europe centrale et orientale, dégagés désormais de l'emprise totalitaire de l'ancienne URSS, ne peuvent attendre pendant de longues années que les conditions économiques de leur adhésion à la Communauté soient entièrement remplies.

Il faut donc, impérativement, que l'Europe invente et mette au point des formules d'association qui permettent la participation de ces pays à l'élaboration d'une politique européenne commune, avant même qu'ils ne soient en voie d'intégration dans l'espace économique de l'actuelle Europe des Douze, bientôt sans doute élargie à Quatorze ou à Quinze.

Il faut donc, en somme, que le nécessaire processus d'approfondissement de l'intégration européenne, tel qu'il a été conçu à Maastricht, n'interdise pas un processus simultané d'élargissement de la Communauté aux pays de l'Europe centrale et orientale, en tenant compte de la caractéristique fondamentale de l'Europe : sa *figure spirituelle* de raison démocratique.

Mais un autre processus est en marche en Europe, simultanément à celui de l'intégration.

C'est celui de l'explosion des identités nationales, régionales ou locales. Un processus, donc, apparemment contradictoire avec celui de l'intégration, ce dernier tendant à produire, à plus ou moins long terme, une sorte de supranationalité européenne.

D'un coté, donc, supranationalité en développement. De l'autre, éclatement des spécificités nationales et locales, affirmation d'identités, parfois ouvertes sur l'ensemble européen, nourries par celui-ci et l'enrichissant en retour ; parfois fermées sur elles-mêmes, exaspérées dans leur originalité, leur structure originaire de survie.

Ce processus d'affirmation identitaire a lieu principalement dans les ensembles étatiques, qu'ils aient eu ou non une forme fédérative, de l'ancienne URSS et de sa zone impériale en Europe. Cela se comprend aisément. La destruction du système totalitaire remet à l'ordre du jour de l'histoire des questions que Yalta – parfois après Versailles – avait arbitrairement tranchées ou congelées.

Mais ce processus a également lieu, sous des formes très différentes, dans l'Europe occidentale, l'Europe communautaire : l'Espagne en est un exemple intéressant à examiner.

Les deux processus historiques – celui de l'intégration, celui de l'explosion identitaire –, qui semblent profondément contradictoires sur le court terme, peuvent être en réalité complémentaires sur le long terme, si nous

sommes capables d'inventer une politique européenne
audacieuse, qui ne pense pas l'Europe exclusivement
comme marché unique, qui la pense aussi – et peut-être
surtout – comme ensemble culturel, comme figure spirituelle ouverte sur l'universalisme d'une Raison critique
et démocratique, convaincue que l'Europe ne peut pas se
fonder sur l'exclusion de LA DIFFÉRENCE ; qu'elle doit se
construire sur l'unité essentielle de sa diversité.

6

« ... UNE TOMBE
AU CREUX DES NUAGES... »

→ *Paulskirche*

J'ai prononcé ce discours à la réception du Prix de la guilde des libraires allemands, aussi appelé « prix de la Paix », décerné en l'église Saint-Paul de Francfort. Le précédent récipiendaire du prix était Amos Oz. Mon successeur fut Mario Vargas Llosa. Deux écrivains et deux hommes qui me sont chers.

Ce fut un dimanche, un beau dimanche de mars. Des nuages gris, floconneux, naviguaient dans un ciel où s'annonçait déjà le printemps. Et le vent, comme toujours, sur l'Ettersberg : le vent d'autrefois, le souffle de l'éternité sur la colline de Goethe. Mais c'était en mars 1992 et dans ce ciel pâle, dans ce paysage de forêts de hêtres et de chênes, la fumée du crématoire de Buchenwald n'était plus visible.

Les oiseaux étaient revenus. Ce fut la première chose que je remarquai en m'avançant sur l'espace, vide et dramatique, de l'*Appellplatz*. Les merles moqueurs, tous les oiseaux chanteurs, dans la rumeur assourdie de leurs trilles, étaient revenus dans les arbres centenaires de la forêt de Goethe, d'où ils avaient été chassés, des décennies auparavant, par la fumée nauséabonde du crématoire.

Un arc-en-ciel bruissant d'oiseaux chanteurs m'accueillait, ce dimanche-là de mars 1992, le jour de mon premier retour à Buchenwald.

Quelques semaines plus tôt, Peter Merseburger m'avait appelé au téléphone de Berlin. Il préparait une émission de télévision sur Weimar, ville de culture et de camp de concentration, et il me proposait d'être l'un des témoins interrogés. J'ai refusé cette proposition immédiatement, sans même y réfléchir. Jamais je n'étais revenu à Buchenwald. Je n'avais jamais voulu y revenir, depuis le jour d'avril 1945 où le camp avait été libéré par les soldats américains de la IIIe Armée de Patton.

Les raisons de ce refus sont claires et tranchantes, faciles à déterminer.

En premier lieu, durant une longue période, elles découlaient de ma décision d'oublier cette expérience mortifère, pour parvenir à survivre. À l'automne 1945, à vingt-deux ans, j'ai commencé à élaborer littérairement cette expérience : cette mémoire de la mort. Mais cela devint impossible. Entendez-moi : il n'était pas impossible d'écrire, il aurait été impossible de survivre à l'écriture. La seule issue possible de l'aventure du témoignage serait celle de ma propre mort. Je ne pouvais contourner cette certitude.

Il est vrai que cette expérience m'est personnelle. D'autres – Primo Levi, par exemple (grand exemple : son œuvre est réellement prodigieuse par sa véracité, sa compassion lucide) – ne parvinrent à revenir à la vie qu'au moyen de l'écriture, grâce à celle-ci. Dans mon cas, en revanche, chaque page écrite, arrachée à la souffrance, m'enfonçait dans une mémoire irrémédiable et mortifère, m'asphyxiait dans l'angoisse du passé.

Il me fallait choisir entre l'écriture et la vie et j'ai choisi la vie. Mais en la choisissant j'ai dû abandonner le projet qui donnait à mes yeux un sens à ma vie, celui d'être écrivain. Un projet qui avait, dès l'enfance quasiment, structuré mon identité la plus authentique. J'ai dû décider d'être un autre, de ne pas être moi-même, pour continuer à être quelque chose : quelqu'un. Car c'était impensable d'écrire n'importe quoi d'autre, lorsque j'abandonnai la tentative de rendre compte, littérairement, de l'expérience de Buchenwald.

Cela explique en partie mon intérêt pour la politique. Si l'écriture me maintenait dans la mémoire atroce du passé, l'activité politique me projetait dans l'avenir. C'est ce que j'ai cru, du moins, jusqu'à ce que l'avenir que la politique communiste prétendait préfigurer ne révélât son caractère d'illusion néfaste : elle n'aura été que l'illusion d'un avenir.

La seconde raison qui m'avait rendu impossible un retour à Weimar était d'un genre tout différent. Depuis que j'avais publié mes livres sur l'expérience de Buchenwald – surtout depuis *Quel beau dimanche !* –, j'avais reçu des informations sur la perduration en ce lieu du camp de concentration, sous le régime de l'occupation soviétique.

Ainsi, j'ai reçu un roman de Peter Pöttgen, *Am Ettersberg*, dans lequel l'histoire d'une famille Stein permettait de faire un récit de la double mémoire de Buchenwald, camp nazi et puis camp stalinien. Dans la lettre qui accompagnait l'envoi de son livre, Pöttgen m'écrivait : « Au cours de l'hiver 1944, la neige recouvrait les hêtres et les baraques, et moi, piètre élève de quatorze ans, j'étudiais dans un lycée de Weimar. J'écoutais à peine les paroles d'un professeur qui nous commentait quelque vers de Goethe... »

À cause de tout cela, jamais je n'avais eu le désir de revenir à Weimar-Buchenwald. Sans y réfléchir, donc, je répondis à Peter Merseburger qu'il ne devait pas compter sur moi dans son émission. Je refusai aussitôt, sans même prendre le temps d'y penser.

Mais cette nuit-là, pour la première fois depuis fort longtemps, je rêvai de nouveau de Buchenwald. Ce ne fut pas le rêve habituel, le cauchemar plutôt, qui m'avait réveillé si souvent, au fil des longues années du souvenir. Je n'entendis pas, comme d'habitude en pareil cas, dans le circuit interne des haut-parleurs, la voix nocturne, âpre, irritée, du sous-officier SS de garde à la tour de contrôle. La voix qui, les nuits d'alerte, lorsque les escadrilles de bombardiers alliés progressaient vers le cœur glacial de l'Allemagne, donnait l'ordre qu'on éteignît le crématoire, afin que les hautes flammes cuivrées ne fussent pas utilisées comme signes d'orientation par les pilotes anglo-américains. « Krematorium, ausmachen ! », criait cette voix. Mais, la nuit dont je parle, après ma conversation avec Merseburger, je ne fis pas le rêve habituel. Ce ne fut pas un rêve angoissant, tout compte fait. Je n'entendis pas la voix du sous-officier de garde commandant l'extinction des feux du crématoire. J'entendis une très belle voix de femme, que je reconnus aussitôt : c'était la voix cuivrée de Zarah Leander :

Schön war die Zeit da wir uns so geliebt…

C'était une chanson d'amour, car Zarah Leander chantait toujours des chansons d'amour dans le circuit des haut-parleurs de Buchenwald, surtout le dimanche après-midi. Les officiers des SS aimaient sans doute les chansons d'amour, la voix grave, harmonieuse, de Zarah Leander.

Je me suis réveillé de ce rêve avec la sereine certitude que je devais accepter la proposition de Peter Merseburger. La réunification démocratique de l'Allemagne, d'un côté, modifiait radicalement la perspective historique. Mes réticences d'autrefois n'avaient plus de fondement. D'un autre côté, surtout, il m'apparut que je ne pourrais terminer le livre en cours, *L'Écriture ou la vie*, avant d'avoir fait ce voyage de retour à Buchenwald.

J'avais choisi quelques livres pour m'accompagner lors de ce retour. Je savais que je n'aurais pas le temps de les relire, mais j'en avais besoin à mes côtés. J'avais besoin de pouvoir les feuilleter, de les avoir sous la main : qu'ils fussent mes compagnons de voyage.

Le premier était une traduction française d'un roman de Thomas Mann : *Charlotte à Weimar.* Les raisons de ce choix étaient multiples. Ce fut, tout d'abord, le premier livre que j'achetai à Paris, à mon retour du camp de concentration : il venait de paraître. Depuis lors, je l'ai toujours placé parmi mes lectures familières. Par ailleurs, je savais que j'allais loger à l'Hôtel de l'Éléphant, lieu historique qui a été le décor de plusieurs romans, à commencer par celui de Mann. Et un écrivain est toujours intéressé ou amusé par les décors romanesques.

Mais il y avait d'autres raisons, plus profondes.

Ici même, en effet, dans cette nef de la Paulskirche reconstruite après les désastres de la guerre, en 1949, au mois de juillet de cette année cruciale dans l'histoire de l'Allemagne, Thomas Mann prononça un discours mémorable. Ce fut dans le contexte des cérémonies de l'année Goethe, lors de la commémoration de son bicentenaire. Ce fut surtout la première fois que Thomas Mann s'adressait à ses compatriotes en Allemagne même, après seize ans d'exil.

De ce discours de 1949, je voudrais détacher, pour la souligner, une affirmation qui me permettra de développer mes propres idées.

Ici, du haut de cette tribune historique – et je dois avouer que cela m'impressionne de m'y exposer, après tant de personnalités illustres –, Thomas Mann, citoyen américain pour lors, affirma que sa patrie véritable était la langue allemande. Il n'aurait jamais pensé, dit-il, à s'exiler aussi en tant qu'écrivain, à émigrer dans une autre langue, en adoptant par exemple l'anglais comme langue d'expression littéraire. Avec le trésor de la langue allemande, dit-il, il s'était exilé, c'est en elle que son identité véritable a perduré : jamais il n'avait voulu l'abandonner, trahir cette tradition, oublier cette patrie intime.

Patrie ! Voilà un mot considérable, sans doute, dont nous savons fort bien quels mauvais usages ont été faits, quels désastres il a inspirés. Je l'utiliserai donc avec précaution, parce que je sais que les patries ne sont des voies d'accès à l'universalisme de la raison démocratique – tel devrait être leur rôle historique – qu'en évitant tout chauvinisme, toute attitude d'exclusion arrogante. J'utiliserai donc le mot « patrie » en réaffirmant qu'elle ne peut, ne doit jamais être *über alles*.

Cela dit, la langue est-elle vraiment la patrie d'un écrivain, comme le disait Thomas Mann ?

Je ne peux prendre cette affirmation à mon compte. Dans mon cas, sans doute pour des raisons biographiques, d'âge et de circonstance, la langue espagnole n'a pas été ma patrie en exil. Elle n'a pas été la seule, en tout cas. Au contraire de Mann, je ne me suis jamais exilé de ma citoyenneté espagnole, mais de ma langue maternelle, si. À une certaine époque, j'ai cru que j'avais découvert une nouvelle patrie, en m'appropriant la langue française dans laquelle j'ai écrit la plupart de mes livres. Mais cela n'est pas non plus vrai. Du point de vue de la langue littéraire, ou bien je suis apatride – à cause de mon bilinguisme invétéré, de ma schizophrénie linguistique définitive – ou bien j'ai deux patries. Ce qui, en vérité, est impossible, si l'on prend au sérieux l'idée de patrie, c'est-à-dire comme une idée pour laquelle il vaudrait la peine de mourir. Car on ne peut mourir pour deux patries différentes, ce serait absurde.

De toute façon, l'idée de la patrie ne m'a jamais hanté, dans les différentes occasions de risquer la vie qui m'ont été offertes. Liberté, justice, solidarité avec les humiliés et les opprimés : ce sont des idées de cette sorte que j'ai eues à l'esprit à l'heure de risquer ma vie. Jamais celle de la patrie, je dois l'avouer.

En fin de compte, ma patrie n'est pas la langue, ni la française ni l'espagnole, ma patrie c'est le langage. C'est-à-dire un espace de communication sociale, d'invention linguistique : une possibilité de représentation de l'univers. De le modifier aussi, par les œuvres du langage, fût-ce de façon modeste, à la marge.

Quoi qu'il en soit, dans cette mienne patrie qu'est le langage, il y a des idées, des images emblématiques, des pulsions émotionnelles, des résonances intellectuelles dont l'origine est spécifiquement allemande. J'oserai dire que, d'une certaine façon, la source allemande – poétique, romanesque ou philosophique – est une composante essentielle de mon paysage spirituel. De ma vraie patrie, en somme.

Cela est dû, sans doute, au fait que j'ai toujours été, que je suis et serai un insatiable et émerveillé lecteur d'allemand. J'ai même lu le *Quichotte* pour la première fois en allemand ! Je ne vous dirai pas maintenant, pour ne pas perdre le fil de notre discours, pourquoi ni comment. Je ne vous dirai pas comment j'ai essayé – émule sans le savoir du Pierre Ménard de Borges – de réécrire le *Quichotte*, en le traduisant au castillan de sa version germanique, mû par mon arrogance adolescente !

C'est une relation forte, donc, passionnée, essentielle pour ma formation intellectuelle, que j'ai eue, que j'ai toujours, avec la culture allemande. C'est elle qui m'a fourni les arguments décisifs de la lutte contre le nazisme. C'est la lecture de certains auteurs allemands qui m'aura permis de trouver – comme aurait dit l'un d'entre eux,

Karl Marx, que j'aurai beaucoup pratiqué – les « armes de la critique » qui m'ont servi à l'affronter ensuite par la « critique des armes ».

En 1949, Thomas Mann, quelques jours après qu'il eut prononcé ici, à la Paulskirche, son discours sur Goethe, se déplaça à Weimar pour le répéter au Théâtre national.

À ce moment-là, on peut s'en souvenir, à l'issue de la crise provoquée par le blocus de Berlin par l'URSS, la division de l'Allemagne en deux États différents devenait une réalité. La guerre froide traçait objectivement, tragiquement, sa frontière principale au cœur de l'Europe, dans une Allemagne divisée.

Dans ce contexte, la décision de Mann d'accepter l'invitation des autorités d'occupation soviétiques et du pouvoir communiste de l'Allemagne de l'Est fut largement critiquée. Dans la presse de Francfort, on rappela à Thomas Mann que le camp de concentration de Buchenwald, aux environs de Weimar, continuait à fonctionner. Pourquoi ne pas s'y rendre en visite, après son discours goethéen au théâtre de la ville ? lui fut-il suggéré.

Thomas Mann n'esquiva pas cette question, ne l'occulta pas non plus. Dans son discours de la Paulskirche, le 25 juillet 1949, il affirma que sa visite s'adressait à l'Allemagne elle-même, au pays dans son ensemble, et non à telle ou telle zone d'occupation. Qui pouvait garantir et représenter l'unité de l'Allemagne, s'est-il ici demandé à haute voix, mieux qu'un écrivain indépendant dont la langue allemande était l'authentique patrie, inviolable par les troupes d'occupation ?

Il n'a pas non plus évité la référence à Buchenwald. Dans le *Reisebericht* qu'il écrivit sur son séjour en Allemagne (publié d'abord en anglais, dans le *New York Times Magazine*, et plus tard en allemand, dans la *Neue*

Schweizer Rundschau), Mann essaya de répondre à ceux qui avaient critiqué sa décision de se rendre à Weimar. Certes, reconnut-il, il n'avait pas demandé à visiter le camp de concentration, mais il avait réussi à se renseigner, par des voies non officielles, sur les conditions de vie à Buchenwald. Le résultat de son investigation, tel qu'il le rapporte, est surprenant, il ne peut manquer de provoquer quelque inquiétude. Thomas Mann affirme, en effet, que la population de prisonniers se compose, selon ses sources dignes de foi, d'un tiers d'éléments asociaux, de vagabonds dégénérés ; d'un deuxième tiers de malfaiteurs de l'époque nazie ; et d'un dernier tiers seulement de personnes coupables d'opposition manifeste envers le nouvel État, dont l'isolement s'était avéré nécessaire.

Si la langue maternelle est réellement la patrie d'un écrivain, il suffirait d'une analyse sémantique des mots de Thomas Mann pour vérifier leur terrible et dangereuse ambiguïté. Car toutes les dictatures, tous les systèmes totalitaires qualifient les non-conformistes d'« éléments asociaux », de « vagabonds dégénérés » (tziganes, peut-être ?) ; tous considèrent nécessaire d'isoler les opposants, les dissidents, afin que leurs idées et leurs actes ne contaminent pas le corps social, supposé sain lorsqu'il se nourrit seulement aux sources de la pensée officielle : politiquement correcte, bien entendu.

Les raisons qui poussaient Thomas Mann en 1949 sont compréhensibles. Elles sont même respectables. Il les a exposées de nouveau en octobre 1954, dans le Message où il s'opposait à l'extension du militarisme, au réarmement, aux pactes militaires, en prônant la démilitarisation des deux États allemands en vue de leur réunification. Tous ces arguments ont été au cœur d'une discussion de longue portée entre Allemands. Entre Européens tout aussi bien, car le destin de l'Europe a été déterminé en grande partie

– et il continue de l'être – par l'évolution de la politique allemande. Selon le développement de la démocratie en Allemagne, selon son ancrage européen, sa participation au renforcement et à l'expansion de l'Union européenne, dans des conditions d'égalité pour les pays qui la composent ou la composeront : selon l'influence que l'Allemagne exercera dans un sens ou dans l'autre, le destin de l'Europe changera pour le meilleur ou pour le pire.

Cela dit, et même s'ils étaient compréhensibles, étaient-ils historiquement justes, étaient-ils opérationnels, les principes sous-jacents au message de Thomas Mann, à tant d'autres messages de ces dernières décennies ? Était-il pensable de parvenir à la paix en Europe, à la réunification de l'Allemagne, par les moyens d'une stratégie de conciliation, d'une rhétorique humaniste, de la tolérance politique ? Pour ne pas être un simple rideau de fumée idéologique, ces moyens présupposaient l'existence d'États de droit, avec des sociétés civiles fortement autonomes et articulées, avec des systèmes de représentation et d'expression réellement démocratiques. Ils présupposaient, donc, tout ce qui manquait dans les pays du bloc soviétique en Europe.

J'ai déjà donné mon opinion à ce sujet, il y a des années. Et je l'ai fait dans cette ville de Francfort, en 1986, trois ans avant la chute du Mur de Berlin, dans le cadre des Colloques du Römerberg.

Je vais me permettre de citer un bref extrait de mon intervention au colloque de cette année-là :

Mais sur la question de la division de l'Allemagne – si vous permettez à un étranger de s'exprimer à ce sujet, et vous devez le permettre, car la question n'est pas seulement d'ordre interne : elle est au cœur du problème de l'Europe, de son avenir démocratique –, sur ladite question je ne dirai que quelques mots.

La réunification de l'Allemagne est, de toute évidence, nécessaire, mais elle est en même temps impensable, si la perspective historique, du moins, ne change pas radicalement, créant un nouveau rapport de force entre démocratie et totalitarisme.

Car la réunification de l'Allemagne doit être le fruit d'un progrès décisif de la démocratie en Europe. Dans toutes les Europes, certes, mais fondamentalement dans cette *Mitteleuropa* qui en constitue le maillon déterminant, dans ce territoire où s'est forgé durant des siècles le destin culturel, et même politique, du monde. [...]

D'aucuns, sans doute, s'étonneront de me voir évoquer la réunification de l'Allemagne comme le fruit d'une démocratisation de l'Europe – la seule révolution qui mérite encore qu'on se batte pour elle ! – et non comme résultat des progrès de la paix, conçue comme détente et désarmement.

Mais c'est la démocratisation qui est à l'origine de la paix, quoi qu'en pensent certains. La paix – du moins sous sa forme perverse d'apaisement – peut même être à l'origine de la guerre.

Il est clair que je ne rappelle pas ces considérations d'il y a huit ans pour le simple plaisir égotiste d'avoir eu raison. Il était facile, d'ailleurs, d'avoir raison. Il suffisait pour cela de s'en tenir aux leçons de la tradition antifasciste bien comprise. Thomas Mann lui-même, tellement incapable dans les années cinquante d'élaborer une stratégie intellectuelle cohérente et opérationnelle face aux questions de la guerre et de la paix, avait fait preuve de lucidité dans les années trente, face à la montée expansionniste de Hitler. Il avait proclamé que la paix ne pouvait être le résultat d'une politique conciliatrice ni capitularde. On peut encore lire avec profit ses chroniques et journaux de cette époque : « Allemagne, ma souffrance » et « Europe, prends garde ! », par exemple. Et très particulièrement son article « Cette paix », terrible et brillant réquisitoire contre la politique de capitulation des démocraties publié dans *Die Zukunft*, journal de l'émigration allemande à Paris, après les désastreux accords de Munich qui livraient à Hitler le cœur de la vieille Europe.

Mais l'antifascisme européen – et tout particulièrement l'antifascisme allemand, dans son aimable version pacifiste, antinucléaire, écologiste : réfutation, d'une certaine façon, et c'est son aspect positif, des errements du passé national –, ledit antifascisme est devenu hémiplégique à partir des années cinquante. Malgré les leçons de la guerre d'Espagne, du Pacte germano-soviétique de 1939 ; malgré le cynisme de la politique de grande puissance de l'URSS dans l'Europe de l'après-guerre, la pensée antifasciste occidentale, dans sa grande majorité, pour ne pas dire dans son ensemble, a été hémiplégique : elle n'a réussi à prendre en considération qu'un seul aspect de la réalité, celui qui se réfère aux maux et aux injustices évidents de nos démocraties de masse et de marché. Sur ce point, elle a assumé son rôle critique, indispensable. Mais ladite pensée n'a pas su élaborer une théorie, ni une pratique, en conséquence, globales, pour affronter le totalitarisme, lui faire face dans ses deux manifestations historiques spécifiques : le fascisme et le stalinisme. Elle n'a pas su prendre en compte, jusqu'aux ultimes conséquences, le problème que posait la perduration du système soviétique.

À ce sujet, permettez-moi – abusant peut-être du privilège que m'octroie l'honneur de cette tribune – que je rappelle un autre passage de mon intervention aux Colloques du Römerberg de 1986.

Le voici :

Lorsqu'on examine les problèmes de la culture politique, au moment du naufrage du marxisme en tant que pratique historique et en tant que prétention à la vérité scientifique ; lorsqu'on essaie que dans le naufrage d'une vérité qui se voulait absolue survivent des valeurs et des vérités ; lorsqu'on tourne le regard vers l'expérience très riche et tragique des années trente, pour en tirer quelque enseignement, il me semble que nous devrions modifier la phrase connue de Max Horkheimer pour dire : Celui qui ne veut pas parler du stalinisme, devrait aussi se taire sur le fascisme.

Il y a certes des exceptions à cette maladie sénile de la pensée de gauche européenne. Elles sont importantes, nous les avons tous à l'esprit. Pour ma part, je crois que la vie et l'œuvre de Karl Jaspers constituent l'une de ces exceptions. Quelles que soient les critiques ou les réserves que l'on peut formuler à propos de certains aspects de sa métaphysique existentielle, la projection concrète de sa pensée dans le monde social et politique aura été éclairante, positive, souvent exemplaire, depuis les années trente.

C'est sans doute à cause de cela que deux petits volumes de Karl Jaspers m'accompagnaient aussi, lors de mon voyage de retour à Weimar-Buchenwald : retour à la mémoire de ma jeunesse, à la tragique patrie universelle du langage et de la lutte qui se situe pour moi sur la colline goethéenne de l'Ettersberg. C'est pour cela que m'accompagnaient dans ce voyage *Die Schuldfrage* (*La Culpabilité allemande*) et *Freiheit und Wiedervereinigung* (*Liberté et réunification*), que j'ai feuilletés pendant ces nuits à l'Hôtel de l'Éléphant, avec toujours la même émotion intellectuelle, avec l'impression que leur efficace actualité perdurait dans une circonstance historique radicalement nouvelle.

Un dimanche, en effet, ce fut un beau dimanche de mars. Toute une vie plus tard, plusieurs vies et plusieurs morts plus tard, je me trouvais à nouveau sur le dramatique espace vide de l'*Appellplatz* de Buchenwald. Les oiseaux étaient revenus et le vent de toujours soufflait sur l'Ettersberg.

En contemplant ce paysage, j'eus l'impression que toute ma vie, depuis ces lointains vingt ans, se déployait dans ma mémoire, devenant transparente, avec ses risques et ses erreurs, ses aveuglements d'illusion idéologique et son aspiration têtue à la lucidité.

Alors, m'avançant sur l'*Appellplatz*, face à la cheminée massive du crématoire, je me suis souvenu d'un poème de Paul Celan. Car une anthologie de poèmes de celui-ci m'accompagnait également pendant ce voyage de retour.

> alors vous montez en fumée dans les airs
> alors vous avez une tombe au creux des nuages
> on n'y est pas couché à l'étroit…

Dans ce poème, « La fugue de mort », on s'en souvient sans doute, il y a un vers terrible, qui se répète comme un leitmotiv : « La mort est un maître venu d'Allemagne. »

À Buchenwald, ce beau dimanche de mars 1992, face à la cheminée du crématoire, me rappelant la voix âpre, irritée, du sous-officier SS qui demandait qu'on éteignît le four, les nuits d'alerte aérienne : *Krematorium, ausmachen* ; là, à Buchenwald, je me suis demandé si ce vers terrible était vrai, je veux dire, s'il reflétait une vérité absolue, au-delà des circonstances historiques. Il était clair que non. Cette mort-là, certainement, cette mort qui a dévasté l'Europe et qui fut la conséquence de la victoire de Hitler, elle fut bien un « maître venu d'Allemagne ». Mais nous avons tous connu la mort qui se tapit dans les entrailles de la bête du totalitarisme avec d'autres masques, vêtue d'autres hardes nationales. Moi-même j'ai connu et parfois bravé la mort sous les espèces et l'aspect d'un « maître venu d'Espagne ». Et les juifs français poursuivis et déportés par le gouvernement de Vichy, tellement français,

ont connu la mort comme « maître venu de France ». Et
Varlam Chalamov, dans ses hallucinants *Récits de la
Kolyma*, nous a parlé de la mort comme « maître venu de
la Russie soviétique ».

La vérité du vers de Paul Celan est, donc, nécessaire,
inoubliable, mais relative, historiquement circonstanciée.
« La mort est un maître venu de l'humanité », telle serait
la formulation philosophique la plus appropriée, car elle
soulignerait la possibilité permanente de l'homme, fondée
sur la liberté constituante de son être, d'opter pour la
mort de l'oppression et de la servitude, contre la vie de la
liberté : la liberté de la vie.

Ce qui est décisif, cependant, c'est que Paul Celan ait
écrit ses poèmes en allemand. Juif roumain, Celan a choisi
la patrie de la langue allemande pour instaurer l'universalité de son langage ; on ne peut cesser de réfléchir à la
profonde signification de ce fait.

> nous creusons une tombe dans les airs
> on n'y est pas couché à l'étroit...

Je me suis rappelé le poème de Celan, ce beau dimanche
de mars sur la place d'appel de Buchenwald. J'ai pensé
que l'emplacement de l'ancien camp de concentration, tel
qu'il s'offre au regard aujourd'hui, est un lieu privilégié
de la mémoire historique européenne. Un espace tragique,
sans doute, mais éclairant : non seulement comme trace
archéologique d'un passé dont les effets sont encore actifs,
du moins en partie. Aussi comme laboratoire intellectuel
de notre avenir commun.

Je dirai pourquoi dans ma conclusion.

Lorsque le camp de concentration que Thomas Mann
n'avait pas voulu, ou pu, visiter fut fermé par les autorités
de la RDA récemment constituée, on édifia sur le versant
de l'Ettersberg tourné vers Weimar un gigantesque

mémorial, produit d'une conception architecturale et monumentale qui me paraît grandiloquente, peu respectueuse des humbles et complexes vérités du passé. Comme si les autorités communistes avaient souhaité affirmer ici les origines antifascistes de leur légitimité historique, elles gaspillèrent de grandes quantités de nobles matériaux pour dresser un monument d'un goût atroce : sorte de mélange de la statuaire d'Arno Breker et de réalisme socialiste stalinien.

Sur l'autre versant, ouvert à la perspective lointaine des monts de Thuringe, au piémont de l'Ettersberg, une jeune forêt a poussé. Elle recouvre les espaces où se trouvaient auparavant les baraques de l'infirmerie, du Petit Camp de quarantaine. Elle recouvre, surtout, les milliers de cadavres anonymes – non identifiés, du moins – enfouis ici dans la sauvage froideur des fosses communes de l'époque stalinienne de Buchenwald. Ici reposent, dans le silence écrasant d'une mort anonyme, les « éléments asociaux », les « vagabonds dégénérés », les « coupables d'obstruction manifeste au nouvel État », dont Thomas Mann crut ou voulut croire qu'ils constituaient les deux tiers de la population de Buchenwald, en 1949, lorsqu'il lut à ses compatriotes, d'abord à la Paulskirche, au Théâtre national de Weimar ensuite, un beau discours sur Goethe et les vertus de l'humanisme.

Des morts du camp nazi de Buchenwald il ne nous reste que le souvenir : ils sont montés tels des flocons de fumée dans le ciel, leur tombe est dans les nuages. On n'y est pas couché à l'étroit, en effet : ils sont là, dans l'immensité de la mémoire historique, constamment menacée d'un oubli inadmissible, capable pourtant du pardon de la réconciliation. Des morts du camp stalinien, il nous reste les fosses communes que recouvre la jeune forêt dans laquelle jamais ni Goethe ni Eckermann ne se sont promenés, dans laquelle les jeunes Allemands d'aujourd'hui et de demain devront se promener.

L'Allemagne n'est pas l'unique pays européen à avoir un problème non résolu avec sa mémoire collective. La France l'a également, cela se perçoit de nouveau ces temps-ci. Ni sa classe politique, ni ses intellectuels, ni le peuple en général, dans sa diversité sociale, n'ont encore réussi à élaborer et maîtriser une vision critique, dépassant les passions extrémistes, de la période de Vichy et de la Résistance. L'Espagne a aussi un problème de ce genre : elle a choisi, à une écrasante majorité – et à juste titre – la voie d'une amnésie collective délibérée pour réussir le miracle d'une transition pacifique vers la démocratie, mais elle devra un jour payer le juste prix de ce processus historique.

Le problème du peuple allemand avec sa mémoire historique, cependant, concerne tous les Européens de façon plus brûlante. Car le peuple allemand est le seul en Europe, depuis la réunification – et cela fait partie de l'évolution sociale et politique, complexe et parfois douloureuse, mais riche en possibilités de développement pour la raison démocratique, que ladite réunification a entraînée – à pouvoir et devoir prendre en compte les deux expériences totalitaires du XXᵉ siècle : le nazisme et le stalinisme. Le peuple allemand a vécu ces expériences dans sa chair et dans son âme et il ne peut les dépasser – pour une fois, et sans créer de précédent, on pourrait utiliser le concept hégélien de *Aufhebung* – qu'en les assumant critiquement de façon conséquente et approfondie. Ainsi, non seulement l'avenir démocratique de l'Allemagne sera assuré, mais également celui d'une Europe unie et en expansion.

Buchenwald est toutefois le lieu de mémoire historique qui symbolise au mieux cette double tâche : celle du travail de deuil qui permettra de maîtriser critiquement le passé, celle de l'élaboration des principes d'un avenir européen qui nous permette d'éviter les erreurs du passé.

J'ignore les projets que la communauté politique et scientifique allemande a conçus à propos de l'espace historique de Weimar-Buchenwald. Mais j'ai pensé, ce beau dimanche de mars 1992, qu'il serait passionnant que la colline de l'Ettersberg fût le siège d'une institution européenne consacrée à ce travail de mémoire et de prospective démocratique.

Merci pour l'honneur qui m'a été fait, pour le souvenir partagé, pour l'avenir que nous aurons à construire ensemble.

7

NI HÉROS NI VICTIMES
Weimar-Buchenwald

En 1995, nous célébrons le cinquantième anniversaire de la libération du camp de Buchenwald. C'est la deuxième fois que j'y reviens, après ma première visite de 1992.

Il n'est pas facile de parler depuis cette tribune. En tout cas, pour moi. Je pense que cela serait probablement difficile pour tout survivant de Buchenwald, en ce jour et en cette occasion. C'est assurément un honneur que le ministre-président du *Land* de Thuringe, le docteur Bernhard Vogel, a voulu nous faire en nous invitant à participer à cette commémoration solennelle. Mais, dans mon cas, une autre chose est venue s'ajouter à cet honneur, ou plutôt s'y opposer : il s'agit d'un sentiment presque angoissant de responsabilité.

Pas seulement, ni même essentiellement, parce que le Théâtre national de Weimar, dans lequel nous sommes, est un lieu privilégié, un lieu singulier, dans un certain sens, de la mémoire politique et culturelle de l'Allemagne. En effet, le souvenir des illustres voix qu'on y a entendues, qui s'y sont exprimées, avec les conséquences juridiques et historiques que l'on sait, pourrait intimider tout un chacun, ou même lui transmettre un certain sentiment d'insécurité. Tout cela est très émouvant, mais ce ne sont pas ces souvenirs, non ce ne sont pas tant ces traces historiques qui me font si vivement percevoir un tel sentiment de responsabilité.

Ce qui est décisif dans ce contexte – en tout cas pour moi : autrement dit, pour l'ancien prisonnier numéro 44 904 –, ce qui est décisif va au-delà des émotions que ce lieu historique inévitablement réveille. Ce qui est décisif est inclus dans la question que je dois me poser à moi-même lorsque je commence à parler, une question que d'ailleurs je dois me poser en tout lieu, pas seulement à Weimar.

Est-il possible, est-il réellement convenable et défendable de prendre la parole et de s'exprimer au nom des disparus et de tous ces individus dont on n'a jamais plus rien su ? Est-il licite de parler au sein de l'irrévocable silence de tant de milliers de morts, dont la tombe se trouve au creux des nuages qui couronnent la cime de l'Ettersberg ? Le meilleur hommage ne serait-il pas plutôt un silence réfléchi, le seul honneur vraiment acceptable envers tant de mort silencieuse ?

Nous tous, nous les survivants, les individus qui sommes réapparus à la lumière, nous tous avons connu la tentation du silence ; nous avons cherché à tranquilliser, ou tout au moins à atténuer le tumulte issu d'une mémoire remplie d'horreur, qui nous épouvante, en essayant de nous soumettre à une cure de silence et à une thérapie résignée de l'oubli. Mais, malgré tout, voilà que nous sommes parfois forcés d'agir contre notre aspiration à l'oubli, contre notre désir de retrouver une nouvelle identité grâce à cette amnésie volontaire ; autrement dit, parfois, et dans certaines circonstances, privées ou même publiques, nous sommes tout à coup assaillis par la nécessité impérieuse de témoigner. C'est alors que se produit ce soudain, cet intense et très intime besoin de parler, de comparaître une nouvelle fois en tant que témoin, de fouiller dans les recoins les plus reculés de notre mémoire, de la vider, de mettre en lumière, de raconter à haute voix tout ce que nous savons de cette expérience des camps de concentration nazis, ce que nous savons de ce vécu encore vivant de la mort.

C'est ainsi qu'entre la tentative de se taire et la tentative, qui par son essence même ne s'achève jamais, de tout raconter aussi fidèlement que possible s'écoule notre existence depuis cet instant, cela fait aujourd'hui cinquante ans, où l'arrivée des chars de la IIIᵉ Armée de Patton, près du camp de concentration, a soudain rendu possible de lancer les opérations décisives des groupes de combat de la résistance secrète, qui ont tout à coup fait leur apparition armée, de façon inespérée, à l'intérieur et dans divers endroits du camp de Buchenwald.

« On ne peut pas le raconter, mais on ne doit pas le taire », a dit Elie Wiesel, survivant d'Auschwitz et du Petit Camp de concentration de Buchenwald.

C'est pourquoi, moi aussi, je vais parler.

Et, par conséquent, j'assume la responsabilité de parler au nom de tout ce silence accumulé, de toutes ces morts silencieuses et anonymes. Mais ce silence mortel exige de celui qui parle – et dans ce cas-ci, il exige de moi – une rigueur extrême, une véracité qui résiste à tout examen quel qu'il soit. Il exige de nous de ne pas se satisfaire de la rhétorique de quelque mémoire compatissante ou de quelque autocomplaisance. Si nous ne dépassons pas ces frontières, si nous ne nous plaçons pas au-delà du contexte protocolaire d'une célébration commémorative et solennelle, nous ne pourrons jamais atteindre l'objectif que nous nous sommes fixé aujourd'hui.

Et aujourd'hui, un demi-siècle après la libération de Buchenwald, il s'agit, à mon avis, d'un double objectif.

D'une part, nous devons mener une réflexion critique sur le passé. Nous ne pouvons pas, et nous ne devons surtout pas, nous estimer satisfaits de jouer le rôle de victime ou de héros. Nous ne pouvons pas nous satisfaire de ces rôles. Nous ne savons que trop que ces deux attitudes empêchent un regard critique, rejettent un véritable examen de conscience autocritique. Les héros et les victimes sont tous deux des personnages d'un seul tenant, inflexibles, monolithiques, dépourvus de la moindre contradiction.

La nécessité d'une réflexion critique à propos du passé se fait de plus en plus évidente, de plus en plus pressante, si nous réfléchissons à notre deuxième objectif – qui par son importance est en réalité notre premier objectif –, à savoir la transmission d'une mémoire historique aux générations qui vont suivre. Bien entendu, pas seulement aujourd'hui : tout au long de cette année, de cette commémoration des cinquante ans de la défaite du nazisme et de la libération des camps de travail et d'extermination de l'archipel hitlérien, notre objectif premier réside toujours dans la tentative de transmettre et de raconter ce qui s'est réellement passé.

Il ne servirait pas à grand chose de nous réunir ici, à Weimar-Buchenwald – puis demain à Bergen-Belsen, Ravensbrück, Neuengamme ou Dachau – pour commémorer entre nous, vieux héros et vieilles victimes, nos douleurs ou nos prouesses, en nous retranchant derrière l'arrogante solitude de notre destin unique, enchaînés les uns aux autres par l'intransférabilité de nos expériences. Cette commémoration, tout autant que les suivantes, seraient de peu d'effet, aussi solennelles et émouvantes fussent-elles, si nous n'étions pas en mesure d'établir un lien avec la jeunesse européenne, si nous n'étions pas capables de transmettre l'essentiel de l'expérience de cette lutte contre le mal absolu historiquement incarné par le nazisme. Transmettre l'essentiel pour aider la jeunesse actuelle à comprendre les luttes d'aujourd'hui, qu'il faut impérativement livrer contre le « nettoyage ethnique » et les « fondamentalistes » de tout poil. Pour aider la jeunesse actuelle à repousser toutes ces orthodoxies des exclusions, des xénophobies, de la « pensée correcte » – ce « politiquement correct » qui prend de plus en plus de place aujourd'hui.

Un grand historien français, Marc Bloch, spécialiste du Moyen Âge et aussi membre éminent de la Résistance – qui a été fusillé par les nazis en juin 1944 –, a écrit à une occasion que « le présent pose et formule les questions du passé et le passé éclaire la caractéristique particulière du présent ».

Voilà le point de référence qui doit guider nos réflexions, notre travail du deuil et de la mémoire entre le passé et le présent : éclairer les incertitudes de notre instant historique européen, à travers les leçons du passé, et questionner à la fois, de façon critique, les expériences d'alors en vue des exigences du temps présent.

Cela signifie un travail qui, d'une part, actualise la mémoire historique et, d'autre part, se remémore le présent de façon critique. Tout cela doit s'exprimer avec la conviction – facilement et concrètement justifiable –, disons-le, que la « pensée correcte » du totalitarisme est le plus grand ennemi du souvenir : souvenez-vous de la métaphore romanesque de George Orwell, dans laquelle le « ministère de la Vérité » avait pour tâche essentielle d'écrire et de sans cesse réécrire l'histoire, le regard constamment posé sur les pragmatiques et les intérêts cyniques de l'actualité.

À cette responsabilité existentielle et universelle, qui est le résultat de l'action même de survivre et qui m'oblige

– et, de fait, il s'agit ici d'un impératif moral – à tenter de parler devant vous, en nom et place de tant de milliers de morts anonymes et célèbres, à cette responsabilité existentielle donc, il faut en ajouter une autre, bien plus exigeante encore.

Eh bien le prisonnier que j'étais moi-même, le numéro 44 904, était un jeune communiste de vingt ans qui a vécu ses expériences de militant de l'organisation secrète, à l'intérieur du camp de Buchenwald, pendant seize mois. Qui, une fois passé la période de quarantaine dans le Block 62 du Petit Camp, a travaillé au Bureau des statistiques du travail, c'est-à-dire dans un des pôles névralgiques du pouvoir de l'organisation de résistance interne. Bien évidemment, je n'appartenais pas à la troïka dirigeante du Parti communiste espagnol à Buchenwald, mais comme j'étais le seul, parmi tous mes camarades, à maîtriser la langue allemande, on m'avait chargé d'accomplir des tâches d'une grande responsabilité.

C'est ainsi que j'ai pu connaître un certain nombre de problèmes, d'activités et aussi bien des secrets concernant la résistance antifasciste, au sein même du camp de Buchenwald. C'est également de cette façon que j'ai pu faire la connaissance et fréquenter quelques-uns des membres les plus importants de la nomenklatura communiste du camp, plusieurs de ces kapos rouges qui ont joué un rôle décisif dans la vie du camp.

Je ne vais pas revenir, en premier lieu, sur le fait que les communistes allemands – dans certaines circonstances historiques et pendant que se déroulaient par ailleurs des choses effroyables qu'il m'est impossible de décrire ici – avaient pris le pouvoir intérieur de Buchenwald et avaient acquis une prédominance pratiquement hégémonique, et, en second lieu, sur les problèmes politiques et moraux que signifiait la pratique dudit pouvoir, étant donné que

les activités de la résistance antifasciste ne pouvaient se
dérouler que dans le cadre et sous couvert d'une gestion
efficace et rationnelle de la main-d'œuvre déportée qui
alimentait les entreprises de l'industrie de guerre nazie (les
usines de Gustloff, les usines d'armement allemandes,
MiBau, Dora, etc.), car tout cela a déjà donné lieu à de
nombreux commentaires, recherches et polémiques de
toutes sortes.

Il y a des années, dans *Quel beau dimanche !*, j'ai développé une partie de ce matériel historique sous forme de
récit, comme une tentative de connaissance rétrospective
critique et historique. Mais en 1980, lorsque j'ai écrit le
livre, naturellement je ne connaissais pas les documents
qui ont été mis au jour une fois que s'est produite, de
façon démocratique, la réunification allemande après
laquelle il a été enfin possible d'avoir accès aux archives
du Parti socialiste unifié d'Allemagne.

À ce propos, et sans vouloir préjuger des résultats que
donneront à l'avenir les recherches qui sont en train d'être
menées en ce moment même, à partir des archives allemandes et russes, ni les recherches du musée historique du
Mémorial de Buchenwald, les travaux du groupe d'historiens, coordonné par Lutz Niethammer, et qui ont été
publiés sous le titre *L'Antifascisme épuré : le Parti socialiste
unifié d'Allemagne et les kapos rouges de Buchenwald*, me
semblent d'une importance capitale.

Quels que soient les résultats des investigations futures,
nous pouvons dès à présent extraire quelques conclusions
de ces grandes questions, chose que je vais m'employer à
faire brièvement, en assumant ainsi le risque de tomber
dans une éventuelle schématisation.

En premier lieu, nous devons avaliser la nécessité de
la résistance antifasciste. Non seulement la résistance en
termes généraux, d'un point de vue abstrait, comme un

impératif moral que l'évidence imposerait. Nous devons surtout avaliser la nécessité de la résistance y compris dans les conditions concrètes présentes à l'intérieur du camp de Buchenwald, à l'intérieur du réel et étroit espace de possibilités existantes, et cela malgré les dangers on ne peut plus évidents de commettre les erreurs morales qu'implique une telle résistance intérieure.

Jacques Maritain, le grand penseur catholique de l'école thomiste, a écrit dans *L'Homme et l'État*, dans les années cinquante, que dans les sociétés où dominait totalement la barbarie, par exemple dans les camps de concentration, ou aussi dans les sociétés assujetties à des conditions bien concrètes et bien déterminées, comme les sociétés de la résistance secrète en pays occupé, il a écrit que dans de telles circonstances, donc, bien des choses qui, par leur nature morale, dans une vie normale et civilisée seraient objectivement source de tromperie, de mort ou d'infamie, pouvaient se libérer de cette définition et même devenir, concernant leur nature morale, des choses objectivement autorisées et bonnes d'un point de vue éthique.

Voilà pourquoi nous pouvons considérer la résistance antifasciste organisée par les communistes allemands à Buchenwald moralement légitime et politiquement positive. À l'intérieur des limites qu'imposait la situation objective, la résistance avait rendu possible la formation d'une solidarité internationale, et le développement des principes et de la pratique d'une morale de la résistance. Observée sous cet angle, l'expérience de l'organisation communiste allemande de Buchenwald peut et doit être acceptée par la mémoire historique de l'Allemagne réunifiée : elle appartient à sa tradition de la résistance et à son héritage des luttes contre le nazisme.

Malgré toutes les tentatives de récupération ou de manipulation *a posteriori* de la part des autorités de la RDA, l'expérience antifasciste de Buchenwald est une expérience historiquement autonome. Elle puise ses racines dans les luttes et les défaites du mouvement ouvrier allemand des années trente, elle porte le sceau de la grandeur et de la misère de cette époque, elle est également caractérisée par les contradictions de cette époque. C'est précisément pour cette raison, parce qu'elle était autonome, qu'elle a fini par devenir suspecte pour Ulbricht et son groupe issu de l'exil moscovite, car ceux-ci avaient pas mal d'expérience en matière d'« épuration ».

Et voici à présent la deuxième conclusion sur laquelle je désirais mettre particulièrement l'accent. Tout en restant moralement légitime et efficace du point de vue politique, l'activité antifasciste des kapos rouges de Buchenwald et de leurs alliés des différents pays européens dans les comités secrets – vue dans l'optique, déterminée par l'histoire et nécessairement partiale et préconçue, d'une stratégie de la résistance – doit cependant être analysée de façon critique, pour juger de façon objective les résultats obtenus et le prix en vies humaines que cela a supposé. L'heure est venue d'en finir avec la rhétorique et les mythologies d'un esprit de parti pseudo universel, qui tenterait de se déguiser en esprit du monde.

Mais cette question ne doit pas seulement être abordée au niveau collectif : nous devons nous la poser également au niveau individuel.

Le philosophe chrétien Jacques Maritain, que nous avons déjà mentionné, a poursuivi plus avant ses réflexions en expliquant que, dans des situations exceptionnelles – par exemple les camps de concentration –, on a également pris des mesures justes et injustes au nom de la lutte permettant d'atteindre les objectifs de l'humanisme et de la

fraternité. Il a même ajouté que la ligne de démarcation
entre les deux s'était déplacée, car la conscience qui
applique les principes se transforme en véritable arbitre,
tandis que les concepts abstraits qui habitent le ciel platonicien et le dictionnaire des cas juridiques perdent
toute validité.

Au sein de l'appareil secret de la résistance antifasciste
collective, la conscience individuelle de n'importe quel
militant occupant un poste de responsabilité ou exerçant
le pouvoir – aussi limité soit-il – se transforme en arbitre
de la source des décisions justes et injustes. Nous savons
tous, et nous connaissons même leur nom et leur pré-
nom, qu'il y a eu des militants dont la conscience s'est
soudain troublée lorsqu'ils ont été confrontés aux difficultés de la lutte ou aux privilèges du pouvoir, et qu'ils
ont perdu leur âme et leur dignité dans le tumulte d'une
lutte cruelle à la vie à la mort.

Lorsque je parle de cette nouvelle évaluation critique
du passé – j'espère que cela a été bien clair –, je parle d'un
point de vue historique : je me réfère à la meilleure façon
de mener à terme l'analyse de ce passé, de manière effective, sous un éclairage moral et politique, pour qu'elle
parvienne à produire des concepts et des valeurs concrètement destinés à la jeunesse démocratique d'aujourd'hui.
Je ne parle pas ici depuis le point de vue d'une accusation
judiciaire ou d'une analyse juridique. Aussi critique et
objectif que puisse se montrer ce travail, il ne peut parvenir à se réaliser que s'il est conduit par un esprit ouvert à
la compréhension et au respect. Y compris conduit, je
pense, par la compassion.

Pour nous résumer, nous devons procéder d'une façon
totalement antinomique à celle dont ont procédé les
autorités politiques et policières de la RDA, lorsque dans
les années cinquante et en profitant des simulacres de procès

qui avaient été organisés à Prague, à Varsovie et dans différentes capitales du bloc soviétique, elles ont à nouveau
lancé une enquête contre les kapos rouges de Buchenwald,
et tout spécialement contre Ernst Busse, Erich Reschke et
Walter Bartel. À l'occasion d'une conférence donnée pour
le Cinquième Forum de Bautzen, de la Fondation Friedrich
Ebert, dont le titre était *Des difficultés d'écrire la vérité à
partir des rapports communistes* (et en citant ce titre je ne
peux éviter d'avoir un souvenir ému pour mon ami
Walter Janka), à l'occasion de cette conférence donc, le
professeur Lutz Niethammer (éditeur d'une magnifique
étude déjà citée) résume les débats et les problèmes de
l'épuration interne contre les « communistes de l'intérieur »,
organisée par le groupe de l'exil moscovite d'Ulbricht, dès
que ce dernier en eut l'occasion.

J'aimerais évoquer brièvement ici le souvenir de Reschke,
de Busse et de Bartel. Je les ai connus dans le Bureau des
statistiques du travail du camp de Buchenwald, où ils se
présentaient fréquemment pour discuter avec le kapo
Willi Seifert et aussi avec Josef Frank, un de ses collabo-
rateurs. Frank a été condamné à mort à Prague, à l'issue
du procès contre Rudolf Slansky. On l'a pendu et ses
cendres ont été dispersées sur une route abandonnée et
couverte de neige. Au cours du procès, Josef Frank,
« Pepi-kou », comme l'avaient surnommé ses compatriotes tchèques, avait avoué avoir travaillé pour les SS et
pour la Gestapo dans le camp de Buchenwald. C'était
une fausse déclaration, bien entendu, une déclaration
mensongère, arrachée sous la torture. Si Frank avait été
un agent de l'ennemi nazi, je ne serais pas ici aujourd'hui,
sur cette tribune honorable et engagée. À une occasion,
j'ai moi-même demandé à Frank, au cours de l'année
1945, de m'aider à organiser une évasion planifiée par la
direction secrète des communistes français. Il est vrai que

ce plan avait très été rapidement annulé, mais il aurait dû cependant me conduire tout droit à la potence, si Frank n'avait pas été un militant aussi altruiste qu'honnête. Dans la foulée du procès Slansky, Ernst Busse et Erich Reschke ont été déclarés coupables et on les a déportés dans un goulag d'où Reschke est revenu complètement détruit, attendant par la suite une réhabilitation publique de la part de la RDA qui n'est cependant jamais venue. Ernst Busse, de son côté, a disparu en 1952 dans le camp de concentration stalinien de Workuta.

Quant à Walter Bartel, il a mis toute l'énergie et tout le courage qui l'avaient déjà distingué à Buchenwald pour s'opposer aux interrogatoires et à la pression de la police politique de la RDA. Il a refusé de façon catégorique de capituler et d'avouer, et cela lui a non seulement permis de sauver sa peau, mais aussi de conserver sa dignité en tant que combattant antifasciste.

De son côté, Willi Seifert, le kapo du Bureau des statistiques du travail, malgré la fausse déclaration de Frank qui le compromettait directement, a fait carrière dans la police populaire de la RDA – mais à quel prix ? Combien cela lui a-t-il coûté ? – et il est finalement devenu lieutenant général et vice-ministre de l'Intérieur. Et probablement ce destin a-t-il été le plus tragique de tous ceux que je viens de rappeler ici. Existe-t-il en réalité chose plus absurde au monde, chose plus humiliante, pour quelqu'un qui a été prisonnier, pour quelqu'un qui a été victime, que de finir sa vie vêtu de l'uniforme du bourreau ?

Bien entendu, nous commémorons aujourd'hui le cinquantième anniversaire de la défaite du nazisme, de la libération du camp de concentration de Weimar-Buchenwald. Et c'est bien pour cela que nos réflexions sont principalement orientées vers la compréhension des circonstances historiques qui, dans un pays tel que l'Allemagne, ont rendu possible que le parti de Hitler réussisse à prendre le pouvoir.

Mais le destin des hommes dont je viens de parler, qui ont lutté ici contre le nazisme pendant huit effroyables et tragiques années, nous montre clairement qu'il demeure impossible de tracer une frontière hermétique entre cette expérience glorieuse et malheureuse, mais toujours extra-ordinaire, et les années qui ont suivi au sein d'un monde divisé et d'une Allemagne coupée en deux blocs antagonistes.

De plus, quelques mois après que les derniers prisonniers antifascistes avaient pu sortir de Buchenwald, on a construit au même endroit le Camp spécial n° 2 de la force d'occupation soviétique.

Le 1er août 1949, Thomas Mann a tenu dans ce Théâtre national son discours commémoratif à l'occasion du deux centième anniversaire de la naissance de Goethe. Et, dans le Camp spécial n° 2 de Buchenwald, une jeune actrice berlinoise a récité la pièce *Egmont*.

« Lorsque Thomas Mann a tenu son discours au Théâtre national de Weimar, à l'occasion du deux centième anniversaire de la naissance de Goethe, moi j'ai donné une représentation d'*Egmont*, là-haut, dans ma baraque, j'ai récité la pièce de mémoire – la scène de la prison nous a émus », m'a écrit Sigrid W. dans une lettre, quelques jours après que j'ai fait mon discours à l'église Saint-Paul de Francfort, lorsqu'on m'a remis le prix de la Paix.

J'ai dit à cette occasion que l'Allemagne est, depuis la réunification, « le seul peuple en Europe à pouvoir et devoir prendre en compte les deux expériences totalitaires du XXe siècle : le nazisme et le stalinisme. Le peuple allemand a vécu ces expériences dans sa chair et dans son âme et il ne peut les dépasser […] qu'en les assumant de façon critique, conséquente et approfondie. Ainsi, non seulement l'avenir démocratique de l'Allemagne sera assuré, mais également celui d'une Europe unie et en expansion ».

Et la conclusion que j'en ai tirée alors, et que j'aimerais répéter ici, était la suivante :

> Buchenwald, ou plutôt le binôme Weimar-Buchenwald, est le lieu de mémoire historique qui symbolise au mieux cette double tâche : celle du travail de deuil, qui permettra de maîtriser de façon critique le passé, celle de l'élaboration des principes d'un avenir européen qui nous permette d'éviter les erreurs du passé.

Les interventions de ces jours-ci me semblent représenter un pas décisif sur ce chemin. Un début encourageant pour accomplir cette tâche nécessaire, dont on ne doit surtout pas mésestimer l'importance.

Que le ministre-président, monsieur Bernhard Vogel, et les autorités du *Land* de Thuringe aient invité un étranger comme moi à cette cérémonie commémorative, un Rouge espagnol, le prisonnier numéro 44 904 du camp de concentration de Buchenwald, est une preuve supplémentaire de l'esprit européen ouvert et démocratique qui plane sur ce cinquantième anniversaire. Cet esprit est la garantie pour que continue à se produire, également à l'avenir, la nécessaire transmission de la mémoire historique aux jeunes générations.

8

MÈRE BLAFARDE, TENDRE SŒUR
L'avenir de l'Allemagne

En 1995, le prix de la Ville de Weimar m'est décerné. Le titre de mon discours reprend celui d'une des deux pièces de théâtre que j'ai écrites, *Mère blafarde, tendre sœur*, montée par Klaus Michael Grüber. La deuxième, intitulée *Gurs*, traite du camp éponyme des Pyrénées-Orientales, qui eut un grand nombre de républicains espagnols pour prisonniers. Gurs devait peu à peu devenir l'antichambre du camp de Drancy, puis d'Auschwitz.

Au moment de manifester, avant tout, ma gratitude aux autorités de Weimar pour m'avoir attribué le prix de la Ville – soit dit en passant, le prix qui, de tous ceux qui m'ont été octroyés tout au long de ma vie, a suscité en moi le plus de joie et d'émotion –, donc au moment de vous manifester ma gratitude, je voudrais brièvement évoquer mes rapports avec votre ville, avec ce qui représente son passé prestigieux, son probable avenir : passionnant.

La première fois que j'ai parcouru les rues de Weimar, certains d'entre vous le savent peut-être déjà, pour l'avoir lu dans mon livre, *L'Écriture ou la vie*, ce fut en avril 1945. La ville était apparemment déserte, absorbée sans doute par la stupéfaction de la défaite, ébranlée par les bombardements.

À l'époque, je ne venais pas de très loin. Je venais d'une clairière dans la forêt de hêtres de l'Ettersberg, où se dressaient les baraques d'un camp de concentration qui, sous des régimes différents – radicalement opposés dans la proclamation de leurs principes et de leurs fins idéologiques ; tristement comparables quant à leurs résultats objectifs –, a permis la perpétuation d'un système d'injustice et d'oppression autour de vous.

Je venais donc du camp de Buchenwald, le pôle opposé, antinomique, de la réalité de Weimar ; la face sombre de la médaille, cependant indissociable de cette face claire et classique qui marque votre tradition. Buchenwald : figure historique du mal radical que la pensée éclairée a toujours combattu à Weimar, depuis l'époque de Goethe jusqu'à la république démocratique de Weimar, qui s'est vue détruite par le raz-de-marée barbare de l'hitlérisme.

De cette première promenade à travers Weimar, en compagnie du premier-lieutenant Rosenfeld – un officier américain d'origine judéo-allemande –, je conserve, entre autres, un souvenir privilégié : celui de la contemplation du Gartenhaus de Goethe, sur les berges de l'Ilm.

Depuis que je suis retourné à Weimar, en 1992 – après plusieurs décennies pendant lesquelles les circonstances historico-politiques avaient rendu impossible un retour décent, disons moralement acceptable –, j'ai toujours volé plusieurs minutes de mon temps pour revenir sur le petit pont qui enjambe le courant de l'Ilm. Plusieurs minutes arrachées au fracas et à la précipitation de la vie, pour effectuer une méditation solitaire en ce lieu symbolique de l'histoire culturelle européenne.

Je sais parfaitement, nul besoin de venir me l'expliquer, que l'humanisme de Goethe demande à être réexaminé avec un esprit critique. Je sais que certains de ses postulats sont aujourd'hui inacceptables, qu'ils ont été forgés à une époque où les lumières des élites sociales se combinaient mieux avec le despotisme qu'avec les figures plébéiennes de la raison démocratique. Malgré cela, la disqualification de l'humanisme goethéen, en tant que tel, métaphysiquement, m'a toujours semblé et me semble encore douteuse.

Sans tenter d'approfondir pour l'instant le sujet, car cela nous obligerait à rouvrir un vieux débat allemand, je me contenterai de dire que dans l'humanisme de Goethe, même réexaminé de façon critique, avec sévérité et avec rigueur, certaines valeurs d'une actualité frappante perdurent. Ce qui perdure, c'est la méfiance, et même le mépris, envers les excès du nationalisme. Ce qui perdure également, c'est une vision de l'Europe et de la nation allemande en Europe qui met en avant la nécessité interne du pluralisme et l'articulation idéale avec le cosmopolitisme universaliste. Ce sont des valeurs que nous avons besoin de défendre et d'actualiser en cette phase de construction européenne dans laquelle nous nous trouvons, après l'effondrement de l'empire soviétique.

C'est donc dans ce lieu privilégié de méditation, devant le Gartenhaus de Goethe, qu'ont lentement mûri, se dessinant jusqu'aux plus subtiles nuances, cristallisant enfin, les idées et les sentiments de ma relation déjà ancienne avec l'Allemagne.

Ce n'est pas un hasard, bien évidemment, si cela s'est passé tout au long de cette année 1995, précisément l'année du cinquantenaire de la fin de la guerre. C'est aussi, pour l'Allemagne, l'anniversaire d'une défaite militaire et d'une libération politique. Une défaite qui devait entraîner, à travers l'analyse lucide de ses causes historiques, un travail de deuil (*Trauerarbeit*) profond et forcément douloureux, puisqu'il mettait sur le devant de la scène la question de la culpabilité (*Schuldfrage*). Une libération politique, par ailleurs, celle qui s'est produite cinquante ans auparavant, en 1945, et qui a mis en route un processus de reconstruction démocratique qui ne s'est achevé qu'avec la réunification de l'Allemagne.

Il n'est pas très difficile, bien entendu, *post festum*, d'indiquer conceptuellement quelles étaient les prétentions et les perspectives d'une époque dont le mouvement historique s'épuise et se renouvelle aujourd'hui. Mais dans l'épaisse et souvent opaque réalité du politique et du social, il n'a pas été facile ni évident pour les couches les plus actives de la société allemande, et principalement pour la jeunesse intellectuelle et travailleuse, de s'orienter parmi les exigences, parfois contradictoires à court terme, de ce travail de deuil rigoureux et d'une stratégie démocratique qui ne ferme surtout pas les yeux devant le totalitarisme stalinien.

L'extrémisme radical des mouvements de masse pacifistes a été, sans aucun doute, pendant de longues années, le prix à payer pour cette maladie infantile du gauchisme, même s'il a été, par ailleurs, le signe évident de la vitalité de la société civile allemande.

Quoi qu'il en soit, tout au long de cette année de commémorations et de débats, le contenu émotionnel et intellectuel de ma vieille relation avec votre pays et votre culture est allé en se cristallisant de façon définitive. C'est une relation au sein de laquelle, pour d'évidentes raisons biographiques, Weimar a occupé un lien préférentiel. Et en particulier à Weimar, je le répète, ce lieu privilégié de la méditation et de la mémoire, qui se trouve après avoir traversé le petit pont qui enjambe l'Ilm, et d'où l'on peut contempler la modeste sérénité du Gartenhaus de Goethe.

C'est pour cette raison que, lorsque Klaus Michael Grüber m'a proposé, au début de l'année, d'écrire une

pièce de théâtre qui évoquerait, dans un décor aussi particulier que le cimetière militaire soviétique du Belvédère,
le passé de l'Allemagne, je n'ai pas hésité un seul instant à
accepter, malgré les difficultés et les risques d'une telle
tentative. Tout comme je n'ai pas davantage hésité un
seul instant sur le titre que je désirais donner à un tel essai
dramatique. Avant de commencer à en écrire la première
ligne, j'ai su que le titre devait être, et c'est également
ainsi que l'a compris Grüber, en l'acceptant d'emblée :
Bleiche Mutter, zarte Schwester : « Mère blafarde, tendre
sœur ».

La première partie du titre est tirée d'un poème de
Brecht, tout le monde le sait. Et la seconde partie est tirée
de mon intérêt passionné pour la figure de Carola Neher,
dont l'origine est également chez Bertolt Brecht, dans un
très court poème des années trente, qui m'avait mis sur la
piste de cette très belle et intelligente actrice, dont le destin symbolise de façon dramatique celui de toute une
génération allemande.

Peut-être même celui de l'Allemagne tout entière : le
destin du peuple allemand dans le tourbillon de ce siècle
fascinant et sanglant.

Actrice de tout premier plan dans les années vingt, qui
avait joué dans les principaux théâtres d'Allemagne,
Carola Neher a abandonné sa patrie lorsque les nazis sont
arrivés au pouvoir. En 1934, elle a été déchue de la nationalité allemande. C'est cette même année que naît à
Moscou le fils qu'elle a conçu avec un réfugié communiste, comme elle, en Union soviétique. Deux ans plus
tard, ils sont arrêtés tous les deux, au cours de l'une des
grandes purges de la police de Staline parmi le cercle des
exilés allemands. Purge qui, par ailleurs, n'avait réussi à
être menée à terme qu'avec la complicité du groupe de
Walter Ulbricht, tout-puissant à cette époque. Becker,

le compagnon de Carola Neher, a été fusillé comme espion trotskiste. Elle, pour sa part, a été condamnée à dix ans de prison et a disparu dans les profondeurs sinistres du Goulag.

Zarte Schwester : Je ne pensais pas seulement à Carola Neher en utilisant cette expression. Je pensais aussi à l'Allemagne : ou plutôt à sa configuration concrète, charnelle, à son incarnation en de nombreux personnages réels, hommes et femmes de tous âges, auxquels m'unit un sentiment de profonde fraternité.

Vous avez certainement dû vous apercevoir que je suis en train de m'introduire dans votre famille : dans la famille allemande. Tout comme le fils prodigue qui retourne au foyer, il paraît que l'Espagnol apatride que je suis, qui a reconstruit un de ses foyers dans la langue française, a fini par retrouver son lieu d'origine, l'un d'eux, du moins, une de ses racines profondes, sur les berges de l'Ilm, sur ce bout de pré vert, parmi les arbres, où se dresse le Gartenhaus de Goethe. Comme s'il avait été nécessaire de vivre la terrible étrangeté (*Unheimlichkeit*) du camp de Buchenwald pour réussir à retourner au foyer (*Heim*) d'une fraternité chaleureuse et exigeante.

Deutschland, Bleiche Mutter, Zarte Schwester : je ne dirai jamais assez fort ma gratitude envers Klaus Michael Grüber pour m'avoir commandé cet essai dramatique, ni à Bernd Kaufmann, directeur de la Stiftung Weimar Klassik pour être parvenu à ce que ledit projet devienne réalité.

Le souvenir de Carola Neher, l'évocation de son destin tragique – victime, comme elle l'a été, des deux totalitarismes qui ont dévasté l'Europe pendant ce siècle –, conduisent irrémédiablement à une réflexion à propos de l'Allemagne.

Est-il possible, cependant, est-il même décent que je tente personnellement de mener cette réflexion en votre présence, même si c'est avec votre participation ? Moi, qui suis un étranger au bout du compte, bien que, en m'octroyant le prix de votre ville, vous m'ayez également octroyé la possibilité, et aussi la responsabilité, de vous parler ici et maintenant.

En plus de votre générosité, plusieurs raisons me viennent à l'esprit qui rendent possible, plausible même, le fait de vous communiquer, de façon synthétique – à force de l'être, sans doute schématique et approximative –, mes réflexions sur la situation actuelle de l'Allemagne, en ce cinquantenaire de la défaite du nazisme, de la libération politique de votre pays : de son début, du moins. En cette Journée de l'unité allemande, de la réunification démocratique, qui vient couronner, précisément, ce processus historique commencé il y a plus d'un demi-siècle et qui a été retardé si longtemps à cause de la division imposée à votre pays par l'antagonisme planétaire des superpuissances nucléaires.

La première raison, c'est que je suis un ex-déporté du camp de Buchenwald. Parfois, lorsqu'on me demande ce que je suis vraiment, Français ou Espagnol, écrivain ou homme politique, j'ai soudain envie de répondre – et la première fois, je l'ai fait avec une spontanéité tranchante : c'était un cri du cœur – que ce que je suis avant tout, ou par-dessus tout, c'est un ex-déporté du camp de Buchenwald. C'est ce qui me vient en premier, ce qui est originel chez moi, ce qu'il y a de plus profond, qui configure le mieux ma véritable identité. Néanmoins, cela ne m'écarte pas de vous, ne m'oppose pas à vous, malgré les apparences, si l'on se contente d'un premier examen superficiel. Avoir été une victime du nazisme, continuer à être un survivant de Buchenwald, me permet de mieux vous comprendre, m'autorise à m'identifier moralement et culturellement à vos problèmes.

Car il ne faudrait pas oublier que le peuple allemand a été la principale victime du national-socialisme. Bien entendu, l'impérialisme raciste de Hitler a amené la guerre et semé la désolation, l'oppression et la purification ethnique au-delà de ses frontières, dans toute l'Europe. Il n'est pas nécessaire d'insister sur ce point, tout cela est plus que connu. Mais sa première victime a été le peuple allemand. Et je ne suis pas uniquement en train de penser aux milliers de prisonniers et de morts allemands dans les prisons et les camps de concentration. Je pense également aux gens tièdes, aux indifférents, à ceux qui ont été les électeurs du NSDAP, tandis que les élections libres existaient encore : ces Allemands-là, sans aucun doute majoritaires, ont aussi été victimes de l'hitlérisme. Et je ne suis pas seulement en train de penser à ceux qui sont morts sur les fronts d'une guerre allemande d'agression, injuste, criminelle, ou dans l'arrière-garde qui a été copieusement bombardée ; ni même aux souffrances de tant de centaines de milliers de prisonniers de guerre, aussi bien en Russie qu'en France. Même ceux qui n'ont pas subi les conséquences directes du conflit ont été victimes du nazisme. En ayant détourné l'histoire de l'Allemagne d'un possible cours démocratique, malgré la crise de l'après-guerre ; en ayant introduit dans la société allemande la prolifération cancéreuse de la barbarie ; en ayant construit un horizon dont le poids historique continue à imprégner les nouvelles générations, en les forçant à un interminable travail critique, le nazisme a exercé ses effets maléfiques avant tout en Allemagne.

Je prendrai un seul exemple de ce que je voudrais souligner.

L'extermination du peuple juif est, sans aucun doute, l'aspect le plus effrayant de la barbarie nazie. Un aspect spécifique, par ailleurs, qui différencie le totalitarisme hitlérien de toutes les autres formes politiques et étatiques comparables. Le système du parti unique, la terreur policière, la pensée monolithiquement correcte, la soumission de toutes les facettes de la vie sociale à l'empire de l'idéologie, etc., tous ces aspects sont communs, par exemple, au régime nazi et au régime stalinien. Cependant, et bien que certainement le nombre global des victimes du goulag soit supérieur à celui des morts dans les camps nazis de tous types, la « solution finale », à travers l'extermination de masse, à travers la question juive en Allemagne après la conférence de Wannsee, est quelque chose d'unique dans l'histoire de l'humanité. Et c'est quelque chose d'unique – bien que l'humanité ait connu d'autres innombrables persécutions et massacres – justement de par son caractère systématique, rationnel, on pourrait même dire industriel. Car cela signifie que les nazis ont réalisé là un bond qualitatif dans la bureaucratie du crime collectif.

Eh bien, ladite extermination, qui a gazé et transformé en fumée des fours crématoires des centaines de milliers de juifs de toute l'Europe, a commencé par s'abattre sur la communauté juive allemande, qui a été décimée, poussée à la diaspora, pratiquement éliminée de la vie sociale et culturelle allemande. Et cela a entraîné une grave détérioration de cette vie, une mutilation aux terribles conséquences. La disparition de l'intelligentsia juive de langue allemande, intégrée au développement démocratique, pluraliste, de la République de Weimar, constitue une perte dont les effets négatifs, dévastateurs, sont difficiles à évaluer. En tout cas, aujourd'hui, alors que votre pays a besoin, avant tout, de renforcer ses facultés de vision européiste, la disparition de l'intelligentsia judéo-allemande est lamentable. La voix du vieil Edmund Husserl, déjà expulsé de l'université allemande, s'exprimant à propos de l'avenir de l'Europe à Vienne, puis à Prague, en 1935, dénonce le silence d'aujourd'hui, souligne ce qui nous manque, ce dont nous regrettons l'absence. Ce qui manque à l'Allemagne et à l'Europe. Ce dont l'Europe et l'Allemagne peuvent regretter l'absence.

Si le fait d'être un survivant de Buchenwald m'autorise à vous adresser la parole, en cette Journée de l'unité allemande, quel est le message essentiel que je voudrais vous transmettre ? Je voudrais, en premier lieu, insister sur un élément auquel j'ai déjà fait allusion. La réunification de l'Allemagne est le point culminant du processus historique qui s'est ouvert après la défaite du nazisme, processus retardé par l'antagonisme entre les deux superpuissances et par la perspective d'une guerre nucléaire que ledit antagonisme impliquait. En 1918, le rapport des forces à l'échelle européenne, de par la capitulation de l'empire tzariste et en particulier la fragilité de la jeune république des soviets, ont permis de maintenir l'intégrité et l'unité des terres allemandes, malgré quelques révisions de frontières. Mais le traité de Versailles, avec ses clauses relatives aux réparations économiques – déjà dénoncées par Keynes dans un livre dévastateur –, et toute la politique française d'alliances dans la *Mitteleuropa*, ont déstabilisé l'économie et la vie sociale en Allemagne, en rendant impossible la consolidation du système démocratique de la République de Weimar et en alimentant les extrémismes totalitaires.

En 1945, le rapport de forces en Europe, l'existence de la puissance soviétique, ont rendu impossible le maintien de l'unité allemande. Il a fallu que ledit rapport de forces se modifie radicalement afin que la réunification pacifique et démocratique de votre pays soit mise à l'ordre du jour. En revanche, la politique des Alliés, et tout particulièrement de la France, par rapport à l'Allemagne, a été radicalement différente. Pour utiliser une métaphore : au lieu de Georges Clemenceau, nous avons eu affaire avec Jean Monnet. Au lieu du stupide nationalisme arrogant du premier, nous avons profité de la vision européenne du second, qui, avec d'autres dirigeants français, a tout de suite compris que la réconciliation franco-allemande était la clé non seulement de la construction d'une Communauté européenne, mais aussi de la paix à venir.

Cela dit, parmi ces données historiques objectives, le plus décisif a été l'initiative populaire, l'initiative et l'imagination des citoyens de la République démocratique allemande : votre initiative, en somme. C'est un point sur lequel il convient d'insister, car il ne manque pas de voix qui, tout en critiquant globalement le processus de réunification – et personne ne dit qu'on ne puisse formuler de critiques sur tel ou tel aspect, tel ou tel phénomène découlant de l'ensemble –, tendent à le présenter comme une absorption, et même comme une annexion, de l'ancienne RDA par la RFA.

Arrêtons-nous donc un instant sur ce point : sans la volonté massive du peuple, qui s'est manifestée dans les rues des principales villes de la RDA, la réunification démocratique n'aurait jamais été possible. *Wir sind das Volk !* (Nous sommes le peuple !), criaient les manifestants, qui finirent par proclamer, *Wir sind ein Volk !* (Nous sommes un peuple !).

Ce qui est sûr, c'est que cette mobilisation populaire en RDA n'avait pas été prévue. Pour les experts, les hommes politiques, les spécialistes d'une certaine *Ostpolitik* – pour l'immense majorité d'entre eux, en tout cas –, la réunification allemande était une question d'années, voire de dizaines d'années. Et elle ne pourrait en aucun cas se produire par la voie d'une révolution populaire, aussi pacifique soit-elle. Elle ne pourrait être que le résultat d'une détente générale, du désarmement, ou peut-être d'une neutralisation de l'Allemagne, d'une négociation globale en échange de concessions bien déterminées à l'Union soviétique, afin de préserver les nouveaux équilibres géostratégiques issus de la politique de la *Perestroïka* de Mikhaïl Gorbatchev.

Mais les mouvements populaires n'ont aucune raison de respecter les équilibres géostratégiques ni les accords des diplomates. Ils ne l'ont jamais fait. Ils ne l'ont pas fait dans l'Allemagne impériale, en novembre 1918. Ils ne les ont pas non plus respectés, soixante et onze ans plus tard, en novembre 1989.

Sans doute, certaines des forces – ou du moins certains dirigeants des forces politiques, intellectuelles ou religieuses – qui ont pris la tête des manifestations massives en RDA, et qui les ont orientées à leur façon, avaient dans l'idée de maintenir l'existence d'un État à l'intérieur des frontières d'une RDA rénovée et démocratisée. Certains de ces dirigeants ont dû élaborer ladite stratégie en prenant soin de ne pas perturber les équilibres cités, d'éviter une intervention militaire de l'Union soviétique, ce qui démontrait bien peu de clairvoyance, bien peu de profondeur d'analyse des processus déclenchés en URSS par la politique de Gorbatchev. Ce manque de clairvoyance est, par ailleurs, bien peu surprenant, habituel même chez les experts et les hommes politiques occidentaux, pendant la dernière période qui a précédé l'effondrement du système soviétique. Habituel, par surcroît et par malheur, essentiellement chez les dirigeants de la gauche traditionnelle.

D'autres ont considéré qu'il était nécessaire d'établir un État sur le territoire de la RDA rénovée, afin que puissent perdurer certains éléments du système social considérés comme positifs. Dans ce cas, sans doute qu'à une certaine routine intellectuelle est venue s'ajouter la méfiance traditionnelle de la gauche évangélique devant les mécanismes de l'économie de marché.

Cela dit, la tâche historique qui se présentait objectivement pendant les glorieuses journées de la révolution populaire de novembre 1989 – la démocratisation, la construction d'un État de droit, le pluralisme politique et culturel, la réforme sociale conçue comme un mouvement ininterrompu d'équité, en vue de réguler la dialectique entre les mécanismes du marché, qui défendent toujours des intérêts particuliers, et les principes de l'intérêt général –, tous les objectifs de cette révolution dont les masses citadines ont été – dont vous avez également été – les protagonistes se profilent, se défendent et s'obtiennent plus aisément à l'intérieur des structures d'un seul État allemand, fédéré autour d'une seule raison démocratique et en accord avec la diversité de ses *Länder*.

L'Allemagne est, on le sait (et si on ne le sait pas, je l'affirme afin que cela commence à se savoir), le pays européen qui a le mieux résolu le problème de sa mémoire collective. Les polémiques qui éclatent régulièrement entre vous, entre spécialistes et entre simples citoyens, sur tel ou tel aspect de l'histoire récente de votre pays sont une excellente preuve de la vitalité de votre esprit critique, de la rigueur de votre exigence de clarté idéologique et de cohérence morale.

Aujourd'hui, cependant, en cette Journée de l'unité allemande ; ici dans cette ville de Weimar dont le nom est en rapport avec les lumières et les silences de l'histoire allemande ; à quelques pas des verdoyantes berges de l'Ilm, où se dresse le Gartenhaus ; à quelques kilomètres de la Gedenkstätte de Buchenwald que Herr Doktor Knigge dirige avec tant d'intelligence et de compréhension ; ici et maintenant, je voudrais, en conclusion, vous demander de bien vouloir tourner votre regard vers l'avenir de l'Allemagne.

Il est fréquent, lorsqu'on analyse la situation de crise que traversent actuellement les institutions de la démocratie représentative, que ceux qui développent une telle analyse, bien entendu indispensable, se réfèrent à la crise des années trente en Europe. On pourra, certainement, trouver des points de comparaison. Mais on pourra, surtout, trouver des différences tout à fait radicales. Aujourd'hui, je me contenterai de n'en souligner qu'une, fondamentale.

Dans les années trente, l'Allemagne s'orientait de façon irrésistible vers la cristallisation d'un système totalitaire qui allait déstabiliser, par l'agression et la puissance militaire, l'ordre européen.

Aujourd'hui, et en partie comme une conséquence de la réunification démocratique, la république allemande est devenue un facteur de stabilité en Europe, un facteur d'équilibre, une collectivité au sein de laquelle on aborde, avec une réelle imagination critique, les nouveaux problèmes du fonctionnement de l'égalité et de la justice, dans une époque de mutations technologiques et sociales.

Pour toutes ces raisons, et en tant qu'ex-déporté du camp de Buchenwald, et en tant qu'Européen, je vous remercie.

9

L'EXPÉRIENCE DU TOTALITARISME

Ce discours fut prononcé devant la direction du Parti socialiste allemand en 1996.

Le XXᵉ siècle – extrêmement court d'un point de vue historique puisque, comme le démontre Eric Hobsbawm dans son livre, *L'Âge des extrêmes*, notre siècle a commencé en 1914 et s'est terminé en 1991 – a été structuré (ou plutôt, déstructuré) par l'expérience totalitaire.

Le XXᵉ siècle peut se caractériser de différentes façons, selon le point de vue adopté par rapport à l'histoire de l'humanité. Les hommes de science pourraient le qualifier de siècle de la révolution technologique, et ils auraient parfaitement raison. La cybernétique, l'information et l'interconnexion à l'échelle mondiale des réseaux de communication concernant les savoirs les plus divers, sans parler des autres champs scientifiques, de la médecine à la gestion commerciale, par exemple, de l'utilisation de l'énergie atomique à la conquête de l'espace, ont révolutionné les modes de vie et de pensée des hommes. Beaucoup plus rapidement, en quelques décennies, que dans les siècles passés.

Cela dit, si nous considérons l'histoire du point de vue des êtres humains qui la font – et que l'histoire, souvent, défait à son tour –, il semble indiscutable que le XXᵉ siècle se caractérise avant tout, comme le dit Hobsbawm, par le fait qu'il est l'époque des extrémismes. Plus concrètement : l'époque de la tentative systématique et continue de subversion révolutionnaire de l'ordre démocratique.

La démocratie politique – qualifiée de libérale ou de formelle, de bourgeoise ou de capitaliste, ou de n'importe quelle autre façon – a été la cible principale, l'ennemi fondamental des mouvements révolutionnaires les plus opposés entre eux, tout au long du XXᵉ siècle. Elle a fait l'objet de la critique impitoyable des principales écoles idéologiques de ce siècle, de gauche comme de droite, aussi bien de souche marxiste que de souche fasciste.

Quelles que soient les singularités, les traits spécifiques, et ils sont nombreux, qui différencient les mouvements totalitaires de cette époque, quelque chose les relie, quelque chose constitue leur identité, au sein de leur singularité d'origines et d'objectifs historiques : et cette chose est précisément leur volonté commune de détruire le système démocratique.

Dans la réalité de l'histoire, cette identification essentielle des deux mouvements – fascisme et bolchévisme – se concrétise et acquiert un caractère profondément symbolique entre 1939 et 1941, tout au long de ces années où le pacte entre Hitler et Staline semble annoncer la disparition définitive de la démocratie politique, du moins sur le continent européen.

Ce n'est pas un hasard, sans doute, si le destin de l'Europe, de sa raison démocratique, a dépendu, au cours de ces années-là, de la résistance et du courage de l'Angleterre, la plus vieille démocratie politique européenne. Ce n'est pas un hasard, non plus, si c'est l'œuvre de George Orwell – dont les essais sont au moins aussi importants que son œuvre romanesque – qui reprend et reflète le mieux et le plus profondément les thèmes d'une réflexion antitotalitaire permettant de redécouvrir les vertus démocratiques.

Aujourd'hui, au moment où les idées, les règles et les pratiques politiques démocratiques semblent enfin s'être imposées – je reviendrai à nouveau sur ce sujet, sur cette illusion –, il convient de se rappeler qu'une volonté totalitaire, précisément opposée à la démocratie, a parcouru tout le XXe siècle. Et qu'elle a été sur le point de triompher...

Voilà pourquoi on ne peut pas faire abstraction du concept de *totalitarisme*. Une discussion continue à se développer entre les historiens et les politologues, avec des objectifs variables selon la conjoncture historique, à propos de l'opérationnalité et des limites dudit concept.

Je vais éviter de m'y engouffrer. Je me contenterai seulement de dire que, malgré la richesse des nuances, des détails et des points de vue que cette discussion parviendra à faire affleurer, il est nécessaire de ne pas écarter, de maintenir le concept de *totalitarisme*. Car celui-ci n'est pas simplement de nature descriptive comme voudraient le laisser croire certains, il est également de nature explicative. Et même normative.

Je dirai également qu'il était nécessaire d'étudier de façon conjointe – j'oserai même dire dialectique, bien que la possibilité d'une pensée dialectique soit, malheureusement, et précisément à cause des malheurs engendrés par le marxisme, à ce point disqualifiée et passée de mode –, et sous l'angle de l'universalité concrète du concept de *totalitarisme*, des expériences aussi singulières, aussi spécifiques que le sont le nazisme et le bolchévisme, dans leurs différentes manifestations historiques, dans l'évolution diverse de leurs origines, de leur développement et de leur disparition.

Par ailleurs, lorsqu'on examine la pensée politique de ces dernières décennies, il est évident que le rejet, au sein de secteurs importants de la gauche intellectuelle européenne et de la soviétologie américaine, du concept de *totalitarisme*, que ce rejet est dû, bien plus qu'à des raisons méthodologiques ou scientifiques respectables, au désir d'éviter d'étudier de façon critique l'expérience mortifère du bolchévisme ; au désir, délibéré ou dissimulé, de privilégier l'aspect historique de cette expérience, de la considérer radicalement différente, du point de vue moral ou de la philosophie de l'histoire, de l'expérience du mouvement fasciste et national-socialiste (vous observerez au passage que j'utilise le vocable « bolchévisme », parfaitement compréhensible et opérationnel, pour m'éviter de m'engager ici dans des digressions quelque peu académiques sur les éventuelles différences entre léninisme et stalinisme).

Le concept de *totalitarisme* tel que l'ont utilisé dans des contextes différents George Orwell et Hannah Arendt, Hermann Broch et Karl Jaspers, Raymond Aron, Claude Lefort et François Furet, pour ne citer que quelques noms, ne permet pas seulement d'étudier l'essence historique commune des formes extrêmes de la dictature moderne – dans le sens très précis que ce sont des réponses modernes à la crise ouverte par le développement même de la *modernité capitaliste* dans nos sociétés, autrement dit dans les démocraties de masse et de marché soumises à la dynamique perverse, en tout cas contradictoire, d'une révolution technologique permanente –, mais ledit concept permet également, et cela est fondamental, je l'ai déjà indiqué, de délimiter les formes de la démocratie politique face à tous les autres mouvements antidémocratiques.

Le concept de totalitarisme permet, cependant, dans un mouvement théorique-pratique, d'explorer l'identité historique du nazisme et du communisme, et de délimiter la différence radicale des deux mouvements en rapport avec la démocratie parlementaire.

Cela signifie qu'il n'est pas seulement utile pour approfondir la compréhension du passé, mais aussi pour prévoir l'avenir ; ou du moins pour chercher les conditions et les configurations concrètes d'un avenir probable.

Pour quelle raison ?

Pour la simple raison que le combat pour la démocratie et pour le développement permanent de ses contenus politiques et sociaux n'a pas été seulement un problème du XXᵉ siècle, mais qu'il continuera à l'être pour le siècle à venir, quelles que soient les formes concrètes qu'il adopte.

Car la crise de la démocratie ne se finit pas avec l'effondrement (*Zusammenbruch*) du système étatique communiste et avec la chute du Mur de Berlin. Ces événements ne représentent ni la fin de l'histoire ni la fin des crises successives des systèmes démocratiques.

L'expérience du XXᵉ siècle nous a démontré, en effet – contrairement à ce que pensaient les courants révolutionnaires du mouvement ouvrier, ou, plutôt, contrairement à ce que pensaient les intellectuels qui prétendaient parler au nom desdites classes, et qui pour conserver le monopole de ce discours réduisaient celles-ci au silence –, que contrairement à ce que pensait la gauche radicale, quoi qu'il en soit, la perspective d'une crise finale du système capitaliste, la perspective de son effondrement, dans un saut qualitatif de l'histoire, n'est pas réelle.

L'expérience a démontré que dans toutes les discussions à propos de cette question de l'effondrement, sur les possibilités de maintien et de développement de l'économie capitaliste, ce sont les réformistes qui ont toujours eu raison. Kautsky a eu raison contre Rosa Luxembourg ; Bernstein a eu raison contre Kautsky ; Kautsky et Blum ont eu raison contre Lénine et Trotski.

En un mot : l'expérience du XXᵉ siècle démontre que la social-démocratie a eu raison contre le marxisme-léninisme. Que le menchévisme a eu raison contre le bolchévisme.

Mais cette évidence historique doit être réaffirmée une et plusieurs fois, car malgré l'expérience, la social-démocratie a mis trop longtemps – et sur certains aspects, elle semble ne pas y être encore parvenue – à se libérer d'un certain complexe d'infériorité, de culpabilité historique, pour s'être opposée dans les années vingt à la voie révolutionnaire du bolchévisme. Le syndrome d'Octobre rouge de 1917 a mis très longtemps à s'effacer de la mémoire collective de la social-démocratie.

Par ailleurs, il est également vrai, et de façon contradictoire – ne vous proposais-je pas tout à l'heure la réhabilitation de la pensée dialectique ? –, que la chute du Mur de Berlin et l'effondrement du système soviétique ont provoqué au sein de quelques appareils sociaux-démocrates un certain complexe de supériorité. À propos de l'idée correcte que cet événement vient confirmer la justesse stratégique et morale de la ligne réformiste, certains ont rêvé ou fantasmé que le triomphe était total, définitif et irréversible. Ils n'ont pas compris que la défaite du communisme aurait également des effets négatifs. Ou du moins, pervers. Qu'elle allait exiger de se reposer de nombreux problèmes aussi bien théoriques que pratiques parmi les rangs de la social-démocratie européenne. Et cela, en premier lieu, parce que le naufrage du communisme – unique cas d'effondrement semblant donner raison aux prévisions catastrophistes des radicaux des années vingt et trente à propos de l'économie capitaliste – traînait avec lui l'obsolescence de plusieurs thèses traditionnelles, et traditionnellement cruciales, du mouvement socialiste en général : surtout en ce qui concerne les problèmes de l'économie de marché, de la collectivisation des moyens de production et du rôle du secteur public ou étatique au sein des économies modernes.

Cela dit, si la perspective d'une crise finale, d'un effondrement du système mercantile et capitaliste, n'est pas réaliste ni réalisable ; s'il faut l'écarter de la stratégie de réforme permanente de nos sociétés injustes et non égalitaires, la perspective d'une disparition des crises n'est, non plus, ni réaliste ni réalisable.

Il n'y aura sans doute pas de crise finale, mais il continuera à y avoir des crises cycliques, d'origine et de développement divers. Car le système économique mercantile et capitaliste se développe, se corrige, se soigne, se transforme et progresse seulement tout le long du sentier brutal et destructeur des crises, celles-ci font partie de son essence historique, quels que soient les instruments rationnels dont disposera une économie mondialisée dans l'avenir pour affaiblir ou réorienter leurs effets.

Le système démocratique capitaliste ne connaît que la méthode de la crise pour sortir des contradictions dans lesquelles il s'enferme périodiquement. Il ne se renouvelle que grâce à ses négativités intrinsèques.

Dans ce contexte général, il est évident que la crise actuelle du système démocratique de masse et de marché présente des aspects spécifiques, originaux. Car les difficultés actuelle de l'« État de bien-être » – réussite indiscutable des politiques sociaux-démocrates tout au long de plusieurs décennies, qui s'est étendue ces dernières années à l'Europe du sud (l'Espagne et le Portugal) – surgissent et se développent, dans un moment particulièrement critique, où différents facteurs déstabilisateurs se superposent.

Se superposent en effet des facteurs démographiques (vieillissement de la population européenne ; augmentation significative de l'espérance de vie ; inversion de la pyramide des âges, avec diminution de la proportion de la population active dans les sociétés, etc.), des facteurs économiques et sociaux (révolution technologique qui détruit de façon continuelle des postes de travail, même en augmentant la productivité sociale : ce qui, dans le cadre de nos systèmes, rigides et archaïques dans certains aspects, crée du chômage plutôt que des loisirs et des possibilités de formation continue et de libération de la force de travail, etc.), et enfin des facteurs politiques (parmi eux, il convient de souligner la transformation du concept de travail, de la pratique du travail, la transformation subséquente du rôle et de la place de la classe ouvrière, etc.), qui en combinant et en multipliant leurs effets sociaux créent une instabilité et une désorientation massives.

Par ailleurs, tous ces facteurs d'instabilité, inhérents au système, fonctionnent à présent d'une façon inédite, qui n'est pas encore analysée avec une rigueur suffisante, après la disparition de l'alternative économique et sociale que représentait jadis l'Union soviétique, même si cette alternative était fausse et exerçait son influence plutôt sur le terrain de l'idéologie. Et même de la mythologie.

Je ne donnerai qu'un seul exemple. Dans les années trente, lorsque les effets destructeurs de la grande crise de 1929 ébranlaient tout le système capitaliste, les réussites du premier plan quinquennal soviétique ont contribué à modifier le panorama politique et les stratégies économiques des pays occidentaux. Le discutable mais réel prestige de l'économie soviétique, durant ces années, a contribué à aggraver la critique de la démocratie libérale dans nos pays, autant par la gauche que par la droite. Ce prestige a contribué à augmenter le rôle de l'État et de la planification centrale dans les programmes politiques et dans les idéologies, y compris les plus réticents devant le collectivisme de type soviétique. Ni le *New Deal* de Roosevelt, ni la réussite des théories keynésiennes ne peuvent s'expliquer en dehors de ce contexte particulier.

En revanche, aujourd'hui, l'absence d'alternative, ne serait-ce que sur le terrain de l'idéologie, et même de l'illusion, n'exerce qu'une influence négative. De plus, les difficultés de la transition vers la démocratie et l'économie de marché – surtout au sein de l'ex-Union soviétique, où le totalitarisme a atomisé la société civile, qui ne peut se reconstruire qu'à travers un processus brutal d'accumulation primitive – maintiennent des foyers d'infection totalitaire, dont le développement dépend de facteurs qui échappent souvent aux facultés d'intervention de la communauté internationale démocratique.

Pour toutes ces raisons, il est impossible de parler de l'expérience du totalitarisme comme d'un cycle historique qui se refermerait sur lui-même. Lorsqu'on parle de cette expérience, on parle également de l'avenir. Des dangers de l'avenir. Et donc de la nécessité de tirer les leçons de ladite expérience pour affronter les problèmes de l'avenir.

10

INVENTER ISRAËL
Entre utopie et réalité

Ce discours fut prononcé à la remise du prix de la Liberté, à la Foire du livre de Jérusalem en 1997.

Le peuple d'Israël a été capable d'affronter la responsabilité historique qui lui revenait objectivement. Ou il a été capable, du moins, de commencer à l'affronter. Pourquoi a-t-il été capable pendant ces années d'*inventer une solution à ce qui semblait ne pas en avoir* ? Pourquoi a-t-il été capable d'inventer un chemin de paix sur le territoire ancestral de la guerre ? De mettre en route un processus de pacification, contre tous les obstacles des extrémismes ?

Cette capacité concrète, imaginative, rationnelle, puise ses racines dans la tradition du peuple juif, dans la grandeur de ses idéaux historiques. Sans aucun doute également, dans la mémoire de ses souffrances. Cela est dû, par-dessus tout, au fait que c'est la seule démocratie authentique de la région. Authentique ne signifie pas parfaite, bien entendu : une démocratie est toujours, par définition, perfectible. Son chemin de perfection est interminable : la démocratie est une réforme permanente.

La perfection est, par ailleurs, soit un idéal de quiétisme religieux, soit une ambition totalitaire. La démocratie ne peut être parfaite, précisément parce que c'est un système pluraliste, basé sur l'acceptation du conflit et de l'alternance, considérés comme les facteurs essentiels de son évolution. Mais aussi de son involution, toujours possible celle-ci en raison de l'absolue égalité quantitative du vote populaire – un homme, une voix –, qui est indispensable, mais qui peut quelquefois se voir soumise à des passions, à des pulsions ou à des craintes conjoncturelles, irrationnelles. Voilà pourquoi le système démocratique, tout en étant le meilleur et le plus juste, est également fragile et ne peut garantir à jamais et pour toujours la victoire de la raison ; c'est-à-dire la défaite électorale des démagogues, ces ennemis intérieurs de la démocratie depuis l'époque de la Grèce antique.

Quoi qu'il en soit, le processus de paix que vous avez été capables d'inventer, de mettre en route, malgré d'innombrables difficultés, est un des événements majeurs, aux conséquences les plus importantes, de ces dernières décennies. Et ce n'est pas un événement majeur seulement pour cette région du monde, il l'est aussi pour le reste du monde : c'est un événement d'envergure universelle. En tant qu'intellectuel engagé dans la politique, mais surtout en tant qu'écrivain, je voudrais insister sur la nécessité de continuer à inventer.

Il y a deux ans, Mario Vargas Llosa rappelait, ici même, en recevant ce prix Jérusalem, que le romancier est un individu qui consacre toutes ses journées et même ses nuits à fabriquer des fictions qui ressemblent à des vérités. Mais pas seulement qui y ressemblent : qui fonctionnent aussi comme des vérités, qui s'incarnent dans la réalité.

Cette idée, sur laquelle Vargas Llosa est revenu maintes fois dans ses essais, l'écrivain français Boris Vian l'avait également exprimée, mais d'une autre façon, en affirmant à propos de l'un de ses romans : « [...] L'histoire est entièrement vraie, puisque je l'ai imaginée d'un bout à l'autre. »

Cela dit ; même si cela semble à première vue paradoxal, cette particularité de l'écriture romanesque, sa capacité à fabriquer des réalités illusoires ou des illusions réelles, est un des traits qui ressemblent le plus à l'action politique, lorsque celle-ci, en tout cas, se propose de transformer la réalité et non pas uniquement de l'administrer de façon pragmatique. (Un autre trait commun au romancier et à l'homme politique, je me contente de le noter entre parenthèses, c'est que tous deux travaillent sur le langage, avec le langage : autrement dit, dans l'espace interindividuel de la communication, que celle-ci soit communion et consensus, ou contradiction et conflit.)

Mais Vargas Llosa prolongeait sa réflexion, il y a deux ans, en disant la chose suivante :

> D'après ce que me permettent de savoir mes connaissances de l'histoire du monde, je crois qu'Israël est le seul pays qui puisse se vanter, à la façon d'un personnage d'Edgar Allan Poe, de Stevenson ou des *Mille et une Nuits*, de posséder une souche à ce point explicitement fantomatique et d'avoir inventé, d'avoir construit à l'aide de la subtile matière subjective dont on fabrique les mirages littéraires et artistiques, et ensuite, à force de courage et de volonté, d'avoir pratiqué la contrebande dans la vie réelle.

Israël comme une chose inventée, comme une invention devenue réalité grâce à la volonté et au courage de plusieurs générations d'hommes et de femmes : il ne s'agit pas seulement d'une métaphore de romancier. Un essai aussi sérieux et documenté, aussi précisément intelligent que celui d'Alain Dieckhoff porte le titre suivant : *L'Invention d'une nation : Israël et la modernité politique.*

Cependant, puisque nous en sommes à inventer, je voudrais m'arrêter quelques instants sur un épisode réel et imaginaire – je veux dire, totalement probable et vraisemblable, même s'il n'existe pas le moindre document comme preuve qu'il a vraiment eu lieu – de la première époque de ce qu'on appelle le roman historique. Une époque pas si lointaine – seulement un siècle – si l'on tient compte de l'habituelle dilatation et de la non moins habituelle lenteur que nécessitent d'habitude les procès historiques.

Nous sommes à Paris, à la fin du XIXe siècle, en pleine affaire Dreyfus. Theodor Herzl, correspondant du journal viennois *Neue Freie Presse*, inventeur du sionisme – ou plutôt, inventeur de la formule historiquement admise et active du sionisme, sur la base de traditions et d'aspirations déjà existantes dans plusieurs communautés juives, tout particulièrement orientales –, Theodor Herzl, donc, dialogue avec Bernard Lazare, journaliste, écrivain, qui est également un des militants les plus inspirés et les plus conséquents de la campagne des intellectuels français pour la défense des droits du capitaine Alfred Dreyfus, calomnié et injustement condamné.

Les deux hommes constatent que l'assimilation ou l'intégration de la communauté juive est en train d'échouer au sein des sociétés européennes, qu'elles soient totalitaires ou démocratiques. Après le mortifère « Vent du Sud », comme on a appelé la vague de pogroms de la Russie tzariste, la furie antisémite que le cas Dreyfus met en relief et amplifie en France semble le démontrer. Mais les deux hommes ont cependant modifié leurs conceptions de départ et finissent par en conclure qu'un changement radical de stratégie s'impose.

Cela dit, parvenus à ce point d'accord, de coïncidence, les opinions de ceux-ci diffèrent totalement. Pour Bernard

Lazare, la seule perspective réaliste est celle d'une révolution sociale de portée universelle – ou, du moins, européenne – qui donnerait la liberté aux juifs en même temps qu'elle libérerait toutes les classes opprimées et exploitées. Pour Theodor Herzl, la seule chose réaliste – et il y mettra toutes ses forces, son énorme talent d'agitateur et d'organisateur, son sens des grandes mises en scène – est la création d'un État national, territorial, permettant d'accueillir et de protéger les juifs.

Ils ne parviendront pas à se mettre d'accord : chacun d'eux pense, et le proclame avec virulence, que l'opinion de l'autre est non seulement tout à fait utopique, mais historiquement irréalisable.

Il est d'ailleurs probable que, au terme de cette discussion, tout observateur impartial, mais attentif et bien informé du début du siècle, aurait donné raison à Bernard Lazare : une révolution sociale au sein des pays capitalistes les plus développés, qui aurait apporté avec elle l'autonomie politico-culturelle et la possibilité d'autodétermination du peuple juif dans le cadre de sociétés rénovées, aurait sans doute été considérée comme quelque chose de plus vraisemblable, de plus réalisable, de moins utopique que la création d'un État pour les juifs, comme solution des problèmes charriés par l'antisémitisme toujours latent dans les sociétés de tradition monothéiste.

Cependant, l'histoire du XXe siècle a donné raison à Theodor Herzl.

De l'utopie révolutionnaire, sans compter les ravages produits dans tous les pays où a régné le modèle totalitaire du parti unique destructeur de l'économie de marché et instaurateur de la planification bureaucratique et étatique – des ravages dont les conséquences rendent encore difficile le rétablissement du tissu associatif et humain des sociétés civiles –, il ne reste que des souvenirs douloureux, concernant la question juive.

Il ne reste que le vague et triste souvenir de l'échec de la république soviétique juive de Birobidjan, enterrée dans les sables de l'Asie centrale. Il ne reste que le souvenir mortifère de l'antisémitisme stalinien, marqué de façon sanglante par l'assassinat de tant et tant d'écrivains, de dramaturges et de médecins juifs.

Cependant, de l'utopie sioniste, il reste l'État d'Israël.

Mario Vargas Llosa a quelquefois prétendu – une longue et chaleureuse amitié telle que la nôtre m'autorise à faire à nouveau référence à lui, qui a eu l'amabilité de venir me présenter à vous à l'occasion de cette cérémonie – que lui et moi sommes, dans le monde actuel des lettres, une espèce d'animaux préhistoriques. Quelque chose du même genre que les dinosaures.

Car, à la différence de la plupart des romanciers d'aujourd'hui, qui considèrent que le seul engagement de l'écrivain concerne le terrain de l'écriture, lui et moi continuons à penser que, aussi important que soit cet aspect des choses, l'engagement de l'écrivain possède forcément un caractère plus global.

Malgré les différences d'ordre géographique et générationnel, malgré également les différences de nos projets politiques concrets, nos vies, celle de Mario et la mienne, se caractérisent par des allées et venues entre la solitude absorbée de l'écriture, le sacro-saint et fructueux repli sur soi-même – aussi nécessaire pour l'écrivain que l'air qu'il respire –, et les occasionnelles, mais non moins passionnées, participations à la politique.

C'est peut-être parce que nous sommes des dinosaures que notre conception de l'engagement intellectuel n'a jamais été et n'est pas un simple discours nous limitant à aller et venir dans la maison ou à parader dans les salons des *nomenklaturas* littéraires.

Cependant, il est indispensable et il convient de préciser avec force, même si ce doit être de façon succincte, que l'un comme l'autre nous avons redéfini substantiellement, peut-être même radicalement, tout au long de ces années, notre conception de l'engagement intellectuel.

Et cela dans un sens très concret.

Ni Vargas Llosa ni moi n'accepterions aujourd'hui une médiatisation de notre engagement par quelque organisation politique partisane que ce fût : nous considérons à présent notre engagement comme une chose personnelle et intransférable. Non seulement nous rejetons la notion d'*intellectuel organique* dont parlait Antonio Gramsci dans les années vingt, mais nous considérons de plus cette notion néfaste, contraire aux exigences de la liberté de pensée, de la liberté d'expression et de l'autonomie radicale que constitue l'essence historique de tout travail créateur, de toute recherche intellectuelle.

Pour ma part – et j'arrête d'entraîner Vargas Llosa dans mon argumentation ; je vais poursuivre en assumant la première personne du singulier de mon discours –, je considère que je suis un *intellectuel inorganique*. Et je me permettrai de rappeler qu'il s'agit de l'adjectif que les idéologues et les thuriféraires de la dictature franquiste attribuaient, de façon tout à fait méprisante, au système démocratique des libertés publiques : « c'est une démocratie inorganique », prétendaient-ils.

Eh bien soit, et j'en suis très fier : je suis donc un « intellectuel inorganique ». C'est-à-dire directement et personnellement impliqué dans la réalité de notre monde, de nos sociétés.

Inorganique : qui ne prétend pas parler au nom de l'histoire, ni d'une classe sociale, ni d'un parti messianique se donnant à lui-même un rôle de démiurge de la réalité ou de porte-voix de la vérité absolue et du progrès historique. Qui se contente de parler en son propre nom, en fonction d'une réflexion personnelle qui est issue de l'étonnement, du doute. De la perplexité, au bout du compte, comme la pensée critique et généreuse de Maïmonide, il y a de nombreux siècles de cela.

Et, au sein de cette recherche personnelle, j'ai peu à peu mis en place un rapport profond, enrichissant – décisif à un certain moment, étant donné qu'il fonctionne comme une pierre de touche, comme un critère moral et politique – avec l'histoire dramatique du peuple juif.

Depuis mon premier livre, *Le Long Voyage*, il y a dans chacun de mes ouvrages un personnage, réel ou imaginaire, sans doute épisodique mais toujours significatif, qui incarne le rapport dont je viens de parler, qui reflète le rôle central que la réflexion sur la question juive, sur l'antisémitisme, joue dans mon travail d'écrivain et de militant politique.

Cela est dû, bien évidemment, en grande partie, à la place centrale qu'occupe dans ma vie et dans mon écriture – peut-être de façon cachée, et même refoulée – mon expérience du camp de concentration de Weimar-Buchenwald.

C'est dans cet endroit que s'est définitivement cristallisé mon rapport, que j'ai évoqué tout à l'heure, avec l'histoire du peuple juif et que d'autres événements précédents avaient progressivement forgé.

Là-bas, à Buchenwald, j'ai pu interroger les vétérans, les communistes allemands à propos de l'histoire du camp. Ils l'avaient construit eux-mêmes, de leurs mains, en 1937, sur un des flancs de l'Ettersberg, la colline de Goethe. Ils avaient survécu aux années les plus terribles, à la mort de la plupart de leurs camarades. Ils avaient fini par conquérir des parcelles de pouvoir au sein de l'administration interne

du camp, grâce à une lutte tenace et sourde, parfois sanglante, avec les prisonniers de droit commun, les criminels,
qui étaient pour la plupart de vulgaires laquais des SS.

Ils avaient fini par conquérir des parcelles de pouvoir
qui, pour une part, contribuaient au fonctionnement de
l'appareil de production allemand, dans les usines industrielles où travaillait la main-d'œuvre déportée, mais qui
étaient par ailleurs devenues des parcelles de liberté et de
résistance antifasciste.

Ces vétérans communistes nous regardaient, nous, les
nouveaux arrivants, avec une certaine méfiance, avec un
brin de commisération ironique, c'est exactement de cette
façon qu'ils nous voyaient arriver. « Vous ne saurez jamais
ce qui s'est passé, ici, nous disaient-ils, aujourd'hui,
Buchenwald est devenu un simple sanatorium. »

Mais ils avaient cependant accepté de répondre à mes
questions : ils me racontaient l'histoire de Buchenwald.

Un des épisodes qui m'avaient le plus impressionné,
parce qu'il prenait toujours beaucoup de relief, beaucoup
de force, dans tous les récits, quel que soit le narrateur,
avait été la description de l'arrivée au camp de milliers
de juifs déportés de toute l'Allemagne, et en particulier de
Francfort, en novembre 1938, après la tristement célèbre
Nuit de Cristal : nuit de saccages et de pogroms contre la
communauté judéo-allemande, de long en large, dans
tout le pays.

Les souffrances des juifs de Francfort étaient restées
profondément et particulièrement gravées, en lettres de
feu et de sang, dans toutes les mémoires des vétérans
communistes allemands. Dès leur arrivée à Buchenwald,
ils avaient été maltraités par les détachements SS, avec
une brutalité systématique et profondément mortifère.

Lorsque j'écoutais ces récits, en 1944, les survivants de ces
déportations massives avaient été transférés dans les camps

d'extermination polonais, spécialement destinés, comme chacun le sait, à la mise en pratique de la *solution finale*.

Mais j'ai eu l'opportunité – la chance, pourrait-on dire – de connaître un des très rares juifs allemands qui avaient survécu et étaient restés à Buchenwald. Il était originaire de Francfort et il me racontait ses souvenirs de l'existence de la communauté juive, si importante dans l'histoire de cette ville avant la victoire de Hitler.

Malheureusement, je ne me souviens plus de son nom : peut-être que je ne l'ai jamais su. Je ne sais pas non plus ce qu'il est devenu, ce qui lui est arrivé pendant les derniers jours, chaotiques, de Buchenwald. En revanche, je me souviens – étranges mécanismes de la mémoire ! – de deux noms que ce juif allemand inconnu, et cependant si proche, si émouvant, avait évoqués au cours de nos conversations – les dimanches après-midi, pendant les brèves heures de repos que nous laissait l'emploi du temps extrêmement strict des journées de travail.

Je me souviens des noms de Moritz Nathan et de Katharina Oppenheim. Il m'avait parlé de ces personnes, il m'avait raconté comment ils s'étaient suicidés ensemble, à Francfort, en 1933, après une longue vie d'amour et de labeur, pour protester contre l'arrivée au pouvoir de la barbarie nazie : pour manifester et exprimer que la valeur suprême n'est pas la vie, mais bien la liberté.

Les noms de Moritz Nathan et de Katharina Oppenheim, ce couple juif de Francfort, rejoignent dans ma mémoire ceux de Jean Améry, de Primo Levi, de Paul Celan, tous ces noms juifs qui ont fait de leur mort volontaire une plaidoirie contre l'oubli, contre l'indifférence, contre le cynisme : un témoignage mortifère qui nous incite à continuer à nous rappeler, à continuer la lutte.

En 1945, lorsque les nazis ont été forcés d'évacuer les camps polonais de l'ensemble Auschwitz-Birkenau devant la progression de l'Armée soviétique, Buchenwald a vu à nouveau arriver à l'intérieur de son enceinte des milliers de juifs survivants de ces camps.

C'est à ce moment-là, de façon tout à fait précise, documentée – pas à travers les espèces de récits presque légendaires qui circulaient jusqu'alors –, que nous avons commencé à prendre conscience de la réalité de l'extermination, de la *Shoah* : tout ce qui constitue la singularité historique du génocide, depuis les déportations massives dans toute l'Europe, famille après famille, communauté après communauté, jusqu'à la sélection, puis aux chambres à gaz.

Dans *L'Écriture ou la vie*, j'ai rappelé le témoignage d'un survivant du *Sonderkommando* d'Auschwitz, un certain dimanche de ce printemps, en détachant l'importance qu'a eue cette rencontre, tant dans ma vie réelle que dans la réalité de mon écriture romanesque.

Ce printemps-là, viens-je de dire.

Un printemps lointain, à première vue : cinquante-deux ans nous séparent de lui.

Étrangement, cependant, et peut-être parce que je me trouve ici, à Jérusalem, où l'oubli est impossible, où la mémoire se ravive à chaque instant, à chaque conversation avec n'importe lequel des citoyens de ce pays : peut-être parce que c'est le 9 avril et que la IIIᵉ Armée de Patton va ouvrir les portes de Buchenwald vendredi prochain, le 11 avril ; c'est peut-être pour toutes ces raisons que je trouve que ce souvenir ne me semble pas si lointain.

Comme on dit vulgairement : il me semble que c'était hier. Peut-être que c'était même aujourd'hui. Que va-t-il se passer à présent que ce n'est plus un souvenir du passé, mais une prémonition, un rêve de l'avenir ?

On dirait que je vais quitter cette enceinte pour me retrouver sur l'*Appellplatz* de Buchenwald, sur l'esplanade battue par le vent froid de l'Ettersberg, en route vers une des baraques de l'infirmerie – celle des malades contagieux – où un vrai survivant juif polonais du *Sonderkommando* d'Auschwitz va décrire à un petit groupe de militants communistes le fonctionnement des chambres à gaz et des crématoires.

Il me semble que je demeure en permanence dans le présent éternel de ce récit, de cette mémoire mortifère de la *Shoah*. À n'importe quel moment, y compris dans les moments agréables et pacifiques de la vie, car il y en a aussi, je peux me retrouver soudain submergé par cette éternité de la mémoire, par ce présent perdurable qui nous maintient sans cesse en éveil, comme une vigie : vigilants.

C'est sur cette mémoire de l'extermination – et ne serait-ce que pour la préserver, pour l'incorporer, en l'assumant, à l'expérience historique du peuple juif ; pour qu'elle explique et illumine sa stratégie d'installation et de développement dans la région ; pour qu'on puisse persévérer positivement en elle, c'est-à-dire pour rendre impossible son retour – qu'on a édifié l'État d'Israël.

L'utopie est devenue réalité ; la fantaisie est devenue vérité : comme dans les meilleurs romans de l'histoire littéraire universelle. Le combatif et prophétique Bernard Lazare n'en croirait pas ses yeux, s'il parvenait à revenir ici, parmi nous.

Personne n'a cependant encore écrit le mot « fin » au prodigieux roman historique de la création d'Israël. Il reste toujours à en écrire le dernier chapitre, le plus difficile, sans aucun doute, celui qui demande le plus d'imagination, qui exige le plus de courage : le chapitre final ouvert par le processus de négociation initié à Oslo.

C'est le chapitre le plus difficile, car l'obtention iné-
branlable de sa propre identité et de sa propre existence
historique ne suffit plus pour obtenir – même si cela doit
être à contrecœur, à travers des conflits multiples ; contre
les entreprises criminelles du terrorisme, encore présentes
aujourd'hui, tantôt latentes et embusquées, et tantôt
débridées – la reconnaissance irréversible des États de la
région.

À présent, la merveilleuse utopie pratique d'Israël exige
de vous la reconnaissance concrète de l'autre, dans une
altérité des plus proches, et on sait que – le peuple juif
l'a expérimenté dans sa propre chair, tout au long des
siècles –, plus l'altérité est proche, plus elle est difficile à
accepter et à mettre en œuvre. Il s'agit à présent de la réalité nationale, avec vocation à devenir un État, du peuple
palestinien. Une vocation qui, par ailleurs, a été dans une
bonne mesure inspirée par l'exemple israélien depuis
l'époque du mandat britannique.

Que l'utopie sioniste soit devenue réalité est, sans
aucun doute, comme le rappelait ici même il y a deux ans
Mario Vargas Llosa, un fait historique sans précédent. Il
nous faut être conscients que cela ne pourra plus se répéter, ni se prolonger, avec l'inertie de ce qui a déjà été
obtenu.

Sans doute pourrions-nous trouver dans la Bible, ou,
sans aller aussi loin, dans le roman d'anticipation de
Theodor Herzl *Altneuland, Nouveau Pays ancien,* des
passages et des descriptions qui justifieraient de façon
idéologique de nouveaux quartiers juifs au sein d'une
Jérusalem mythique ou légendaire.

Mais est-il réellement intelligent de faire des livres
sacrés ou canoniques *une référence exclusive* pour les problèmes d'aujourd'hui ? Jérusalem n'est-elle pas une réalité
historique bien plus complexe que celle des livres sacrés

que chacun peut brandir ? Peut-on vraiment conclure le conflit en ayant recours à des droits ancestraux et à des récits mythiques ? Ne serait-il pas préférable de trouver une solution négociée et, par conséquent, intermédiaire ? Cette solution, difficile mais possible, ne serait-elle pas la meilleure conclusion de l'utopie réaliste de vos prédécesseurs ?

Je suis conscient que cette opinion à propos de vos affaires, aussi respectueuse soit-elle, puisse irriter plusieurs d'entre vous, mais vous m'avez attribué le prix Jérusalem, c'est ce que je crois avoir compris, en raison de mon engagement vital pour la liberté. Il eut été plus facile pour moi, sans aucun doute, plus brillant également, de me limiter à quelques exquises digressions à propos de la littérature ou de la philosophie. De Maïmonide à Paul Celan, de Franz Kafka à Élias Canetti, de Jean Améry à Primo Levi, il ne manque pas de figures d'écrivains ou de penseurs juifs qui auraient pu m'inspirer en ce jour agréable, et cependant plein d'inquiétude.

Mais justement, c'est chez tous ces écrivains que j'ai appris les vertus qu'exige l'amitié : la véracité et la sincérité. Ici, à Jérusalem, ville dans laquelle se perpétue la tradition multiculturelle de Maïmonide, j'ai tenté d'être fidèle à un éminent exemple de la tradition juive, un indispensable ferment de la culture universelle.

11

BILBAO ET MARX
L'art à l'époque de la mondialisation

Discours prononcé à l'Académie des Arts de Berlin, en 1997.

Jean Clair, directeur du musée Picasso et coordinateur du centenaire de la Biennale de Venise, aborde les problèmes de l'art contemporain dans un essai intitulé *La Responsabilité de l'artiste*, dont le sous-titre rend plus concret le propos de l'auteur : *Les avant-gardes, entre terreur et raison*.

Et au moment d'élaborer une analyse de la situation actuelle, Jean Clair formule la question suivante :

> Comment concilier l'attachement au vernaculaire, sans lequel l'œuvre perd sa chair et son poids de témoignage unique, et le projet de l'universel, par lequel l'œuvre s'adresse à l'ensemble de l'humanité ? Comment inventer un art qui ne soit ni l'expression du local et l'exaltation sournoise du nationalisme, ni la menace d'une unification, d'une *globalisation*, comme on dit aujourd'hui, de l'ensemble des cultures de la planète ?

Cette question vise le cœur même de la problématique actuelle, mais pas seulement sur le terrain des arts. Cette question se pose plus largement, dans tous les milieux de la culture et de la politique, sans même parler de l'espace économique, dont certains aspects sont déterminants : comment maintenir, au cas où cela serait nécessaire, vitalement nécessaire, les identités locales, régionales, nationales, dans un univers chaque fois plus ouvert, et dont les structures tendent à dépasser de façon objective les frontières étatiques ?

Si nous fixons notre regard sur les problèmes de la construction européenne, nous nous apercevrons que la crise de l'État-nation est un des traits caractéristiques de la situation actuelle.

C'est pour cette raison que les États qui ont une plus grande tradition centraliste – le jacobinisme français, qui prolonge le centralisme bureaucratique de l'Ancien Régime et prépare l'apogée de l'empire bonapartiste, est sans doute l'exemple historique le plus flagrant de cette tradition – sont ceux qui connaissent les plus importantes difficultés dans le processus de l'unité européenne, à cause des aspects de supranationalité que cette dernière renferme.

Mais revenons sur le terrain des arts et sur la question posée par Jean Clair.

Concilier le vernaculaire, ce qui est enraciné dans la tradition vive de la communauté (*Gemeinschaft*), et le projet universaliste consubstantiel à toute société (*Gesellschaft*) démocratique ; inventer un art authentique en ce qui concerne ses origines, et universel en ce qui concerne sa compréhension ou sa lisibilité : voilà, en effet, un des problèmes cruciaux du moment.

Ou plutôt, disons que ce problème a toujours été crucial, à toutes les époques historiques. Ce qui se passe aujourd'hui, c'est qu'il se pose de façon spécifique, et sans doute plus aiguë, et même plus angoissante, en raison des conséquences de la révolution technologique en cours, qui modifie radicalement les données de la production, de la diffusion et de la conservation des objets artistiques.

Je vais choisir un exemple concret dans l'actualité la plus récente, qui nous permettra, me semble-t-il, d'approfondir cette question centrale.

Le musée Guggenheim de Bilbao a été inauguré, il y a à peine quelques jours. Pour toute une série de raisons culturelles et socio-politiques locales, et pour d'autres d'ordre plus général, cette inauguration est devenue un événement mondial. Et, d'une certaine façon, emblématique.

J'évite sciemment d'aborder ici les problèmes de type muséologique posés par le bâtiment de Frank Gehry. J'évite également d'examiner le fait qu'on ait construit un musée si impressionnant sans que Bilbao – autrement dit, l'entité autonome du Pays basque – ne possède de collection permanente, ce qui fait par conséquent courir le risque que les salles du nouveau bâtiment ne deviennent que des réceptacles permettant la circulation d'œuvres de la collection Guggenheim, une circulation unilatéralement décidée par des responsables de New York et non par un directeur artistique local – car il n'y en pas – à même d'inventer une solution changeante, évolutive, à la contradiction permanente et constitutive du vernaculaire et de l'universel, qui dans ce cas se traduirait d'ailleurs par un américano-cosmopolitisme.

Je me contenterai de dire à ce sujet que l'opération Guggenheim a été, à Bilbao, exactement antinomique à celle que nous avons réalisée à Madrid avec la collection Thyssen, une opération dans laquelle j'ai eu l'occasion de jouer un rôle déterminant, en tant que ministre de la Culture de Felipe González.

En effet, à Madrid, nous avons apporté plutôt des toiles, et certes pas un bâtiment : nous avons donc apporté du contenu et pas un contenant ou un *container*. Nous avons apporté plusieurs centaines de toiles qui, par ailleurs, étaient miraculeusement complémentaires des collections présentes au musée du Prado, en ce qui concerne la peinture disons classique, et complémentaires des collections du musée Reina Sofía, en ce qui concerne l'art contemporain.

À Madrid, par ailleurs, lorsque nous avons examiné quel type de réhabilitation architecturale il fallait effectuer dans le vieux palais de Villahermosa, destiné à héberger la collection Thyssen, j'avais décidé, et il m'a fallu imposer cette décision contre les vents et les marées de la mode, de choisir un architecte dont le but serait moins d'attirer l'attention sur lui-même et sur son travail pour se faire remarquer par son ouvrage, que de parvenir à ce que ce soit la peinture exposée qui se fasse remarquer, dans les salles de ce nouveau musée. Mais je ne dis surtout pas cela pour discréditer, d'entrée de jeu, la réalisation du musée Guggenheim de Bilbao. Le contexte est, en réalité, très différent.

Bilbao est une ville qui possède un passé industriel très important. Avoir implanté dans une zone industrielle dévastée un bâtiment tel que celui de Frank Gehry, qui utilise un entassement apparemment chaotique, aux formes complexes et complémentaires, afin de rationnaliser les espaces pour obtenir une éventuelle convivialité et cohabitation culturelle, peut s'avérer être une réussite. Le temps dira si le bâtiment va réussir à s'insérer de façon dynamique dans le paysage urbain, afin de le revitaliser, ou si, au contraire, il va se développer à la façon d'un cancer, et enlaidir les alentours, en les rendant, du même coup, insignifiants.

Mais un musée n'est pas seulement un bâtiment, c'est également un projet culturel. C'est là que se posent les questions de fond et c'est là que nous allons à nouveau nous heurter aux interrogations que soulève Jean Clair.

A-t-on réellement inventé avec le Guggenheim de Bilbao un musée qui ne soit pas seulement l'exaltation

insidieuse du nationalisme ni la menace de la globalisation culturelle, standardisée et aliénante ?

À Bilbao, la question devient encore plus pressante, car
le Pays basque est précisément une région où le nationalisme radical – dont la source d'expression politique, au
sein de la communauté autonome basque, est légale et légitime – et, par ailleurs, l'extrémisme terroriste – clandestin,
mortifère, essentiellement antidémocratique – partagent
dans une large mesure une même vision ethnique, on
pourrait dire presque raciale, de l'identité basque, avec sa
batterie d'effets désastreux sur le plan culturel.

L'institution Guggenheim, avec son ouverture à un
art moderne typiquement américain, sera-t-elle un instrument de réponse à la question proposée par Jean
Clair ?

(Mais je voudrais m'arrêter un instant, et ouvrir ne
serait-ce qu'une brève parenthèse, car je pense qu'un
éclaircissement s'impose : lorsque je fais référence à l'art
américain, je veux parler d'une expression artistique qui
renvoie sa propre image à l'Europe – qui puise ses
racines dans la tradition et dans les codes de sa recherche
et de son développement artistiques –, une image cependant la plupart du temps déformée par une exagération
formelle ou par la radicalisation des problèmes théoriques qui se posent. Rejeter ce qui est américain est
souvent – sur le plan culturel, toujours – une façon de
fuir l'analyse autocritique de notre propre mémoire ;
chercher la solution facile du bouc émissaire étranger
pour traiter les problèmes que nous n'avons pas réussi à
résoudre.)

En tout cas, il sera intéressant, dans les mois et les
années à venir, d'observer de quelle façon se développe
l'expérience du musée Guggenheim de Bilbao.

Dans le passage, que j'ai précédemment cité, de son essai sur *La Responsabilité de l'artiste*, Jean Clair parle de la globalisation. On dit aussi la mondialisation, pour caractériser le même phénomène historique.

Mais cela dit, de quoi parle-t-on exactement lorsqu'on utilise ces termes « mondialisation » ou « globalisation » dans un débat ou dans un travail analytique ?

La première chose qui attire l'attention – qui, du moins en ce qui me concerne, attire puissamment mon attention, et me surprend – c'est que les gens qui utilisent ces concepts, que ce soit pour les critiquer ou pour les juger de façon positive, semblent être en train de parler d'un phénomène récent, qui aurait seulement commencé à produire des ravages, ou des bénéfices, ces derniers temps. Mais cela est absurde. Cela ne fait que pointer l'étroitesse de la vision historique de ceux qui se laissent aller à une erreur semblable. En réalité, le processus de globalisation ou de mondialisation est en cours, à travers différentes péripéties et différents rythmes de développement, depuis plus d'un siècle et demi :

Par l'exploitation du marché mondial, la bourgeoisie donne un caractère cosmopolite à la production et à la consommation de tous les pays. Au grand désespoir des réactionnaires, elle a enlevé à l'industrie sa base nationale. Les vieilles industries nationales ont été détruites et le sont encore chaque jour. Elles sont supplantées par de nouvelles industries, dont l'adoption devient une question de vie ou de mort pour toutes les nations civilisées, industries qui n'emploient plus des matières premières indigènes, mais des matières premières venues des régions les plus lointaines, et dont les produits se consomment non seulement dans le pays même, mais dans toutes les parties du globe. À la place des anciens besoins, satisfaits par les produits nationaux, naissent des besoins nouveaux, réclamant pour leur satisfaction les produits des contrées et des climats les plus lointains. À la place de l'ancien isolement des provinces et des nations se suffisant à elles-mêmes, se développent des relations universelles, une interdépendance universelle des nations. Et ce qui est vrai de la production matérielle ne l'est pas moins des productions de l'esprit. Les œuvres intellectuelles d'une nation deviennent la propriété commune de toutes. L'étroitesse et l'exclusivisme nationaux deviennent de jour en jour plus impossibles et de la multiplicité des littératures nationales et locales naît une littérature universelle.

Il n'est pas très difficile d'identifier – la citation est plutôt longue, mais rien n'y est superflu – l'auteur de ces quelques phrases : il s'agit de Karl Marx. Et il les a écrites dans *Le Manifeste du Parti communiste*, publié en mars 1848.

Ici et maintenant, sans préjuger des contenus du bilan critique dont nous avons parlé, je voudrais tout simplement aborder un aspect de ce texte fondateur : celui qui fait référence à la formation d'un marché mondial, à la mondialisation de la production et de l'échange des marchandises.

Les phrases que j'ai citées démontrent jusqu'à quel point le jugement de Marx est positif – on pourrait même ajouter enthousiaste – en ce qui concerne la formation du marché mondial. Il ne sera pas facile de trouver, dans la seconde moitié du XIXe siècle, d'aussi beaux, presque lyriques, éloges du processus de modernité mercantile-capitaliste que ceux formulés par Marx.

Faut-il donner d'autres exemples ? Je citerai quelques phrases supplémentaires du *Manifeste communiste*.

Par le rapide perfectionnement des instruments de production et l'amélioration infinie des moyens de communication, la bourgeoisie entraîne dans le courant de la civilisation jusqu'aux nations les plus barbares.

Et aussi :

La bourgeoisie a soumis la campagne à la ville. [...] Et par
là, elle a arraché une grande partie de la population à l'abru-
tissement de la vie des champs.

Encore une autre :

La bourgeoisie supprime de plus en plus l'émiettement
des moyens de production, de la propriété et de la population.

Et enfin :

La bourgeoisie, au cours de sa domination de classe à peine
séculaire, a créé des forces productives plus nombreuses ; et
plus colossales que l'avaient fait toutes les générations passées prises ensemble. La domestication des forces de la
nature, les machines, l'application de la chimie à l'industrie
et à l'agriculture, la navigation à vapeur, les chemins de fer,
les télégraphes électriques, le défrichement de continents
entiers, la régulation des fleuves, des populations entières
jaillies du sol – quel siècle antérieur aurait soupçonné que de
pareilles forces productives dorment au sein du travail
social ?

Cet enthousiasme de Marx pour la modernité capitaliste, son jugement si positif du processus de mondialisation de l'économie de marché – qui contraste tellement
avec les actuelles jérémiades de nombreux intellectuels qui
se croient de gauche – ont une explication évidente.

C'est que, pour Marx, l'expansion irrésistible de la
modernité est l'antichambre objective de la révolution. Le
revers de la médaille de tant de progrès technologique, de
tant de développement des forces productives modernes,
affirme Marx depuis 1848 dans les pages du *Manifeste*, c'est
l'explosion d'une succession de crises qui en finiront avec le
système mercantile-capitaliste. Marx écrit :

La société se trouve subitement ramenée à un état de barbarie momentanée. [...] Le système bourgeois est devenu trop étroit pour contenir les richesses créées dans son sein.

Ainsi, depuis sa première formulation, encore peu élaborée – nous sommes en 1848, très loin des analyses du *Capital*, jamais finies, par ailleurs –, la théorie de la crise s'installe au cœur même de la pensée marxiste.

La crise du système mercantile du capital dans son ensemble, la crise finale qui ouvrira la porte à la révolution socialiste. L'éloge de la modernité capitaliste est, cependant, dans la bouche de Marx, une affirmation optimiste de la révolution inévitable, considérée comme une phase suprême du développement social. Neuf ans plus tard, Marx était en train de travailler à son livre, tant de fois retardé, sur la critique de l'économie politique.

Le 8 décembre 1857, il écrit à Engels, comme presque tous les jours depuis de si longues décennies :

Je travaille comme un fou, toutes les nuits, à faire la synthèse de mes études économiques afin d'avoir mis au clair au moins les grandes lignes avant le déluge.

Si l'on cherche dans la correspondance de Marx et d'Engels – qui est une source vraiment inépuisable pour étudier l'apparition et le développement des principaux concepts de la pensée de Marx –, on peut voir que tout au long de cette période, et pendant plusieurs mois, la question de la crise imminente du système capitaliste se trouve au centre des préoccupations des deux hommes. Engels en vient même à écrire à son ami et maître qu'il y a certainement un danger que la crise éclate trop rapidement. Ainsi, le 15 novembre, dans une longue lettre très documentée, il dit la chose suivante :

Je ne voudrais pas qu'il se passe quoi que ce soit trop tôt, avant que l'Europe ne soit tout entière commotionnée ; car ensuite, la lutte serait trop dure, ennuyeuse et vacillante. Les mois de mai ou juin, ce serait encore presque trop tôt. En raison d'une longue période de prospérité, les masses ont été condamnées à la léthargie.

Une crise imminente, donc, et une crise finale du système, il n'y a aucun doute. Quelques mois plus tard, bien que l'effondrement, annoncé comme inévitable et prochain, ne se soit toujours pas produit, Karl Marx revient sur la question de la crise, dans une lettre à Engels datée du 8 octobre 1858, qui n'est autre qu'une tentative de théorisation globale :

Nous ne pouvons le nier, la société bourgeoise a vu pour la deuxième fois son XVIe siècle, mais nous espérons que ce nouveau XVIe siècle sonnera l'enterrement de cette société, tout comme l'autre avait sonné sa naissance. La véritable mission de la société bourgeoise, c'est de créer le marché mondial, du moins, dans ses grandes lignes, ainsi qu'une production conditionnée par le marché mondial. Comme le monde est rond, cette mission semble achevée depuis la colonisation de la Californie et de l'Australie et l'ouverture du Japon et de la Chine. Pour nous, la question difficile est celle-ci : sur le continent la révolution est imminente et prendra tout de suite un caractère socialiste, mais ne sera-t-elle pas forcément étouffée dans ce petit coin, puisque sur un terrain beaucoup plus grand le mouvement de la société bourgeoise est encore ascensionnel ?

En parcourant ces lignes, on serait en droit de se demander ce que Marx aurait pensé du « socialisme dans un seul pays » dont parlait Staline.

Quelques conclusions se détachent, cependant, de cette brève incursion au sein des textes de Marx ; elles pourraient se formuler synthétiquement de la façon suivante.

Pour Marx, l'objectif principal de la société bourgeoise est la constitution et la cristallisation du marché mondial : la mondialisation du marché. C'est en cela que consiste sa mission historique. Cet objectif, ajoute Marx, a été atteint dans ses lignes générales. Ce qui signifie que nous sommes – je me réfère, naturellement, au XIXᵉ siècle : aux années 1857-1858 – à la veille d'une crise mondiale du système de production et d'échange mercantile-capitaliste. Cela signifie également que nous sommes, pour cette même raison, au seuil d'une révolution socialiste.

La seule question théorique que se pose Marx, tout au long de son travail sur la théorie économique au cours de la période 1857-1858, consiste à savoir si le seul espace européen, ce *kleiner Winkel* de l'univers, suffira pour que la révolution ne soit pas écrasée. Tout le reste est parfaitement clair, et ne nécessite pas la moindre recherche supplémentaire.

Aujourd'hui, cent cinquante ans plus tard, alors que l'échec fracassant et mortifère du socialisme réel a démontré l'impossibilité objective, historique, de construire un système économique équitable et efficace en effectuant la suppression des mécanismes du marché ; aujourd'hui, alors que l'expérience historique nous a démontré qu'il n'y a pas eu, et qu'il n'y aura jamais de crise finale du système mercantile-capitaliste, du genre de celle pronostiquée par Marx et les marxistes – mais il convient d'ajouter que, s'il n'y a pas eu et qu'il n'y aura jamais de crise finale du système, on ne parviendra pas non plus à obtenir une fin des crises, car celles-ci sont consubstantielles au système et reflètent son indispensable mode de fonctionnement – ; aujourd'hui, il faut se demander quelles sont les raisons qui ont motivé les pronostics erronés de Marx.

On peut signaler trois raisons principales.

En premier lieu, l'erreur doit être imputée à un phénomène général, qui s'est habituellement produit dans tous les mouvements qui ont prétendu transformer la société : il s'agit du subjectivisme révolutionnaire. Toute praxis révolutionnaire, se fixant pour but de mobiliser des masses et des militants, a toujours tendance à rapprocher les objectifs dans le temps, à les présenter comme imminents.

En second lieu, il faut souligner le rôle négatif de la vision mythologique de Marx à propos du rôle historique de la classe ouvrière. Celle-ci n'est pas – par bonheur, dirais-je, étant donné qu'un tel postulat marxiste est utopique et aliénant – la classe universelle que Marx préconisait, dont la mission historique aurait consisté à se supprimer elle-même en tant que classe lorsqu'elle serait parvenue à dépasser la société de classes, au moyen de la révolution. La classe ouvrière est un produit – et en même temps, un agent dynamique – de la société capitaliste. Son horizon historique ne va pas au-delà de la société mercantile-capitaliste. Ainsi, dans le cadre de l'évolution de cette société, la classe ouvrière se transforme, en s'éloignant de plus en plus de la figure idéale que Marx préconisait.

La troisième raison qui explique les erreurs de prédiction de Marx vient de son rapport singulier avec le temps historique. Au moment de projeter, sur l'épaisse et souvent opaque réalité des processus économiques et sociaux en cours, une vision prospective, Marx possédait, en effet, une vision apocalyptique du temps historique.

Ainsi, lorsqu'il parvient à la conclusion que la mondialisation du marché a atteint son terme, en lignes générales, il tire de ce fait des conclusions abstraites, dogmatiques, qui préconisent une altération vertigineuse du rythme du développement historique prévisible, en ne prenant pas en compte les innombrables facteurs de résistance au dit marché mondial qui en réalité continuent de perdurer.

Cela dit, comme produit d'une argutie de la raison historique (*List der historischen Vernunft*), il se trouve que, malgré la colossale erreur de pronostic de Marx, malgré son incapacité à analyser correctement la perspective, le livre sur lequel il travaille d'arrache-pied en 1857-1858, nuit et jour, afin de le terminer avant que le *déluge* ou *Sintflut* n'en finisse avec le système capitaliste, est une œuvre considérable. Absolument géniale, sur certains aspects. On pourrait même affirmer que la validité théorique de certains concepts est plus pertinente aujourd'hui qu'il y a un siècle.

Les *Fondements de la critique de l'économie politique* – c'est le titre qu'ont établi les éditeurs du manuscrit de Marx, en référence, certainement, à la lettre déjà citée que celui-ci a écrite à Engels – peuvent d'une certaine façon être considérés comme un premier brouillon du *Capital*.

Mais, dans les *Fondement de l'économie*, il y a également une vision concrète, synthétique, du capitalisme développé – mondialisé ou globalisé – d'une extraordinaire acuité, d'une formidable subtilité théorique. Les pages dans lesquelles Marx décrit le rôle de la science, du savoir technologique, au sein du capitalisme développé, sont d'une actualité surprenante. Lorsqu'on lit ces pages un siècle et demi plus tard, lorsqu'on vérifie la justesse des thèses de Marx à propos de l'évolution prévisible du système capitaliste-mercantile, on peut délimiter avec exactitude ce qui manque aujourd'hui – ce qui a toujours manqué – dans la projection vers le futur des analyses de Marx : il manque la révolution.

La globalisation du système capitaliste ; l'extension du marché jusqu'aux confins de l'univers ; la révolution permanente des forces productives, de plus en plus dépendantes du savoir technologique, tous les facteurs de développement prévus et analysés par Marx ne sont pas devenus l'antichambre de la révolution socialiste.

Aujourd'hui, bien entendu, après coup, il est trop facile de déterminer pourquoi tous ces facteurs ne sont pas devenus cette antichambre, pourquoi ils ne pouvaient pas le devenir. Pourquoi, au contraire, tout le processus de mondialisation de l'économie de marché a progressivement détruit les bases objectives de la révolution socialiste.

En 1857, Engels tentait d'analyser les effets de la prospérité – très relative, à l'époque – sur la conscience des masses : « En raison d'une longue période de prospérité, les masses ont été condammées à la léthargie »… Que dirait-il alors aujourd'hui ?

Le problème n'est cependant pas que les masses de nos sociétés d'économie de marché se retrouvent dans un état léthargique : ce serait une explication trop simpliste, bien trop facile. Pas très dialectique, au bout du compte. Le problème est que les masses se sont déprolétarisées tout au long du processus d'expansion mondiale du marché ; que ses aspirations idéales ont changé ; qu'ont échoué les tentatives de donner à la classe ouvrière, du dehors – comme avait tenté de le faire le léninisme –, une conscience de classe qui ne soit pas consubstantielle aux travailleurs.

Le problème est que l'histoire a confirmé les analyses globales, abstraites, de Marx en ce qui concerne le capital *im allgemeinen*, en général, mais qu'elle a catégoriquement démenti ses prévisions ou ses perspectives en ce qui concerne l'aspect inévitable de la révolution.

Le problème est que nous nous retrouvons aujourd'hui dans la situation de mondialisation que Marx considérait, il y a un siècle et demi, comme l'antichambre objective de la révolution, alors que celle-ci a déjà échoué de façon fracassante et sanglante ; alors qu'il est impossible de recourir à cette perspective révolutionnaire pour pousser, encourager et organiser les masses qui supportent le poids de la crise de mutation actuelle du mode de production mercantile-capitaliste.

Le problème – alors que tournent autour de lui et s'affrontent les différentes options sociales du futur, même si elles ne le savent pas toujours parfaitement – est que le processus de résolution de cette crise sera rendu hégémonique par le système lui-même. Autrement dit : le capital s'arrangera pour trouver une solution brutale à la crise, une solution pas du tout égalitaire. Cette fois, il n'y aura pas de guerre mondiale, c'est certain, mais cela n'évitera pas qu'il y ait des millions de morts.

La seule possibilité d'exercer une certaine influence positive sur le développement de cette solution, à l'échelle mondiale, réside, de nos jours, dans la construction d'un système européen qui parvienne à maintenir l'équilibre original entre l'hégémonie du marché et les exigences de la société civile.

Les *Fondements de l'économie* de Marx ont été publiés à Moscou : le premier volume a paru en 1939, et le deuxième volume a paru en 1941. Ce ne sont pas des dates, et cela est facile à comprendre, qui pouvaient faciliter la diffusion de l'œuvre. En novembre 1939, l'Europe était en guerre, mais l'Union soviétique avait décidé de demeurer en marge des événements. Pas seulement en marge d'ailleurs, car à travers le pacte signé entre Hitler et Staline, l'Union soviétique avait ouvert de part en part les portes de la guerre, en profitant de la situation pour se partager les restes de la Pologne avec l'Allemagne.

Deux ans auparavant, en 1937, on inaugurait l'Exposition universelle, à Paris.

Un des événements les plus importants de cette exposition – peut-être même le plus important – a été l'opposition, l'affrontement, le face-à-face, par l'intermédiaire de leurs pavillons respectifs, de l'Union soviétique de Staline et de l'Allemagne de Hitler.

Malgré la contradiction violente, et même au-delà de celle-ci – puisque la guerre d'Espagne est en train de se dérouler au même moment –, qui oppose le communisme et le nazisme sur la scène internationale et sur celle des luttes sociales, la rhétorique grandiloquente et réaliste des deux pavillons, la ressemblance de l'art qu'ils proposent – en opposition à toutes les expérimentations, à toutes les réussites, à toutes les audaces provocatrices des avant-gardes artistiques – constitue un phénomène vraiment impressionnant : inquiétant et révélateur.

En réalité, si l'on observe le phénomène dans une certaine perspective historique, ces pavillons permettent déjà d'avoir l'intuition de quelques lignes communes à ces deux totalitarismes, de leur ressemblance profonde du point de vue de leur essence historique, et ce malgré la divergence radicale des buts poursuivis et déclarés par chacun d'eux et des origines singulières qu'ils ont décidé d'assumer.

Ce dont on pouvait déjà avoir quelque intuition, en 1937, à Paris, a fini par devenir une évidence au fil du temps. Ici, par exemple, à Berlin, il y a de cela quelques années, à l'occasion de l'impressionnante exposition sur l'art allemand et russe, à l'époque de Hitler et de Staline.

Dans ce contexte, il est vraiment incompréhensible, étant donné la richesse de cet éclairage théorique, que les questions de l'art, sous les deux dictatures, n'aient absolument pas été abordées dans cet essai collectif, se prétendant cependant exhaustif, qui a été récemment publié en Grande-Bretagne sous la direction de Ian Kershaw et de Moshe Lewin, *Stalinism and Nazism : Dictatorships in Comparison*.

Pour aborder de façon efficace le sujet de l'art à l'époque de la mondialisation, il est indispensable de faire un tour d'horizon historique, aussi bref soit-il, sur le destin de l'art moderne en Europe au XXᵉ siècle. Car, à mon avis, si nous voulons obtenir une vision concrète de la crise de l'art contemporain, l'analyse des problèmes du pouvoir est prioritaire sur celle du marché. Je donnerai un seul exemple de ce que j'affirme : un des aspects essentiels de la peinture contemporaine, un des plus complexes et qui prêtent le plus à discussion, est la disparition de la figuration, et tout spécialement de la figure humaine, dans l'œuvre d'une grande partie, pour ne pas dire de l'immense majorité, des artistes de ce siècle. Cette façon de s'abstraire progressivement de la figuration, cette occultation de la figure humaine, en particulier – la disparition du portrait, genre en apparence réservé à la peinture *pompier*, est un bon symptôme de cela –, se politisent de façon objective et positive face au réalisme, qu'il soit de type stalinien ou de type nazi.

Dans les années cinquante, en pleine guerre froide, *l'art abstrait comme langage mondial* – et de façon encore bien plus concrète : *comme langage du monde libre* – se présente à nous, et tout particulièrement en Allemagne fédérale, située à la frontière la plus sensible de cette guerre, en raison de l'existence de la RDA.

Un critique français, Marc Partouche, est allé jusqu'à écrire à cette époque que « chaque fois que se produit une poussée de totalitarisme, la figuration émerge à nouveau dans la peinture ». Et mieux encore : « L'émergence de la figure coïncide avec la perte de la démocratie. »

Mais je ne voudrais pas entrer dans une discussion trop poussée sur ce problème, qui exigerait de reprendre, d'approfondir et d'actualiser la discussion sur le réalisme des années trente, en invitant à comparaître les écrits et la pratique littéraire de Lukács et de Walter Benjamin, de Bertolt Brecht et d'Alfred Kurella, par exemple.

Il faudrait analyser pour quelle raison le totalitarisme nazi et le totalitarisme soviétique – à travers des arguments théoriques très différents, sans aucun doute – cachent leur stratégie de terreur politique derrière une esthétisation de la politique, comme l'a dit Benjamin ; derrière l'idéologie de « l'homme nouveau », et derrière l'exaltation sculpturale et picturale de sa représentation définie comme un exemple de santé et de beauté physique, mais qui est en réalité aliénante et sinistre. La seule chose que je voudrais souligner, par là, c'est que l'extension du marché ne joue absolument aucun rôle, qu'il n'a pas la moindre importance dans le surgissement de cette question centrale de l'art contemporain : à savoir la disparition de la figure, l'interdiction de cette représentation (*Verbot der Vorstellung*) qui prend un caractère pratiquement religieux. Il s'agit d'un problème interne au domaine singulier des arts, qui a bien plus de rapport avec le pouvoir politique qu'avec le marché.

Mais revenons un moment en 1937.

Ce n'est pas une si mauvaise date pour observer ce qui est en train de se passer en Europe, en ce qui concerne l'art moderne. Non seulement parce que c'est l'année de l'Exposition universelle de Paris, représentant d'une certaine façon la vitrine culturelle et artistique des différentes situations nationales.

Mais aussi et surtout pour d'autres raisons.

En 1937 s'ouvre à Munich l'exposition de « l'art dégénéré » (*entartete Kunst*) qui vient conclure une période de débats internes et de stratégies culturelles opposées, ou du moins divergentes, au sein même du mouvement national-socialiste.

L'opposition entre Goebbels et Rosenberg – entre la Reichskammer der bildenden Künste (Chambre impériale des arts visuels) qu'oriente le premier, et le Kampfbund für deutsche Kultur (Ligue pour la défense de la culture allemande) que dirige le second –, cette opposition, pendant les premières années du régime national-socialiste, est suffisamment connue, jusqu'à ce que Hitler en personne tranche la question en faveur de la thèse de Rosenberg. Ce qui est en discussion, ce qui se débat entre les deux hiérarques du régime nazi, c'est l'attitude que ce dernier doit adopter par rapport à la modernité de l'art en général, à la peinture moderne en particulier.

Goebbels prétend, et il l'affirme de cette façon dans un discours de 1934, que le national-socialisme doit appuyer la modernité en matière artistique. Les intentions du mouvement sont également, argumente Goebbels, « d'évaluer la contribution de l'expressionnisme et de l'abstraction à la Révolution nationale ». D'où la tentative de Goebbels de « récupérer » certains artistes de l'expressionnisme, à commencer par Nolde et Munch. Partisan d'une orientation radical-populiste des idées national-socialistes, Rosenberg est en revanche un ennemi déclaré de tous les courants de la modernité, à commencer par l'expressionnisme. Après que Hitler a opté pour cette seconde orientation, on organise l'exposition de 1937 sur « l'art dégénéré », qui marque d'une certaine façon l'apogée de l'hégémonie nazie concernant les questions de l'art et de la culture.

Parallèlement, l'évolution culturelle et artistique dans l'Union soviétique de Staline a continué à produire des effets comparables.

Cela dit, si le résultat final, une fois cristallisé et solidement codifié le dogme du « réalisme socialiste », est en effet comparable, l'histoire concrète qui a mené l'Union soviétique à la glaciation artistique est en revanche très différente de l'expérience allemande.

En Allemagne, en effet, indépendamment des hésitations ou des faiblesses intéressées de quelques artistes envers le mouvement national-socialiste, surtout dans ses débuts, les avant-gardes de l'art et de la littérature – qui s'étaient déjà formées avant la Première Guerre mondiale et que la crise issue de la défaite de 1918 avait radicalisées encore plus – s'opposent frontalement, ou, du moins, se désintéressent de la révolution que propose et impose le nazisme. Et cela malgré l'utilisation par ce dernier, parfois avec une extrême habileté populiste, de tous les sujets de désarroi et de mécontentement générés par la crise sociale et morale qui a déclenché la guerre, et qui inspirent également la révolte littéraire des cercles d'intellectuels. L'autre facteur qui, sans doute possible, a conduit les avant-gardes culturelles à se méfier du mouvement nazi, est l'antisémitisme systématique et irrationnel de celui-ci. Voilà pourquoi l'exil des écrivains et des artistes allemands est devenu aussi important et massif.

En Union soviétique, en revanche, en tout cas dans les années vingt, il semble qu'une identification se soit d'abord produite entre la révolution et les avant-gardes artistiques et littéraires.

C'est un fait indiscutable : la modernité, depuis ses expressions les plus récentes, comme le cinéma ou la publicité, jusqu'aux plus enracinées – la peinture, le théâtre, la poésie, le roman –, se situe de façon massive, et quels que soient les nuances, les diversités, les pluralismes des écoles et des courants, aux côtés de la révolution.

Au début, la révolution soviétique et la modernité ont été indissociables.

Mais, peu à peu, à l'orée des années trente, tous les organes qui permettaient à la société civile d'avoir une autonomie culturelle commencent à être supprimés ; un contrôle de plus en plus strict est confié à des bureaucrates de plus en plus stupides, qui appartiennent au parti unique. Ce contrôle est d'abord réservé aux institutions, puis aux personnes de façon individuelle et systématique. L'histoire des lettres et des arts soviétiques devient alors, progressivement, l'histoire des prohibitions, des censures, des silences, des prisons et des exécutions.

En 1937, lorsque l'Union soviétique de Staline affirme fièrement sa qualité de pouvoir totalitaire dans son pavillon, à l'occasion de l'Exposition universelle, ce processus est pour l'essentiel terminé. Les écrivains ne sont plus, d'après la formule de Staline, que des ingénieurs de l'âme, autrement dit de petits rouages, de petits écrous, au sein du grand mécanisme de l'État omnipotent.

Mais la symbolique de l'Exposition universelle de 1937 ne se réduit pas à l'affrontement, sur les berges de la Seine, entre le pavillon nazi et le pavillon soviétique. Elle ne se réduit pas à l'affrontement des deux modernités totalitaires du XX\u1d49 siècle. Il existe aussi un autre pavillon, à Paris, bien plus modeste architecturalement, sans aucun doute, que les deux autres, mais qui me semble symboliser, face aux deux autres ou peut-être en marge des deux autres, une modernité démocratique. Je veux parler du pavillon de la République espagnole.

Dans la modeste austérité de son fonctionnalisme, dans la lumière filtrée de ses grandes fenêtres, le pavillon expose *Guernica* de Picasso, des œuvres de Miró, de Calder et d'Alberto Sánchez, entre autres.

Cette année 1937 n'est pas une période facile pour la République espagnole. Sur les champs de bataille, et à cause de l'intervention massive et éhontée des pays de l'Axe, la perspective de la victoire contre le fascisme s'éloigne à grands pas. Aux souffrances de la population civile, aux bombardements et à l'exode permanent des réfugiés qui se déplacent en fonction des offensives de l'armée du général Franco, s'ajoute dans la zone républicaine l'essor de l'influence de l'URSS, l'unique pays qui a accepté de vendre des armes au gouvernement légitime espagnol, même si cela s'est fait, littéralement, à prix d'or.

Cela réduit et rogne peu à peu le pluralisme politique dans la zone républicaine, où les services secrets de Staline opèrent de leur côté, avec la complicité, l'indifférence ou l'impuissance de l'État républicain, la purge sanglante des éléments communistes de l'opposition de gauche à Staline.

Dans ces circonstances dramatiques, le pavillon de la République espagnole déploie autour de la toile emblématique de Pablo Picasso un échantillon audacieux et serein, équilibré, d'œuvres appartenant à l'art moderne.

Tout le monde ne pense pas cela, évidemment. Anthony Blunt, par exemple, jeune critique marxiste britannique, auquel on prédit un brillant avenir, publie un article incendiaire contre Picasso et sa toile *Guernica*. À cette époque, en 1937, Blunt n'est pas encore conservateur des collections de peinture de la reine d'Angleterre, mais il est déjà, sans l'ombre d'un doute, un espion soviétique. Il a déjà été recruté, comme Philby, Burgess et Maclean, par les services secrets de Staline.

Quoi qu'il en soit, Anthony Blunt critique l'œuvre de Picasso depuis un point de vue orthodoxe : depuis le point de vue du réalisme socialiste, il déclare que la peinture de Picasso ne possède pas le moindre avenir, n'ouvre pas la moindre perspective pour l'avenir.

Cette allusion à *Guernica* de Picasso nous ramène à notre point de départ.

Le musée Guggenheim de Bilbao, en effet, a demandé que le tableau de Picasso lui soit prêté pour une exposition temporaire. Il est évident que la décision de le prêter ou de ne pas le prêter sera purement politique.

De mon point de vue, *Guernica* devrait se trouver au musée du Prado : c'était le désir de Picasso, que je lui ai entendu argumenter plusieurs fois, à l'époque de la dictature de Franco, dans ses maisons de Cannes ou de Mougins. Picasso désirait qu'on puisse voir son œuvre dans le contexte et le voisinage de Goya et de Velázquez. Il voulait qu'on sache d'où venait sa peinture, quel genre de modernité elle incarnait.

D'un point de vue aussi bien muséologique qu'historique, le lieu idéal pour exposer *Guernica* serait le musée du Prado, et plus précisément une salle contiguë aux peintures noires de Goya.

Cependant, si les experts autorisent un déplacement du tableau de Picasso – pour l'instant, ils sont opposés à cette idée –, je trouve que ce ne serait pas mal du tout de l'exposer au musée Guggenheim de Bilbao, à quelques kilomètres à peine de la petite ville basque détruite par l'aviation nazie de la légion Condor, mise au service du général Franco, un peintre du dimanche lui aussi, comme Hitler. Et un peintre réaliste, c'est tout à fait évident.

Ce serait une extraordinaire occasion de débattre des problèmes de l'art moderne, en cette période de deuxième vague de mondialisation du marché.

12

LA NUIT DE CRISTAL

Discours prononcé en l'église Saint-Paul de Francfort, en 1998.

Dans un extraordinaire essai intitulé *De l'antisémitisme à l'extermination*, le professeur Saul Friedländer, de l'Université de Tel-Aviv, se demandait si les résultats des recherches historiques sur ce sujet ne permettraient pas de situer un jour ces événements au sein d'un cadre d'interprétation plus global et plus cohérent, ou bien s'il allait falloir se contenter d'analyses fragmentaires, et de se situer par conséquent extrêmement loin d'une synthèse vraiment compréhensible.

Pour exprimer les difficultés d'une réponse convaincante à cette question, Friedländer cite deux textes. Le premier est d'Isaac Deutscher :

> Pour l'historien qui tentera de comprendre l'Holocauste des juifs, l'obstacle majeur sera le caractère absolument singulier et unique de cette catastrophe. Il ne s'agit pas seulement d'une question temporelle et d'une perspective historique. Je doute que dans mille ans on puisse mieux comprendre qu'aujourd'hui ce qu'ont signifié Hitler, Auschwitz, Maidanek et Treblinka. Est-ce que nos successeurs auront une perspective historique meilleure que la nôtre ? Il se pourrait bien

que les générations futures comprennent tout cela bien moins que nous !

Le second texte cité par Friedländer est un passage de Raymond Aron qui dit ceci :

> En ce qui concerne le génocide, je dirais personnellement que son apparente irrationalité procède d'une fausse perspective. Si l'on admet que l'annihilation des juifs, du poison juif, du sang corrupteur, représentait un objectif prioritaire pour Hitler – ainsi qu'il l'avait annoncé à de nombreuses occasions –, alors l'organisation industrielle de la mort devient une chose totalement rationnelle, dans la mesure où elle représente le moyen adéquat d'atteindre une fin : le génocide.

Ces deux positions limitent tout spécialement le champ de la recherche, et elles en représentent également les deux pôles opposés.

Nonobstant, il semble évident – et je parle, à présent, en mon nom propre, bien que je m'appuie sur les travaux d'historiens comme Saul Friedländer, Zeev Sternhell, Shulamit Volkov, Eberhard Jäckel, Rita Thalmann, Raul Hilberg et d'autres encore que je ne mentionne pas afin que la liste ne soit pas trop longue –, il me semble évident, je le répète, que si nous analysons la question de l'antisémitisme et du génocide et que nous partons du point de vue psychologique, de l'étude de l'esprit humain, des racines du mal absolu, de la liberté essentielle de l'homme – laquelle, étant donné sa condition ontologique, est aussi capable de créer des valeurs que de les détruire –, il restera toujours dans cette interprétation des zones d'ombre et d'incompréhension, d'une implacable irrationalité.

Mais si nous analysons l'antisémitisme et le génocide en partant des structures sociales et de l'histoire des idéologies et des systèmes de pouvoir, même s'il est tout à fait clair qu'il restera toujours des zones d'incertitude, comme dans tout travail scientifique, il sera cependant possible de développer une interprétation plus globale et cohérente de ce qui s'est passé.

Dans son livre *Les Bourreaux volontaires de Hitler. Les Allemands ordinaires et l'Holocauste*, Daniel Jonah Goldhagen s'attelle à trouver une interprétation, tout en utilisant cette deuxième démarche. Il faudrait certainement tout un trimestre universitaire et le travail de tout un cours de second cycle pour parvenir à présenter une analyse critique et détaillée du livre de Goldhagen.

Indépendamment de la rigueur philologique de la documentation utilisée par l'auteur – qui se base pour sa part sur une bibliographie déjà connue, essentiellement de provenance allemande –, l'étude de Goldhagen renferme une erreur essentielle, qui du point de vue de la compréhension rationnelle de l'histoire est difficilement excusable.

Goldhagen part, en effet, d'une affirmation métaphysique : selon la thèse qu'il avance, l'antisémitisme nazi n'est rien d'autre que le prolongement logique du traditionnel antisémitisme allemand. La décision de l'extermination a été, depuis Luther et jusqu'à Hitler, la conséquence d'une tradition antisémite hégémonique et asservissante. Goldhagen affirme que l'antisémitisme allemand, comme tous les autres antisémitismes, ne s'ancre pas dans des racines historiques et sociales, mais qu'il possède, avant tout, des racines anthropologiques : on dirait qu'une tendance endémique à l'antisémitisme est inscrite dans le code génétique culturel du peuple allemand.

Pour argumenter cette thèse fondamentale, Goldhagen utilise une méthode qu'on pourrait difficilement qualifier d'objective. Il y a même dans son étude des pages qui, d'un point de vue intellectuel, sont malhonnêtes. Goldhagen isole l'antisémitisme allemand de tout contexte historique.

Pour déterminer ses éventuels – et bien évidemment réels – traits spécifiques, il évite constamment de le comparer à tout autre antisémitisme, dans les différents pays européens. On finit par avoir l'impression qu'il n'y a jamais eu d'antisémitisme en France par exemple. Cependant, si l'on veut aborder ce problème dans toutes ses dimensions, d'une façon historico-critique et non d'une façon anthropologique et métaphysique, il est absolument nécessaire d'analyser comparativement les deux antisémitismes, l'antisémitisme français et l'antisémitisme allemand. Il ne faudrait tout de même pas oublier que le cas du capitaine Dreyfus s'est produit en France et pas en Allemagne, et que l'antisémitisme moderne – c'est-à-dire celui qui ne se fonde pas sur des préjugés religieux mais plutôt sur des considérations racistes et sociales – puise justement ses racines dans le cas que nous venons d'évoquer.

Devons-nous oublier que le sionisme constitue la réponse radicale à l'antisémitisme européen ? Devons-nous oublier qu'il s'agit d'un courant utopique qui est parvenu à créer un État dont on peut rationnellement espérer que, malgré les avancées et les régressions actuelles dans le processus de paix, il finira par s'enraciner dans la région avec cet État palestinien, qu'il faudra bien finir par créer ? Devons-nous aussi oublier que Herzl a imaginé le sionisme en réaction à son expérience de l'antisémitisme français ?

On pourrait énumérer encore maints autres exemples historiques pour critiquer l'incompréhensible posture méthodologique de Goldhagen, étant donné qu'il exclut de la recherche tout autre antisémitisme européen que l'antisémitisme allemand.

Pour finir, j'aimerais dire que les Allemands eux-mêmes ont donné la meilleure preuve que Goldhagen commet une erreur essentielle dans son livre, car ils ont massivement participé aux débats qui ont eu lieu après la publication de l'étude de Goldhagen dans leur pays, qu'ils n'ont pas hésité à lire attentivement. S'ils continuent à mener à son terme ce systématique et profond travail de deuil – et j'ai déjà dit qu'il est extrêmement nécessaire et important, mais j'ai aussi expliqué les conséquences perverses, que, par ailleurs, ce comportement positiviste et peu courant en Europe peut générer, car il enferme la pensée allemande dans un provincialisme ontologique –, alors les Allemands n'auront pas seulement prouvé dans la pratique que l'antisémitisme ne fait pas partie de leur façon d'être, mais aussi qu'ils sont capables de consolider, pour la première fois dans l'histoire contemporaine de leur pays, un système démocratique et pluriel. Cela a été, cela est, et sera également à l'avenir, le meilleur rempart contre quelque éventuelle reprise ou poussée incontrôlée de l'antisémitisme, qui niche dans toutes les sociétés mercantiles où l'influence de la tradition chrétienne, malgré l'indépendance de quelque Église dominante que ce soit – catholique, protestante ou orthodoxe –, a été décisive pour sa formation normative et socio-culturelle.

13

FIN DE SIÈCLE

Dans le texte de cette Conférence Huizinga, prononcée le 17 décembre 1999, j'évoque la belle et mystérieuse promenade que firent Sigmund Freud et Gustav Mahler dans les rues de Leyde, à l'été 1910.

Si j'avais à écrire le roman du XXe siècle – car on peut écrire l'histoire de ce siècle finissant sous une forme narrative – romanesque ou tragique – sous la forme d'un récit plein de bruit et de fureur –, si j'avais donc à écrire cette histoire, je commencerais peut-être par une sorte d'introduction, prélude ou préambule, qui se déroulerait ici, dans la bonne et illustre ville de Leyde.

La rencontre dont j'aimerais parler, en ouverture à une exploration, sans doute trop brève, schématique même, de notre XXe siècle, a vraiment eu lieu.

C'est donc par une histoire vraie que je commencerais l'histoire romancée et romanesque du XXe siècle. À Leyde, en effet, le 26 août 1910, se sont rencontrés Sigmund Freud et Gustav Mahler.

Il me semble inutile de souligner la place éminente que la recherche théorique et pratique de Sigmund Freud occupe dans l'histoire des idées du XXe siècle. Il s'agit de la constitution, d'abord, de l'exploration, ensuite, des immenses territoires de l'inconscient ; de l'élaboration de la technique analytique, par nature interminable, illimitée, mais néanmoins productrice de concepts et de codes narratifs et scientifiques.

Il me semble aussi qu'on ne peut enfermer dans le domaine strictement psychanalytique la contribution inventive de Freud aux idées du siècle. Ce serait grandement réducteur.

Les études de Freud sur la société, l'art et la religion dépassent largement le cadre proprement analytique et touchent à des questions essentielles pour la compréhension de notre époque.

Parmi tous les travaux de ce genre (*Totem et Tabou, Malaise dans la civilisation, L'Avenir d'une illusion*, entre autres), je voudrais souligner l'intérêt capital de l'essai de Freud, *Psychologie des masses et analyse du moi*, qui est sans doute l'un des livres les plus éclairants, les plus fertiles de ce siècle.

Du philosophe espagnol Ortega y Gasset à Hannah Arendt, d'Élias Canetti à Kornhauser, tous ceux qui se sont intéressés à l'investigation et à la critique des démocraties de masse et de marché auront trouvé chez Freud une forte inspiration intellectuelle.

Psychologie des masses et analyse du moi paraît en 1921, après la catastrophe de la Première Guerre mondiale, après la prise du pouvoir par le parti bolchévique.

Nous n'en sommes pas encore là. Nous sommes encore en 1910, en pleine « belle époque ».

Cette dernière expression, « belle époque », vous l'avez déjà compris, ne peut être dite que par antiphrase, avec un zeste de dérision. En vérité, ces années-là ne sont une « belle époque » que pour une infime partie de la société occidentale, des pays les plus développés.

Dans un article récent, où il aborde, lui aussi, la question du bilan de ce XXᵉ siècle, le philosophe allemand Richard Koselleck dresse un tableau sombre et significatif de la situation mondiale vers 1900.

Il est intéressant de rappeler certains des épisodes historiques que Koselleck énumère.

En Europe, certes, règne la paix. D'une certaine façon, l'Exposition universelle qui s'ouvre à Paris, en 1900, en est le symbole. Elle vient couronner un siècle de progrès, d'expansion industrielle, de colonisation. À l'ombre tutélaire de la tour Eiffel – souvenir désormais ineffaçable dans le paysage parisien de la précédente Exposition de 1889 – s'étalent de grands palais à la gloire de la science, de la fée électricité.

Dans le reste du monde, pourtant, la situation est moins brillante, davantage remplie de dangers.

Deux ans auparavant, en 1898, les États-Unis ont fait irruption dans la politique mondiale. Aux Philippines et dans les Caraïbes, leurs navires de guerre, modernes et bien armés, ont détruit la vieille flotte militaire espagnole. La catholique Espagne, figée dans des structures politiques et sociales obsolètes, a été balayée par la nouvelle puissance émergente. Elle a perdu les derniers fleurons d'un « empire où le soleil ne se couchait jamais ».

La même année 1898, en Afrique, après que l'Angleterre et la France se sont affrontées à Fachoda, une entente que l'histoire a qualifiée de « cordiale », s'établit entre les deux puissances. Elle vise, en premier lieu, à s'opposer aux velléités d'expansion de l'Empire germanique. Subsidiairement, elle délimite les zones d'influence et de pouvoir des deux pays en Afrique centrale et australe.

Assurée de la neutralité de la France, la Grande-Bretagne commence en 1899 la guerre contre les Boers (Boereoorlog). C'est la première guerre totale de ce siècle. À la guérilla des Boers, l'Angleterre répond par la tactique de la terre brûlée : près de trente mille exploitations agricoles sont détruites, et la population civile est enfermée dans des camps de concentration, qui font ainsi leur première et sinistre apparition dans l'histoire.

En Asie, les Boxers, « combattants du poing fermé pour les droits et l'unité de la Chine », déclenchent une révolte sanglante contre les puissances coloniales européennes qui s'efforcent d'ouvrir à leur commerce l'énorme marché chinois.

Dans cette même région du monde, en 1905, le Japon écrase les troupes russes de l'empire tsariste. C'est la première défaite d'une puissance blanche dans un conflit international. L'impérialisme lui-même aura, à cette occasion, changé de couleur, il cessera d'être une exclusivité européenne.

Drôle de « belle époque », en vérité !

D'autant que, quelques années après cette rencontre de Leyde, dont j'aimerais faire le préambule à mon histoire du siècle, éclate la Première Guerre mondiale, aboutissement et conséquence des conflits plus ou moins ouverts, des contradictions plus ou moins aiguës entre grandes puissances.

La guerre de 1914-1918 est l'un des conflits les plus sanglants de l'histoire de l'humanité, car il ne concerne pas seulement les combattants, mais aussi, de façon massive, les populations civiles.

L'un des conflits les plus sanguinaires, certes, mais aussi l'un des plus absurdes. Car, si l'ordre ancien des empires est à jamais détruit, il n'en sortira pas un nouvel ordre international plus équitable et plus égalitaire.

Vingt ans après, malgré la création de la Société des Nations et l'instauration de procédures internationales d'arbitrage – qui s'avéreront inefficaces –, la guerre dévastera de nouveau le monde entier.

Ainsi, la conséquence principale de la guerre de 1914-1918 – qui aura marqué de façon déterminante la mémoire et la conscience collectives des Européens – se manifestera dans la perte de prestige et de crédibilité de la démocratie libérale. Laquelle entraîne, c'est facile à comprendre, le succès international des théories et des pratiques révolutionnaires, antidémocratiques, aussi bien de droite que de gauche.

Le nazisme et le communisme – certains, en fonction d'un prurit de précision nostalgique et ontologique, et pour ne pas confondre l'idéal communiste avec sa réalisation concrète et ignoble, qualifieront celle-ci de stalinienne –, le nazisme et le communisme, quoi qu'il en soit, seront la riposte massive, millénariste et populaire, aux impasses et aux échecs de la démocratie libérale, dans la grande crise du système dominant qu'ouvre la guerre de 1914-1918.

Incapable d'éviter cette guerre, incapable, plus tard, de faire face aux questions de la paix, incapable de porter remède aux problèmes du chômage massif et de la pauvreté généralisée des couches moyennes, durant les années vingt et trente de notre siècle, la démocratie libérale, parlementaire et pluraliste, devient non seulement le régime le plus honni par les mouvements extrémistes, mais aussi le plus faible.

Il faudra l'échec militaire de l'Allemagne nazie et du Japon, au cours de la première moitié du siècle, et l'échec social et économique de l'Union soviétique, pendant la seconde moitié, pour que la démocratie pluraliste – laquelle, malgré ses capitulations successives et son manque de vision stratégique, aura tenu le coup, aux moments décisifs de l'histoire, face aux entreprises totalitaires –, pour que la démocratie libérale, donc, s'affirme comme le système politique le plus apte à permettre l'exercice collectif des libertés individuelles et citoyennes.

Ce n'est pas la fin de l'histoire, certes. C'est plutôt, bien au contraire, la possibilité d'un commencement de l'histoire de la liberté et de la responsabilité.

En 1900, je l'ai déjà indiqué, l'Exposition universelle de Paris symbolise, à l'orée du XXe siècle, l'optimisme général des sociétés industrielles.

L'optimisme européen, en tous les cas.

Quelques décennies plus tard, en 1937, c'est à Paris de nouveau que se tient une Exposition universelle. Mais la situation a radicalement changé.

Redoublant les effets de la crise politique et morale qui s'installe en Europe après la Première Guerre mondiale, le krach boursier de New York, en octobre 1929 – qui se développe en ondes de choc à travers tout le système capitaliste-marchand –, a déstabilisé de façon profonde et durable les régimes politiques de la démocratie libérale.

Enracinés dans la crise économique et sociale, nourris par les échecs et les compromissions de la démocratie parlementaire, les deux mouvements totalitaires du XXe siècle, nazisme et communisme, atteignent simultanément à l'apogée de leur puissance.

Les deux pavillons monumentaux de l'Allemagne de Hitler et de l'Union soviétique de Staline, se faisant face, se défiant, symbolisent parfaitement cet affrontement, la lutte à mort pour l'hégémonie en Europe qui oppose Moscou et Berlin.

Affrontement qui a trouvé un premier champ de bataille en Espagne, où la guerre civile fait rage, où aussi bien Staline que Hitler testent leur matériel militaire et poussent les pions de leur stratégie de domination.

Cependant, les deux pavillons ne symbolisent pas seulement, dans la grandiloquence de leur architecture et de leur figuration statuaire ou picturale, l'affrontement entre les deux projets totalitaires.

Ils révèlent aussi une évidente – et troublante – identité culturelle profonde ; une même conception de l'art, de son rapport avec la société.

Ces dernières années, vous le savez fort bien, l'histoire a mis à l'ordre du jour une discussion internationale, parfois sereine, parfois orageuse, sur les ressemblances et les différences entre nazisme et communisme. À propos de l'identité et de l'altérité de ces deux phénomènes historiques.

Des études comme *Le Passé d'une illusion*, de François Furet, ou comme l'ouvrage collectif *Le Livre noir du communisme*, ou encore comme l'essai d'Eric Hobsbawm sur le XXᵉ siècle, *L'Âge des extrêmes*, sont venus compléter, nuancer ou corriger les arguments qui avaient déjà été développés en Allemagne il y a plusieurs années, au cours de ce qu'il a été convenu d'appeler la polémique des historiens (*Historikerstreit*).

Loin de moi la prétention de résumer en quelques phrases le contenu, riche, dense, contrasté, de toutes ces discussions. Il y faudrait, non pas une seule conférence Huizinga, mais tout un semestre de séminaires et de leçons dans votre université !

Pourtant, il faut ici dire quelques mots sur un sujet aussi grave. Impossible de parler du siècle qui se termine – et qui aura été dominé, éclairé (assombri, plutôt), par les flammes de passion politique qu'ont allumées nazisme et communisme – sans prendre position, même de façon cursive, sur cette question.

La première chose à dire est d'ordre méthodologique : il faut accepter, et même assumer, cette discussion comparative. Pour douloureuse qu'elle puisse être pour certains, il faut admettre cette discussion sur l'altérité et l'identité des deux systèmes d'essence totalitaire qui ont dominé le siècle.

Cela dit, la ressemblance entre les deux systèmes est flagrante, si l'on en examine d'abord les aspects formels et quantitatifs.

D'un point de vue formel, structurel même, il est clair que les deux systèmes sont fondés sur des prémisses identiques : liquidation du pluralisme ; parti unique et idéologie officielle d'État ; rigorisme moral et rejet de l'art moderne, expérimental, qualifié de « décadent » ; culte du chef et obéissance aveugle *perinde ac cadaver* ; horreur de la dissidence, de toute déviation de la pensée politiquement correcte, etc.

D'un point de vue quantitatif, les deux systèmes sont également comparables : leur terrorisme d'État a produit, dans l'un et l'autre cas, des millions de victimes. Probablement, si l'on pouvait disposer de statistiques fiables, l'Union soviétique de Staline aurait sur l'Allemagne de Hitler quelque sinistre avantage. L'archipel du goulag a sans doute produit davantage de victimes que celui des *Lagers* nazis.

S'ils sont donc comparables du point de vue de leurs conséquences historiques concrètes, les deux systèmes totalitaires sont fort différents quant à leurs origines idéologiques et leur finalité proclamée.

Ainsi, le nazisme s'organise autour d'un concept – par ailleurs mythique – de limitation, d'exclusion, de partialité arrogante : un concept réducteur, celui de race.

Le communisme, quant à lui, ne se conçoit que comme un mouvement d'émancipation humaine universelle. Le prolétariat n'est investi de cette mission historique d'émancipation que parce qu'il est conçu comme une classe universelle, incapable de se libérer sans libérer à la fois toutes les classes de la société.

De cette différence, purement abstraite en apparence, découlent des conséquences bien concrètes.

Ainsi, du fait qu'il proclame ouvertement la supériorité de la race aryenne et en tire toutes les conséquences quant à l'organisation de la société, le nazisme établit une cohérence – monstrueuse, certes, mais sans équivoque – entre son discours et sa pratique. La pratique nazie est la vérité de son discours, sa réalisation. L'extermination des juifs est l'atroce réalisation concrète du discours de Hitler : elle en constitue l'essentielle vérité criminelle.

De l'autre côté, en revanche, la pratique du communisme – qui aboutit à la cristallisation d'une société bloquée, où les stratifications de caste et de privilèges quant au statut social ou idéologique sont plus accusées, plus mortifères aussi, que partout ailleurs –, cette pratique est le démenti constant, la négation permanente des fins proclamées. Le mensonge est la vérité de la pratique communiste, sa réalité est une illusion.

Mais la différence la plus significative entre nazisme et communisme est à chercher ailleurs. Elle tient à une expérience historique trop souvent négligée à mon avis.

Les deux mouvements, nous l'avons vu, dans leur différent contexte national, dans la diversité de leur expression idéologique, se présentent cependant comme des adversaires résolus de la démocratie libérale. Que les uns qualifient de « formelle » ou de « bourgeoise ». Que les autres traitent de « cosmopolite » ou d'« enjuivée ».

Mais si l'on compare la pratique réelle qui découle de ces deux discours antidémocratiques, on s'apercevra bien vite que Lénine et les bolcheviks ont vraiment détruit la bourgeoisie en tant que classe, qu'ils ont vraiment liquidé la propriété privée des moyens de production. Hitler et les nazis, de leur côté, n'ont rien entrepris de semblable : ils ont certes contrôlé la vie économique et sociale, l'ont encadrée fortement dans les carcans bureaucratiques de l'État-parti.

Mais ils n'ont pas détruit le moteur même d'une activité économique autonome, qui est le fondement de la société civile : je veux parler, bien entendu, du marché.

D'où cette conséquence paradoxale, peut-être même scandaleuse à première vue : il est plus facile de reconstruire la démocratie après la défaite militaire du nazisme qu'après l'effondrement social du communisme.

L'expérience de l'Allemagne après 1945 ; celle de la Russie depuis 1991 le prouvent abondamment.

Mais c'est un thème de réflexion qui nous entraînerait trop loin.

Pour l'instant, revenons au mois d'août 1910.

Cette année-là, Sigmund Freud a pris ses vacances d'été en famille, sur les plages de la mer du Nord. Ensuite, il a gagné Leyde, où se tient le Congrès international de psychanalyse. Où il compte, surtout, retrouver son ami et disciple Sandor Ferenczi.

Exceptionnellement, Freud a accepté de rencontrer Gustav Mahler, à Leyde, à la fin du congrès et avant son départ pour la Sicile.

Mahler, angoissé par l'évolution de ses relations avec sa jeune femme, Alma, relations qu'il ne parvient plus à maîtriser, a demandé à Freud de l'aider à y voir plus clair.

Contre son habitude – poussé sans doute par le respect et l'admiration qu'il éprouve pour le génie musical de Mahler –, Sigmund Freud accepte que la rencontre ne se déroule pas selon les règles canoniques de la pratique analytique qu'il a mise au point.

Freud et Mahler, en effet, se sont retrouvés dans un hôtel de Leyde, et ils se sont ensuite promenés pendant quatre heures dans les rues de la ville.

Ainsi, pas de divan, pas d'écoute attentive et muette, mais une longue conversation. Nous sommes plus près de la méthode d'Aristote et des habitudes de son école péripatéticienne que des rites et rituels freudiens.

Les brefs comptes rendus qui nous sont parvenus de cette conversation – rédigés parfois bien des années plus tard – ne sont pas très explicites. Il semble pourtant que Mahler a été réconforté par la clarté que Freud l'a aidé à faire sur lui-même. Il semble que le musicien a enfin compris, si l'on me permet un *witz* freudien, un jeu de mots facile mais révélateur, que chez Alma Mahler il y avait beaucoup d'*alma mater*.

Comme quoi, même en se promenant dans les rues de Leyde, surtout si c'est en compagnie de Sigmund Freud, on peut tomber sur Œdipe : sur son fantasme, du moins.

Pourtant, quelle que soit la satisfaction que nous puissions avoir à connaître le soulagement que cette conversation a procuré à Gustav Mahler, le fait est qu'il n'aura pas pu en profiter longtemps dans sa vie conjugale : il est mort, en effet, quelques mois plus tard.

Freud, quant à lui, a vécu assez longtemps pour assister au déferlement des masses germaniques fanatisées par le national-socialisme.

À Vienne, peut-être, en 1938, au moment de partir pour Londres, en exil, où il mourra un an plus tard, Freud se sera-t-il souvenu des lignes clairvoyantes qu'il écrivit en 1921, dans son essai sur *Psychologie des masses et analyse du moi*.

« Portée à tous les extrémismes, y écrivait-il, la masse ne peut être agitée que par des mots d'ordre excessifs. Quiconque voudra agir sur elle n'aura besoin d'aucun argument logique. Il devra utiliser des images fortes, en exagérant et en répétant toujours la même chose. »

Y a-t-il une meilleure définition des méthodes de propagande employées par Goebbels ?

Imaginer cette conversation entre Freud et Mahler cet après-midi du 26 août 1910, reconstruire leur dialogue à partir des quelques bribes qui nous ont été rapportées, et qui concernent exclusivement la vie intime de Mahler ; essayer, à partir de là, à partir d'Alma Mahler et de Vienne, de la musique et du chant, d'étendre et d'approfondir le dialogue de ces deux hommes de génie jusqu'aux confins de l'univers historique, voilà un défi littéraire passionnant, me semble-t-il.

Rien ne nous interdit d'imaginer, par exemple, que Gustav Mahler a évoqué pour Freud son amitié avec l'officier supérieur français Georges Picquart, mélomane distingué et admirateur de la musique du compositeur viennois.

Mais le colonel Picquart, qui faisait souvent le voyage de Paris à Vienne pour assister aux concerts de Mahler, aux répétitions de ses symphonies, a été au centre de l'affaire Dreyfus. C'est lui, vous ne l'ignorez pas, qui a découvert la fausseté des documents utilisés pour accuser le capitaine Dreyfus et le faire condamner au bagne ; c'est lui qui a permis, par son courage et son sens de l'honneur, au risque de sa carrière militaire et de sa liberté, que la vérité et la justice triomphent en fin de compte.

En 1906, c'est dans une loge du théâtre de Vienne où il assistait à la répétition d'une symphonie de Mahler que le colonel Picquart a reçu le télégramme du Premier ministre français de l'époque, Georges Clemenceau, lui proposant de devenir ministre de la Guerre dans son gouvernement.

Gustav Mahler a-t-il parlé à Sigmund Freud du colonel Picquart et de ses amis, ce groupe qu'il appelait « mon quatuor Dreyfus » ?

Nul ne le sait. Mais rien ne nous interdit de l'imaginer. Nul ne nous empêche, en tout cas, aujourd'hui, dans cette même ville de Leyde, en évoquant les figures de ces deux hommes de génie, de penser au destin du peuple juif en Europe, durant les années trente et quarante de ce siècle.

Car nous avons évoqué Sigmund Freud et Gustav Mahler. Mais nous pourrions tout aussi bien parler d'Albert Einstein, d'Edmund Husserl, de Hannah Arendt, de Hermann Broch, de Walter Benjamin ou de Paul Celan...

Nous pouvons énumérer la longue liste d'écrivains, de penseurs, d'artistes juifs qui ont brillé d'un éclat particulier dans la constellation culturelle de ce siècle.

Peut-on même imaginer la culture européenne de ce siècle sans ces noms d'écrivains, d'artistes, de penseurs juifs ?

À ce fait massif, incontournable, il faut ajouter un commentaire, une observation.

C'est que tous ces créateurs s'expriment en langue allemande, sont enracinés dans la plus haute tradition de la culture allemande. Ainsi, au moment où l'Allemagne va s'effondrer dans le silence tonitruant du nazisme, ce sont des voix juives allemandes qui sauvent l'âme de ce pays, qui murmurent le chant intelligible de la survie de l'âme allemande.

« La mort est un maître d'Allemagne », a écrit Paul Celan.

Mais en écrivant ce vers, et tous les autres vers de l'inoubliable *Todesfuge*, en les écrivant en allemand, Celan, poète juif roumain, donne à la langue allemande, par cette capacité à nommer la mort, à l'identifier, et donc à la dépasser, la possibilité de survivre à la barbarie que le nazisme a prétendu imposer à tout langage humain.

En nommant, en allemand, la maîtrise allemande de la mort, Celan permet à la langue allemande de survivre au silence cataclysmique du nazisme.

Voilà le genre de choses sur lesquelles on pourrait réfléchir, ici, à Leyde, dans ce très ancien lieu de culture, en évoquant une promenade de Freud et de Mahler, un lointain soir d'été, en nous rappelant l'extermination du peuple juif dans l'Europe de notre XXe siècle.

Ce rappel de la Shoah, qui nous conduit inévitablement à évoquer tous les conflits ethniques, les massacres, les génocides qui ont eu lieu sur notre planète depuis que l'Exposition universelle de Paris, en 1900, chantait naïvement les bienfaits de la science et du progrès ; cette énumération possible des multiples visages de l'intolérance mortifère au long des décennies passées doit-elle nous amener à qualifier le XXe siècle comme celui des camps de concentration et des génocides ?

Le XXe siècle a-t-il vraiment été, comme l'affirment d'entrée de jeu, comme s'il s'agissait d'une vérité d'évidence, aisément démontrable, tant de journalistes, d'essayistes et de politologues, le siècle le plus meurtrier de l'histoire ?

Je me garderai bien de formuler une affirmation aussi tranchante. Je pense, de surcroît, qu'en donnant à cette affirmation un sens global, irréversible, on risque fort de méconnaître la réalité, de manquer la vérité essentielle de notre époque.

Il me semble, en effet, que cette vérité est beaucoup plus complexe, beaucoup plus riche, beaucoup moins unilatérale.

Deux remarques me paraissent nécessaires, pourtant, avant d'essayer de montrer, fût-ce de manière synthétique, voire un peu schématique, la richesse contradictoire du bilan du XXe siècle.

La première est d'ordre matériel, statistique, objectif : elle n'a pas de portée morale, ce n'est pas un jugement de valeur.

Quand on observe l'histoire sur le long terme – l'histoire de l'Europe, en particulier –, on arrive aisément à conclure qu'il est difficile, sinon impossible, de comparer objectivement, de façon qualitative et non seulement quantitative, l'impact des morts et des massacres à quelques siècles d'intervalle.

Ainsi, quantitativement, les morts produites par les épidémies de peste au Moyen Âge, ou par la guerre de Trente Ans au XVIIᵉ siècle, sont infiniment moins nombreuses que celles qu'ont provoquées les guerres mondiales du XXᵉ siècle. Cependant, l'impact sur la démographie est moindre aujourd'hui, malgré l'immense différence quantitative.

Il y avait sur notre planète un milliard d'habitants en 1800 ; en 1930, il y en avait deux milliards. Mais aujourd'hui, à la fin du siècle, il y a six milliards de personnes dans le monde. Au cours de ce siècle de massacres et de génocides, nous avons donc connu une véritable explosion démographique. Ce n'est pas, comme après la peste du Moyen Âge, le manque de bras et de cerveaux qui pose un problème à l'organisation de la société, c'est plutôt leur trop grand nombre.

Ma deuxième remarque, en revanche, est d'ordre idéologique ou moral.

Il me semble, en effet, qu'il faut se garder de globaliser les massacres du XXᵉ siècle, d'en parler comme d'un phénomène univoque, où l'on pourrait additionner les morts dans une totalité abstraite.

Certes, d'un point de vue métaphysique, ontologique – ou religieux –, toutes les morts se valent ; toutes les morts représentent la Mort. Il n'y a pas – il ne devrait pas y avoir, en tout cas – de massacres excusables, d'un point de vue idéologique, et d'autres inexcusables. Les morts du goulag pèsent le même poids d'absence irrémédiable que les morts des *Lagers* nazis.

Pourtant, une fois cela dit, une fois ceci pris en compte, il est indispensable, dans l'intérêt d'une compréhension active du monde où nous avons vécu, où nos enfants vivront, de structurer moralement le paysage de la mort violente au XXe siècle.

De ce point de vue, me semble-t-il, c'est l'extermination des juifs en Europe qui se situe au cœur brûlant de notre histoire, par sa singularité.

Il ne s'agit pas, par exemple, de compter les Kurdes ou les Arméniens exterminés par une politique génocidaire. Il ne s'agit pas de savoir s'ils sont plus ou moins nombreux que les juifs assassinés dans les chambres à gaz. Il s'agit de comprendre la tragique singularité de l'expérience mortifère du peuple juif.

Car tous les autres massacres ont des motivations – monstrueuses, sans doute ; inadmissibles, bien entendu – fondées sur la *Realpolitik* : des territoires qu'on convoite, des pouvoirs qu'on craint, des cultures dont on ne supporte pas la différence, l'originalité.

Aucune raison de *Realpolitik*, en revanche, ne pousse à l'extermination des juifs. C'est seulement parce qu'ils sont juifs que les juifs sont dangereux, aux yeux des nazis. L'extermination des juifs est la manifestation d'une haine absolue, qui n'a pas à se justifier, au-delà de quelque misérable rengaine raciale, vide de sens comme une bulle de savon. La haine antisémite est insaisissable pour la raison critique parce qu'elle est absolue : haine de l'Autre dans ce qu'il a de semblable, précisément.

Mais l'extrême singularité de l'expérience juive de la mort collective, au cours de la Shoah, a encore un deuxième aspect.

En effet, l'extermination des juifs d'Europe a un caractère unique de systématisation rationnelle, industrielle. Cette entreprise irraisonnée, complètement folle dans sa rigueur bureaucratique, aberrante pour toute raison pratique, déploie pour se réaliser une logique froide, entrepreneuriale, d'une accablante modernité productive.

Le système fordiste dans la chaîne de production de la mort juive, voilà la terrifiante singularité de la Shoah !

Voilà pourquoi il faut, me semble-t-il, placer l'extermination des juifs au centre même, au cœur glacial de l'expérience historique des hommes du XXᵉ siècle. C'est sans doute cet événement majeur qui structure et met en situation et perspective l'expérience vécue – tellement multiple et diverse, par ailleurs – de la barbarie de notre époque.

Il y a quelques semaines – le 28 novembre de cette année qui se termine avec le siècle, avec le deuxième millénaire, pour être tout à fait précis –, lors d'une conférence du cycle des *Berliner Lektionen*, l'historien anglais Eric Hobsbawm (dont le livre *L'Âge des extrêmes* suscite un intérêt considérable, des discussions passionnées) disait que ce XXᵉ siècle aura surtout été le siècle de la Révolution.

Mais il précisait aussitôt, fort heureusement, qu'il ne pensait pas, en disant cela, « aux grandes révolutions politiques et sociales à travers le monde, qui ont aussi caractérisé le siècle, mais aux bouleversements de société, qui – surtout depuis le milieu du XXᵉ siècle – ont transformé soudain et de façon radicale la vie de l'humanité ».

Hobsbawm a raison : la vie de l'humanité a été, en effet, bouleversée pendant ce siècle. Mais ce n'est pas la révolution – dans le sens classique de ce terme, qui se rapporte aux sphères politique et sociale – qui a produit ce bouleversement. La Révolution, au sens classique – et j'écris ce mot avec une majuscule, en signe d'adieu définitif – a pourtant triomphé en Russie, en 1917, instaurant un système radicalement nouveau. Puis, au cours des décennies suivantes, ce système s'est étendu sur de vastes régions du monde.

Mais les sociétés de ce système mondial – qu'on a appelé « socialisme réel », dans le souci assez enfantin de distinguer le rêve de la réalité épaisse et opaque de l'histoire – n'ont pas été des sociétés d'émancipation, de libération. Bien au contraire : elles ont été les moins égalitaires, les plus injustes, les plus oppressives de l'histoire moderne.

La nouveauté radicale de la révolution léniniste a abouti à des sociétés bureaucratiques, figées dans un modèle de domination très archaïque, autocratique – comparable à l'ancien despotisme oriental –, incapable, en tout cas, de se renouveler sans s'autodétruire.

Des sociétés qui se sont effondrées de l'intérieur, sous la pression de la concurrence mondiale, des changements vertigineux qui se produisaient sans cesse dans le monde environnant.

Car le monde a changé, au cours du XXe siècle. Qui n'aura pas été celui de la Révolution mais bien celui des réformes et des émancipations.

Émancipation des anciennes colonies, émancipation de la femme : ces deux processus historiques – le second n'est pas encore terminé, loin de là, mais il est aussi irréversible que le premier – ont produit des transformations d'une portée incalculable. Difficile à imaginer, de toute façon, au début de ce siècle.

Émancipation des sociétés civiles – du moins dans une majorité de pays, de surcroît parmi les plus influents, les plus développés – de tous les systèmes de pensée et de pouvoir de droit divin, d'ordre religieux. Or la laïcisation des sociétés est la condition primordiale de toute émancipation globale.

Émancipation progressive du travail des conditions aliénantes qui lui semblaient consubstantielles, sous la pression, d'un côté, des organisations syndicales et des mouvements sociaux de toute sorte, et, de l'autre, de la révolution technologique en cours – révolution surgie du cœur même du système capitaliste-marchand et qui est en train de bouleverser le mode de production.

Siècle des émancipations multiples, des réformes permanentes, donc, même s'il n'a pas été, contrairement aux prévisions des uns et aux craintes des autres, celui de la Révolution, le XXᵉ siècle se termine dans quelques jours en nous plaçant devant un dilemme inédit.

À la fin de la conférence de Berlin à laquelle j'ai déjà fait allusion, l'historien anglais Eric Hobsbawm se proclamait modérément optimiste quant à l'avenir de l'espèce humaine.

« Une espèce qui a survécu au XXᵉ siècle, déclarait-il, ne peut pas disparaître. »

Admettons, du moins comme hypothèse de réflexion, que l'espèce humaine ne va pas disparaître. Mais ne peut-elle pas se transformer, volontairement ? Les progrès foudroyants des sciences biotechniques, de la manipulation génétique – qui font renaître, en l'actualisant, la figure du Golem de certains textes judaïques, c'est-à-dire le vieux rêve de la fabrication du vivant –, ces progrès qui permettent d'envisager une procréation massive en laboratoire, d'où la sexualité serait exclue – exclus, donc, les rêves, les fantasmes, le désir, la tendresse, la volonté d'être autre, l'émotion de la découverte, la fusion spirituelle qui précède ou accompagne la connaissance charnelle : Sigmund Freud en aurait sursauté d'émotion et d'horreur, au cours de sa promenade avec Gustav Mahler dans les rues de Leyde ! –, tout cela inaugure une problématique à laquelle, me semble-t-il, il est urgent de nous préparer sur le plan moral.

Si le XXᵉ siècle a été dominé par la question de la transformation de la société, il se pourrait bien que le XXIᵉ le soit par la question de la transformation de l'espèce.

14

WEIMAR, CAPITALE CULTURELLE

J'ai prononcé ce discours le 18 mai 1999, année qui fit de Weimar la capitale culturelle de l'Europe. J'y insiste sur le rôle si particulier que peut jouer l'Allemagne en Europe, puisqu'elle est le seul pays à avoir fait l'expérience des deux totalitarismes du XXe siècle.

Il n'est probablement pas en Europe de lieu plus approprié que celui où nous nous trouvons en ce moment pour réfléchir, ne serait-ce que brièvement, sur notre histoire, sur notre identité. Autrement dit : sur notre identique diversité. Puisque l'identité culturelle européenne est précisément constituée par cette diversité qui lui est consubstantielle.

Une diversité d'ailleurs fondée sur les principes de la raison démocratique, qui sont les mêmes pour tous. Et que tous nous partageons.

Ou que nous devons partager.

Lorsque je parle de ce lieu qui serait le plus approprié que n'importe quel autre, pour des raisons profondes et dramatiques, afin de mener une réflexion à propos de l'identité historique et culturelle de l'Europe, je ne suis pas seulement en train de penser à la ville de Weimar.

Cette ville si prestigieuse, si chargée de souvenirs, qui a fort bien mérité d'être la capitale culturelle européenne, en cette dernière année du XXe siècle.

Plus concrètement, je suis en train d'évoquer le binôme historique, l'ensemble bifront – contradictoire mais indissoluble – que forment déjà, et pour toujours, la ville de Goethe et le camp de concentration de Buchenwald.

Souvenons-nous :

Le camp de concentration national-socialiste a été construit en 1937. La décision du Haut Commandement des SS a été prise de longs mois auparavant, mais elle s'est heurtée à des obstacles divers. Ainsi, par exemple, l'association culturelle nazie de Weimar s'est opposée à ce qu'on attribue à ce camp le nom qui avait été prévu au départ : KZ Ettersberg. Car celui-ci était trop intimement lié au nom de Goethe, lequel, tout le monde le sait, adorait se promener dans la forêt de l'Ettersberg, tout en discutant avec son fidèle ami Eckermann.

C'est le même « raffinement » culturel qui a probablement fait que les cadres des SS ont conservé, dans l'enceinte intérieure du camp, entre le crématoire et le magasin général (*Effektenkammer*), un hêtre centenaire sur le tronc duquel étaient soi-disant inscrits les noms de Goethe et de Schiller.

Quoi qu'il en soit, 1937 est l'année de la construction du camp de concentration de Buchenwald, un camp destiné à isoler et à exterminer les prisonniers politiques allemands, dans leur grande majorité communistes et sociaux-démocrates.

L'année suivante, après la capitulation des démocraties à Munich devant les exigences de Hitler, alors que celui-ci avait compris qu'il n'avait pas à craindre la moindre réaction de la France ni de l'Angleterre, après qu'il avait lancé le pogrom du mois de novembre, la tristement célèbre

Kristallnacht – l'assaut général contre les synagogues et les commerces juifs –, des milliers de citoyens allemands d'origine juive ont été déportés à Buchenwald, et ont souffert en ce lieu le martyre et la mort.

Et six ans plus tard, lorsque je suis moi-même arrivé à Buchenwald, les vétérans communistes se souvenaient encore de l'extermination brutale des juifs, après la *Kristallnacht*.

Que se passait-il donc en Europe, en 1937 ?

Lorsque le camp nazi de Buchenwald commençait à fonctionner, accomplissant sa terrible mission, on venait juste d'inaugurer à Paris l'Exposition universelle.

Là-bas, sur les berges de la Seine, deux pavillons gigantesques se défiaient : celui de l'Allemagne de Hitler et celui de l'Union soviétique de Staline.

Cependant, au-delà, ou en deçà, dudit défi parfaitement visible, un défi délibéré, programmé, guerrier – les monumentales aigles impériales et hitlériennes qui couronnaient orgueilleusement le bâtiment allemand paradaient face au couple monumental soviétique de la paysanne kolkhozienne et de sa faucille, et de l'ouvrier métallurgiste brandissant un marteau –, au-delà, ou en deçà, de cette symbolique de l'affrontement donc, un fait attirait l'attention.

Un fait sans aucun doute terrifiant.

C'est que les deux régimes politico-étatiques, les deux systèmes – aussi opposés dans les principes qu'ils proclamaient et dans les buts qu'ils se proposaient d'atteindre – produisaient exactement le même genre d'art déclamatoire, grandiloquent et idéologique.

Ainsi, de façon indirecte mais sans équivoque, précédant déjà le futur débat entre les historiens et les politologues, la réalité même de l'art officiel – le seul, par ailleurs, qu'on avait le droit de montrer autant en URSS que dans le Reich hitlérien, puisque l'art indépendant, c'est-à-dire la recherche artistique ou d'avant-garde, était qualifié de dégénéré ici, et de contre-révolutionnaire là-bas –, l'art officiel, donc, démontrait de façon on ne peut plus surprenante la profonde ressemblance historique et culturelle des deux systèmes, malgré cependant d'indéniables divergences dans leurs divers aspects sociaux et spirituels.

Voilà quelques années, en 1995 et 1996, deux grandes expositions ont permis de visualiser les problèmes posés par cette réalité.

La première, qui avait pour titre *Art et pouvoir*, et pour sous-titre *L'Europe sous les dictateurs, 1930-1945*, a eu lieu à Londres.

La deuxième s'est déroulée, presque aux mêmes dates, à Berlin et à Moscou. Dans les deux expositions, l'analyse des pavillons nazis et staliniens de l'Exposition de 1937 occupe une place privilégiée, autant du point de vue visuel que depuis une vision plus critique.

Qu'il me soit permis, au passage, de rappeler que lors de l'Exposition universelle de 1937, caché par les masses architecturales des pavillons de l'URSS et du IIIe Reich, ces monuments de la modernité totalitaire, se dressait le modeste, sobre et fonctionnel pavillon de la République espagnole.

Malgré la guerre civile et les difficultés croissantes qui se développaient dans les territoires du pays qu'elle contrôlait encore, la République espagnole avait offert au monde l'exemple de ce que peut être une modernité démocratique : inspirée par les principes de la raison démocratique.

Dans le paisible et lumineux espace créé par l'architecte Josep Lluís Sert, on pouvait admirer le désormais célèbre tableau de Pablo Picasso : *Guernica* ; la *Fontaine de Mercure* de Calder ; les sculptures d'Alberto Sánchez et les graphismes de Joan Miró : en un mot, les choses les plus nouvelles et les plus imaginatives de l'art moderne occidental.

Nous sommes en 1937, donc.

Tandis que plusieurs centaines de prisonniers politiques allemands – sociaux-démocrates, communistes, chrétiens – construisent sur un des flancs de l'Ettersberg, la montagne que Goethe adorait, le camp de concentration de Buchenwald, les deux totalitarismes sont en train d'atteindre leur apogée.

Hitler a déjà exterminé une bonne partie des leaders plébéiens et gauchisants des SA, *Sturmabteilungen*, qu'il considère comme de potentiels rivaux dans la lutte pour le pouvoir absolu et pour l'expansion de ce pouvoir en Europe.

Staline a déjà exterminé une bonne partie de la vieille garde bolchévique. Certains des leaders révolutionnaires d'Octobre rouge sont déjà en train d'avouer d'horribles crimes imaginaires devant les tribunaux d'exception.

En tout cas, l'année 1937 se détache de façon sinistre de toutes les longues années de la grande terreur stalinienne. C'est l'année des purges massives, de la déportation de millions de citoyens ; c'est l'année où Staline affaiblit considérablement l'efficacité opérationnelle de ses armées en déchaînant la répression contre l'état-major des officiers soviétiques, en commençant par le plus prestigieux et le plus capable de tous, le maréchal Toukhatchevski.

Pourquoi ce souvenir en cette occasion ?

Parce que l'Europe d'aujourd'hui, notre Union européenne en développement nécessaire, quoique complexe, s'est progressivement construite en s'opposant aux deux totalitarismes qui ont représenté les forces dominantes de l'Europe à partir des années trente et durant une très longue période.

Notre Europe – ce que le philosophe Edmund Husserl a appelé *la figure spirituelle de l'Europe* (« *die geistige Gestalt Europas* ») au cours d'une célèbre conférence prononcée à Vienne et à Prague en 1935 – est un produit de l'histoire, un produit des luttes sociales, religieuses et politiques.

Si importantes que soient, et elles le sont, les traditions de pensée dont l'idée européenne se nourrit – la rationalité critique provenant de la Grèce ancienne, et la conception d'un ordre juridico-étatique hérité de la Rome antique ; l'humanisme actif qui puise ses origines dans le fonds judéo-chrétien –, l'Europe n'est en aucun cas le résultat du développement conceptuel d'un projet philosophique. C'est le résultat, dense, parfois opaque et même tragique, de plusieurs siècles d'affrontements, de mélanges ou de métissages, d'invasions et de résistances.

Dans ce contexte historique, tout particulièrement l'Europe d'aujourd'hui est née en premier lieu de la lutte contre le nazisme, et en second lieu de la résistance au totalitarisme soviétique.

Cela explique, soit dit en passant, le poids que possèdent les États-Unis et le rôle qu'ils jouent encore dans la politique extérieure et de défense de l'Union européenne ; car sans l'Alliance atlantique, il n'aurait pas été possible de maintenir l'intégrité et la liberté de nos pays.

Tant que les problèmes qui déchirent l'Europe – comme le conflit actuel dans les Balkans – puiseront leurs racines dans le passé, dans des situations créées ou pétrifiées par l'empire soviétique et par les conséquences de son effondrement, encore actives et visibles dans certaines régions d'Europe centrale et orientale, il est logique, et d'une certaine façon naturel, que l'intervention des États-Unis soit une des composantes des alliances démocratiques européennes.

L'autonomie de l'Union européenne en termes de défense et de politique étrangère, aussi souhaitable soit-elle, ne sera obtenue que lorsque nous aurons été capables de dépasser les amertumes, les résidus et les cendres encore chaudes de tant de décennies de totalitarisme en Europe centrale et orientale.

Lorsque nous serons capables de contribuer de façon décisive à la démocratisation profonde des pays de cette autre Europe, kidnappée par le totalitarisme soviétique.

Cela dit, si l'Union européenne d'aujourd'hui est née de la lutte contre les deux totalitarismes, cela explique le rôle spécifique que l'Allemagne doit et peut jouer – qu'elle joue déjà – dans la construction européenne.

La victoire contre le nazisme, en 1945, a été, d'une certaine façon, la défaite de l'Allemagne. Mais cela a également été, et de façon simultanée, le début d'une étape historique nouvelle pour la nation allemande : on a alors inauguré la possibilité d'une reconstruction démocratique.

Sans aucun doute, lorsque les historiens feront un bilan objectif de notre XXe siècle, ils ne manqueront pas de souligner l'importance prise par le profond travail de deuil (*Trauerarbeit*), par l'analyse critique de son propre passé, par l'éradication des foyers de racisme et de xénophobie qui se sont allumés dans la République fédérale d'Allemagne.

Ce travail sera, sans doute, interminable.

Mais interminablement, à chaque occasion historique, le peuple allemand, avec la très précieuse aide de ses intellectuels, sous la généreuse et exigeante impulsion de sa jeunesse, a poursuivi et entrepris une nouvelle fois cette tâche.

Ce fait possède une importance capitale.

Conjointement à la réconciliation franco-allemande – un événement historique auquel nous nous sommes habitués ;

que les Européens, les jeunes surtout, considèrent logique et naturel, mais qui constitue une nouveauté prodigieuse, qui modifie substantiellement, pour toujours, le paysage géopolitique et stratégique de l'Europe –, conjointement à cette réconciliation, donc, le travail de démocratisation entrepris par les Allemands eux-mêmes des structures politiques et mentales de leur république a été et constitue un des facteurs essentiels de la construction européenne.

Un des piliers fondamentaux de l'édifice démocratique européen.

Au-delà de cet aspect, il en existe un autre, au moins aussi important que le premier, qu'il convient de mettre en avant lorsqu'on aborde le rôle spécifique de l'Allemagne dans le domaine de la construction européenne.

Et c'est que l'Allemagne, dans la partie orientale de son territoire, qui a été la zone d'occupation soviétique, s'est transformée, pendant la période des tensions provoquées par la guerre froide, à l'époque de la bipolarisation belliqueuse – avec en toile de fond la menace de la guerre nucléaire –, en État souverain, reconnu par la communauté internationale.

Un État qui a fait partie, pendant quarante ans, de façon spécifique, particulière – en fonction de certaines traditions allemandes non démocratiques, et avec une empreinte culturelle différente des autres pays du bloc soviétique –, du système totalitaire de l'empire soviétique.

En fin de compte, cependant, la République fédérale d'Allemagne, sur son territoire occidental, d'abord, avant la réunification démocratique, sur son territoire oriental, ensuite, après cette réunification, a dû mener à terme une tâche lourde, blessante, cohérente, consistant à entreprendre une critique de sa mémoire historique, en prenant constamment en considération deux objectifs, parallèles mais non identiques : d'une part la réconciliation de la nation allemande et d'autre part l'éradication des germes et des bourgeonnements totalitaires et autoritaires d'un passé national commun.

Les succès déjà obtenus dans cette tâche constituent, conjointement à la réconciliation franco-allemande, une garantie non seulement de l'ancrage définitif de l'Allemagne au sein de l'Europe démocratique, mais aussi de la solidité de cette Europe en développement.

Il est possible à présent de revenir à ce que je disais au tout début de cette intervention : ce lieu de mémoire historique qui s'établit autour du binôme Weimar-Buchenwald se prête d'une façon tout à fait exceptionnelle à une réflexion sur l'histoire de notre identité culturelle.

Car le camp de concentration de Buchenwald n'a pas seulement été un camp national-socialiste. Il a aussi été un camp de concentration soviétique, géré par la police de Staline : le camp spécial n° 2, *Speziallager 2*.

En juin 1945, les derniers déportés politiques antifascistes sont sortis d'ici. Mais en septembre de cette même année, Buchenwald a été à nouveau ouvert : il était devenu le camp de la police soviétique en zone d'occupation.

De 1937, cependant, à 1950 – date à laquelle le camp a été fermé, en même temps que s'est construite la République démocratique allemande, et qu'on a transformé le lieu en mémorial antifasciste –, Buchenwald n'a cessé de fonctionner que pendant huit semaines.

La forêt que vous pourrez voir – que n'importe quel visiteur peut voir –, une jeune forêt qui se dresse au pied des versants de l'Ettersberg, ne recouvre pas seulement les baraques détruites du Petit Camp, c'est-à-dire le camp de quarantaine du Buchenwald nazi ; elle cache également ou modifie le paysage où se trouvent les fosses communes au fond desquelles reposent, dans l'interminable inquiétude d'une mort anonyme, les milliers de morts du camp stalinien.

Nous sommes donc, d'une certaine façon, ici, au cœur de l'Europe.

Nous sommes en présence des traces superposées des deux totalitarismes qui ont bien failli détruire à tout jamais la possibilité d'une renaissance de l'Europe, la possibilité de construire une nouvelle Europe fondée sur les principes de la raison démocratique.

En ce lieu se justifie donc, pleinement, la création d'une fondation européenne, d'un éventuel institut de recherche européen, qui prendrait en charge non seulement l'analyse du passé historique, mais qui s'occuperait aussi de prospective : de la recherche prospective des conflits inévitablement contenus dans la construction européenne, pendant cette période où se développent simultanément les processus antagonistes du surgissement d'une supranationalité européenne, d'un côté – supranationalité qu'évoquait déjà, bien entendu, Edmund Husserl, dans la conférence de 1935 que j'ai déjà citée, comme quelque chose de positif et de nécessaire – et, d'un autre côté, de l'éclatement des États multinationaux, en raison (ou sans raison) de la nécessité de retrouver une nationalité et, par conséquent, une identité singulière.

Le processus d'unité, d'intégration européenne, s'est développé, de Rome à Maastricht puis Amsterdam, à travers une série de traités et d'accords dans lesquels les questions économiques et financières se sont situées au premier plan.

Le marché unique, la libre circulation des biens, des capitaux et des personnes dans l'espace communautaire, la Banque centrale européenne, la monnaie unique… voilà quelques-unes des réussites obtenues successivement, au cours de ce processus de construction.

Mais aurait-il été possible de poursuivre ces objectifs économiques et financiers s'il n'y avait pas eu un accord essentiel et préalable entre les différents pays de la Communauté, à propos des valeurs et du sens d'une société démocratique ? N'existe-t-il pas, de façon sous-jacente à toutes les décisions d'ordre économique, une vision commune, pluraliste et normative de la société et du rôle de l'État de droit ? N'est-ce pas, au bout du compte, quelle que soit la complexité des médiations nationales, d'ordre culturel ou politique, une même conception de la raison démocratique qui anime en profondeur le mouvement de construction européenne ?

On attribue à Jean Monnet une phrase apocryphe, mais qu'il est intéressant d'examiner de près. Jean Monnet aurait dit, à la fin de sa vie, que s'il devait recommencer la construction de l'Europe, il commencerait cette fois par la culture. C'est une phrase apocryphe et par ailleurs absurde. Il n'est pas nécessaire d'être marxiste pour comprendre que si Jean Monnet devait recommencer l'entreprise de la construction de l'Europe, il commencerait à nouveau par ses fondations économiques.

Cela dit, et c'est là le changement qualitatif essentiel qui s'est produit au cours de ces dernières décennies, les fondations économiques de l'Europe ne se trouvent plus aujourd'hui dans la Communauté européenne du charbon et de l'acier, comme à l'époque.

Aujourd'hui, quelle que soit la stratégie élaborée, les fondations économiques de l'Europe se sont déplacées vers les secteurs innovants de la haute technologie, dans lesquels l'investissement du savoir, celui des connaissances, de la productivité du travail intellectuel – culturel, donc, au sens générique du mot – ont infiniment évolué.

Aujourd'hui, la culture se situe au centre même de la stratégie du développement européen, et dans le champ de la culture, le secteur des moyens de communication, dans la phase actuelle de la révolution digitale, se trouve exactement au centre de l'œil du cyclone. Pour le meilleur et pour le pire, probablement.

15

CULTURE JUIVE ET CULTURE EUROPÉENNE

Dans cette conférence prononcée à l'invitation de la Fondation du judaïsme français et de l'académie Hillel, j'évoque la question de la disparition des intellectuels juifs « universalistes » des années vingt et trente.

Monsieur le président de la Fondation du judaïsme français, Monsieur le Grand-Rabbin, chers amis, permettez-moi de commencer cette exploration, cette réflexion à haute voix devant vous sur le thème de ce soir, « Culture juive et culture européenne à l'orée du XXIᵉ siècle », permettez-moi de la commencer à Vienne en 1935, en mai 1935, exactement le 7 ou le 10 mai, date d'une conférence d'Edmund Husserl sur la crise de l'humanité européenne dans la philosophie. 1935-1936, c'est, vous le savez, dans la vie et l'œuvre du grand philosophe, un des moments ultimes, il va mourir en 1938, et cette conférence fait partie d'un ensemble de textes, des grands textes de la fin de la vie, qui constituent *La Crise des sciences européennes et de la phénoménologie transcendantale*.

Le thème de la conférence de Vienne, et c'est pour cela que je l'ai choisie, pas seulement pour la personnalité de Husserl que j'évoquerai plus tard, le thème de la conférence de Vienne est le suivant : c'est une réflexion sur l'Europe, sur la figure spirituelle de l'Europe, et je voudrais citer brièvement quelques phrases de Husserl pour nous introduire à cette réflexion sur « Culture juive et culture européenne ».

> Nous posons la question : comment se caractérise la figure spirituelle de l'Europe ? J'entends l'Europe non pas géographiquement, comme sur les cartes, comme s'il était possible de définir ainsi le domaine de l'humanité qui vit ici territorialement ensemble. Au sens spirituel, il est manifeste que les dominions anglais, les États-Unis appartiennent à l'Europe ; il est manifeste que sous le titre d'Europe, il s'agit ici d'une unité de vie, d'une activité, d'une création spirituelle avec tous les buts, les intérêts, soucis et peines, avec les formations idéologiques, les institutions, les organisations. Dans cet ensemble, les hommes individuels agissent au sein de diverses sociétés de niveaux différents, les familles, les tribus, les nations dans l'unité d'une seule figure spirituelle.

Dans le cours de sa conférence, Husserl donne sa référence majeure, ce qu'il considère être la source de cette « unité », de cette « figure spirituelle de l'Europe » : la raison grecque, la philosophie grecque. Pour lui, l'essence de cette philosophie consiste en une vision théorique dégagée de l'immédiateté pratique de l'être, du monde mythique, archaïque, dont surgit une praxis nouvelle. Deuxième essence de la pensée grecque : l'universalité propre de l'esprit critique. À partir de la mutation culturelle radicale qu'introduit la philosophie grecque pour la « figure spirituelle de l'Europe », Husserl écrit :

> Il pouvait sortir de là une supranationalité d'un type entièrement nouveau, je pense naturellement à la forme spirituelle de l'Europe, celle-ci n'est plus désormais le simple voisinage de nations différentes qui n'influent les unes sur les autres que dans les rivalités du commerce ou les combats

de la puissance. C'est un nouvel esprit, un esprit de libre critique et de normation par des tâches infinies.

Ce texte est écrit en 1935. Certains, depuis, comparant l'époque avec cette utopie rationnelle supranationale d'une Europe inspirée par la raison et par l'esprit critique, par la raison démocratique, certains ont mis en évidence le caractère apparemment dérisoire de ce rationalisme abstrait, utopique, rhétorique. Et pourtant, cette raison démocratique a triomphé, et dans l'Europe actuelle, indépendamment de tous les problèmes auxquels ont déjà fait allusion ceux qui m'ont précédé, tous les problèmes de l'exaspération des nationalismes et du délitement des empires, il est évident que l'idée majeure que le vieux philosophe exprimait pathétiquement en 1935 à Vienne a pris forme et corps.

Husserl termine sa conférence par ces mots :

> La crise de l'existence européenne ne peut avoir que deux issues : ou bien le déclin de l'Europe devenue étrangère à son propre sens rationnel de la vie, la chute dans la haine spirituelle et la barbarie, ou bien la renaissance de l'Europe à partir de l'esprit de la philosophie, grâce à un héroïsme de la raison qui surmonte définitivement le naturalisme. Le plus grand danger pour l'Europe est la lassitude.

J'ai voulu commencer à vous entretenir de Husserl, d'abord parce qu'il s'agit de l'Europe, bien entendu, mais aussi à cause de la personnalité même de ce philosophe. Edmund Husserl est issu d'une vieille famille juive de Prossnitz en Moravie, exactement comme Sigmund Freud. Comme Sigmund Freud, il est venu de sa Moravie vers Vienne, vers l'université, à l'époque de l'émancipation juive en Europe, à l'époque de l'assimilation de la pensée et de la culture juives par l'Europe du XIXe siècle et du début du XXe siècle. Et pourtant, malgré la filiation grecque que Husserl veut donner à la singularité de la culture européenne, certains thèmes, certains accents, certaines inflexions, me semble-t-il, sont tout à fait proches de la culture juive.

Ainsi, cette prise de position sous toutes ses formes contre la territorialité de la culture européenne, de la culture en général. Et cette affirmation d'une figure spirituelle universaliste, nourrie de rationalisme critique, dans un contexte culturel différent, dans une tradition différente, dans un attachement à des problèmes philosophiques différents, la figure de Léon Brunschvicg, me semble-t-il, peut donner aussi une image de ce genre de pensée, de philosophie.

Je crois qu'on peut voir très clairement à quel point cette attitude sous-jacente est, dans le texte de Husserl, inspirée par la culture juive, même dans le non-dit, si l'on compare ces phrases de Husserl avec un texte beaucoup plus récent d'Emmanuel Levinas. Un texte paru en 1961 dans *Information juive*, un texte bref, dense, riche : *Heidegger, Gagarine et nous*, qui commente l'exploit de Gagarine. Levinas réfléchit sur les problèmes de la technique, sur la conception heideggérienne pessimiste de la technologie et sur le refuge dans le lieu, dans le *Heim*, dans la localité culturelle qu'il considère néfaste et contraire à la tradition juive. Il écrit :

> La voilà donc l'éternelle séduction du paganisme par-delà l'infantilisme de l'idolâtrie depuis longtemps surmonté. Le sacré filtrant à travers le monde, le judaïsme n'est peut-être que la négation de cela. Détruire les bosquets sacrés, nous comprenons maintenant la pureté de ce prétendu vandalisme. Le mystère des choses est la source de toute cruauté à l'égard des hommes.

Et la phrase capitale de Levinas que je voudrais souligner est la suivante :

L'implantation dans le paysage, l'attachement au lieu – ce lieu, dirais-je moi-même en commentant, typique de la philosophie, de la dernière philosophie de Heidegger – sans lequel l'univers deviendrait insignifiant et existerait à peine, c'est la scission même de l'humanité en autochtones et étrangers, et dans cette perspective la technique est moins dangereuse que les génies du lieu.

Pour conclure de la façon suivante qui me semble prolonger et actualiser la réflexion déjà ancienne de Husserl :

Le judaïsme n'a pas sublimé les idoles : il a exigé leur destruction. Comme la technique, il a démystifié l'univers, il a désensorcelé la nature, il heurte par son universalité abstraite imagination et passion mais il a découvert l'homme dans la nudité de son visage.

Je voudrais revenir maintenant brièvement et remettre cette conférence en situation à l'époque où elle fut prononcée, 1935-1936, la dernière période créative de la vie et de la philosophie de Husserl. Quelle époque ! En 1933, c'est la prise du pouvoir par Hitler et les premiers autodafés de livres ; tout de suite après, Husserl est chassé de l'université en tant que juif, lui l'assimilé, lui le baptisé, lui qui avait cru trouver un refuge dans la normalité, dans l'identification avec l'université allemande ; en 1934, Heidegger assume le rectorat, et dans l'édition de son livre majeur, *Être et Temps*, il supprime la dédicace à Husserl. Il a dit plus tard que cette dédicace avait dû être supprimée pour que le livre paraisse. Les philosophes doivent parfois laisser leurs livres ne pas paraître et ne pas supprimer les dédicaces. Ce sont cette rupture et cet isolement de Husserl avec celui qui avait été son disciple préféré qui marqueront la fin de sa vie.

En 1934, en février, dans le camp de concentration d'Oranienburg meurt un poète juif allemand du nom d'Erich Muhsam. C'est un poète, un essayiste qui a été un des membres de la République des Conseils de Bavière, sous la direction d'Eisner, avec l'écrivain Ernst Toller, avec Gustav Landauer. Il fait partie de cette cohorte, cette pléiade de juifs intellectuels engagés que Michael Löwy a étudiés dans un très beau livre. Muhsam a été arrêté immédiatement après l'incendie du Reichstag, il a été enfermé dans des camps, il a connu les premiers camps nazis. Quand il arrive à Oranienburg, les SS, qui l'ont torturé sans arrêt pendant des mois et des mois, trouvent charmant le jeu suivant : ils ont découvert dans un laboratoire proche du camp un chimpanzé, ils livrent le poète juif, âgé de plus de cinquante ans, blessé, torturé, presque aveugle, presque sourd à la suite des coups reçus, ils le livrent au chimpanzé, croyant que le chimpanzé va continuer à le torturer, mais le chimpanzé embrasse le poète juif et le cajole. Alors on torture le chimpanzé et on l'abat, puis, quelques semaines après, Muhsam est pendu par les SS. C'est en commentant des choses semblables que Hannah Arendt a écrit dans son livre, *Eichmann à Jérusalem*, comment les SS avaient trouvé la solution pour dépasser la pitié animale qui envahit tout être normal en présence de la souffrance physique. Ce dépassement de la pitié animale est en effet l'un des traits caractéristiques de cette période.

Période contre laquelle, contre cette barbarie naissante, le vieux professeur Husserl essaye de dresser le barrage de la raison, le barrage de la raison démocratique, le barrage de la supranationalité d'une Europe qui serait une « figure spirituelle » de l'avenir. Mais ce qui est en train de se passer à ce moment-là dans la deuxième moitié des années trente, avant même que ne se mettent en marche les mécanismes de l'extermination de la Shoah, c'est la destruction de la culture juive en Europe, et donc, ou plutôt, la destruction de l'essentiel de la culture européenne en Europe.

Si l'on définit la culture des années trente, si on l'analyse, on voit à quel point elle est absolument inséparable de la culture juive. Le poète Heine, écrivain juif, grand écrivain allemand, un des plus grands poètes de tous les temps, avait en 1838, osé faire cette prophétie : « L'affinité profonde qui prévaut entre ces deux nations radicales, les Juifs et les Germains, destinés à créer ensemble en Allemagne une Jérusalem nouvelle, une Palestine moderne. » Malgré la guerre de 1914-1918, malgré tous les événements négatifs, sur le plan culturel, cette prophétie a pu paraître se réaliser.

Dans cette histoire longue et complexe que vous connaissez bien mieux que moi, dans cette histoire immémoriale de l'aller et retour du peuple juif, des communautés juives entre l'Est et l'Ouest de l'Europe, ce mouvement qui, après l'expulsion des juifs d'Espagne en 1492, produit la diaspora vers le Levant, puis un retour vers l'Allemagne, et de nouveau le retour vers la Pologne (cette espèce de va-et-vient qui a fécondé la culture européenne pendant des siècles !), il y a un moment extraordinairement privilégié : celui de l'incarnation de cette culture dans la langue allemande, incarnation dans une patrie qui est le langage puisque je crois qu'on peut dire que, pour le peuple juif, la véritable patrie, c'est le langage et l'écriture.

Et l'apogée de cet enracinement se produit dans ces années vingt, dans ces années trente. Enracinement mêlé d'un malaise permanent. Il suffit de lire quelques phrases de Kafka. Kafka, qui est un des plus grands écrivains allemands du siècle, et dont la prose a cette pureté qui est due peut-être au fait de l'emprunt, de l'incarnation, de la prise de possession d'une langue qui n'est pas la « langue maternelle » au sens profond du mot « maternel ». Kafka, le 24 octobre 1911, note dans son *Journal* :

Hier, il m'est venu à l'esprit que si je n'ai pas toujours aimé
ma mère comme elle le mérite, et comme j'en étais capable,
c'est uniquement parce que la langue allemande m'en a
empêché. La mère juive n'est pas une « Mutter », cette façon
de l'appeler la rend un peu ridicule. Le mot « Mutter » ne
l'est pas en soi puisque nous sommes en Allemagne. Nous
donnons à une femme juive le nom de mère allemande,
nous oublions qu'il y a là une contradiction, et la contradiction s'enfonce d'autant plus profondément dans le sentiment. Pour les juifs, le mot « Mutter » est particulièrement
allemand. Il contient à leur insu autant de froideur que de
splendeur chrétienne. C'est pourquoi la femme juive appelée « Mutter » n'est pas seulement ridicule mais nous est
aussi étrangère. « Maman » serait préférable s'il était possible de ne pas imaginer « Mutter » derrière. Je crois que
seuls les souvenirs du ghetto maintiennent encore la famille
juive, car le mot « Vater » ne désigne pas non plus le père
juif.

Nous voilà au centre même de la langue, maîtrisée
comme rarement elle l'a été, grâce à Kafka. Ce malaise,
cette distance qui s'établit… Kafka est souvent revenu sur
ces questions ; dans une lettre à Max Brod, il dit une
chose que je crois essentielle pour comprendre à la fois
cette installation dans la langue allemande, dans la culture
allemande, et la distance qui fait la singularité extraordinaire de la culture juive et du peuple juif. Commentant
un texte de Karl Kraus, un texte très violent contre un
certain nombre d'écrivains juifs qui ne savent pas vraiment utiliser l'allemand, il écrit :

Mieux que la psychanalyse me plaît en l'occurrence la
constatation que ce complexe paternel, dont plus d'un se
nourrit spirituellement, n'a pas trait au père innocent, mais
au judaïsme du père. Ce que voulaient la plupart de ceux
qui commencèrent à écrire en allemand, c'était quitter le

judaïsme, généralement avec l'approbation vague des pères ; c'est ce vague qui est révoltant. Ils le voulaient, mais leurs pattes de derrière collaient encore au judaïsme du père et leurs pattes de devant ne trouvaient pas de nouveau terrain. Le désespoir qui s'ensuivit fut leur inspiration, une inspiration aussi honorable qu'une autre, mais qui, à y regarder de près, présentait pourtant quelques tristes particularités : tout d'abord, ce dans quoi se déchargeait leur désespoir ne pouvait pas être la littérature allemande que cela paraissait être extérieurement ; ils vivaient entre trois impossibilités, que je nomme par hasard des impossibilités de langage, c'est le plus simple, mais on pourrait aussi les appeler tout autrement : l'impossibilité de ne pas écrire, l'impossibilité d'écrire en allemand, l'impossibilité d'écrire autrement, à quoi on pourrait presque ajouter une quatrième impossibilité : l'impossibilité d'écrire.

Je crois que personne, autant que Kafka, n'a été jusqu'au bout de cet enracinement et déracinement de la culture juive dans la langue allemande et dans la culture européenne des années trente.

Permettez-moi maintenant de reprendre cette question en suivant un texte de George Steiner, à mon avis capital. Dans un colloque sur Vienne, Steiner réfléchit indirectement – et vous allez voir à quel point, de façon magistrale – sur la signification de cet enracinement dans la culture juive et la langue allemande, et dans le langage en général. Steiner, dont le texte s'appelle *Le Langage et l'inhumain*, constate qu'entre 1880 et 1960, en gros, il s'est produit comme une espèce de bouleversement, de tournant dans la philosophie, dans les sciences humaines, et dans l'art, la critique d'art en Europe : c'est le mouvement vers le langage, c'est un tournant vers le langage. Pour Steiner, ce tournant s'est produit dans une région d'Europe qui va de Saint-Pétersbourg à Francfort, Vienne, Genève, et dont la lumière, dit-il, se répercute comme celle d'une étoile morte dans ce qui est le reflet lointain et crépusculaire de ce monde perdu : New York et les universités américaines. Les principaux courants de ce tournant s'expriment dans la psychanalyse, la psychanalyse freudienne qui est radicalement logocentrique (il ne peut pas y avoir, dans le schéma freudien, un patient muet ou un analyste sourd).

Il existe un deuxième tournant : le tournant vers la philosophie linguistique. Pour Steiner, être philosophe après Frege et Wittgenstein, c'est être, non pas un métaphysicien au sens de Kant, un architecte de la destinée historique de l'homme comme le fut Hegel, ni même un méthodologue des connaissances et des acquis humains comme Auguste Comte, c'est être, au sens rigoureux, un herméneute, un diagnosticien soit formel, soit pragmatique du langage.

Le troisième des grands courants serait celui de l'esthétique, de la poétique, de l'entendement des arts. Le poète, le romancier, voire le critique, développent une conscience, une appréhension aiguë de leur instrument qui est le lexique : « Le poème a pour thème ontologique et existentiel la possibilité du poème, c'est-à-dire les relations entre le mot et le monde. » Et quand Steiner en arrive à énumérer la richesse et les protagonistes de ce tournant culturel, il dit la chose suivante :

Je nomme Freud, Schoenberg, Mauthner, Wittgenstein, Kraus, je cite les membres marquants de l'école philosophique de Vienne et du mouvement psychanalytique, je cite Kafka, Hermann Broch, Walter Benjamin, Otto Weininger, Ernst Bloch, Adorno, je me réfère à la véritable explosion de pensée linguistique depuis Roman Jakobson jusqu'à Chomsky et Kripke, j'ajoute Hoffmansthal, où s'impose la nuance d'une parenté mixte, et presque tous les noms de ceux qui font l'objet de notre rencontre – ce colloque dans lequel il parle – que suis-je en train de faire si ce n'est de citer des présences juives ? Je me penche sur le mystère des limites du langage invoquées dans le *Tractatus*, dans *La Mort de Virgile*, dans *La Parabole des Sirènes* ou *Le Chasseur Graechus*, dramatisées dans *Moïse et Aaron*, je relis les sombres jérémiades contre la corruption du monde dans *Les Derniers Jours de l'humanité* de Kraus, je cherche à situer l'herméneutique cabalistique de Walter Benjamin, la hantise de l'unicité cachée de la parole universelle chez Chomsky, je m'interroge sur la stratigraphie et la verticalité du schéma linguistique de Freud, si proche dans son concept et sa méthode de la lecture en profondeur que pratique le Talmud. Avant tout, je prends conscience de ce tragique du mot, de cette obscure mais véhémente prévision des ténèbres au centre même de ce qui fait de l'homme un homme, c'est-à-dire le langage. Tragique du mot sans lequel nous n'aurions ni l'œuvre de Kafka ni celle de Hoffmansthal, de Kraus, de Broch, de l'école de Francfort si j'ose dire, de Wittgenstein. À quelques exceptions, cette réflexion est une réflexion sur l'un des chapitres les plus illustres et les plus meurtriers dans l'histoire du judaïsme.

Pour conclure, Steiner avance l'hypothèse de cette imbrication, de cette incarnation de la culture juive dans la culture de langue allemande de cette époque :

Entre la destruction du Temple en l'an 70 et l'émancipation très partielle qu'apportent la Révolution française et l'Empire, le peuple juif eut un destin singulier. Sa seule patrie est celle des textes, son seul patrimoine et Heimat est la lecture littéralement incessante et l'interprétation également incessante des Livres Saints et du Talmud. Les massacres, les pogroms, l'isolement et l'humiliation du ghetto menacent à chaque moment le lecteur, mais le texte survit et pourvu qu'il reste une poignée de lisants, d'interprètes, pourvu qu'il reste un, le judaïsme et sa relation livresque, herméneutique avec Dieu sont sauvés. Aucun autre peuple n'a eu à vivre, n'a vécu textuellement, n'a situé dans le décryptage systématique de texte, de texte sur le texte, sa raison d'être, sa citoyenneté dans le temps. Ce n'est que du temps et de la lecture que le juif est authentiquement citoyen. Son seul passeport véridique, c'est une carte de lecteur.

L'hypothèse dernière de Steiner, c'est justement que cette floraison incroyable de la culture juive est due au fait que les poètes, les romanciers, les essayistes, les penseurs de la Cité sont à l'écoute, penchés sur le langage, sur la langue allemande avant tout, ils semblent y entendre la montée fantomatique, limitée tout d'abord, puis de plus en plus criarde de l'inhumain. Surgissent, comme le fétide et glacial souffle d'une mine abandonnée, les bruissements, les râles sourds d'une barbarie à la fois archaïque et primordiale d'avant l'histoire et la technologie. Et à l'ombre grandissante de l'Holocauste, de la Shoah, le peuple du texte, le judaïsme comme aucune autre tradition n'a vécu le mystère de la parole, a survécu par ce mystère, se penche sur le silence.

Parvenu à ce point, je voudrais me pencher moi aussi sur le silence en évoquant un souvenir personnel. C'est le souvenir d'un dimanche, en janvier ou février 1945, à Buchenwald. Quelques jours auparavant, un communiste allemand faisant partie des cadres de l'administration intérieure du camp de Buchenwald était venu me convoquer, m'inviter, et sur un ton d'urgence, à une réunion qui devait avoir lieu le dimanche suivant dans un lieu qu'on utilisait pour ces réunions, un pavillon de l'hôpital de Buchenwald, le pavillon des contagieux, lieu idéal pour des réunions clandestines, loin de l'œil des SS (les SS, étant comme les *cristianos viejos* de l'Espagne inquisitoriale : ils avaient horreur du sang étranger, ils étaient partisans de la *limpieza de sangre*, du sang propre, ils avaient donc horreur des contagions et des malades, ce qui en faisait un lieu absolument privilégié pour les réunions). J'ai traversé le camp ce dimanche-là, dans l'après-midi, pendant les quelques heures de loisir qu'il y avait tous les dimanches après-midi, sous une bourrasque de neige pour rejoindre ce lieu et j'ai retrouvé cinq ou six communistes comme moi, tous membres de l'appareil clandestin communiste du camp, de plusieurs pays d'Europe centrale. L'un d'entre eux était Joseph Frank, Tchèque, qui est devenu secrétaire général du parti tchécoslovaque, qui a été condamné à mort pendant le procès Slansky, qui a été pendu et dont les cendres ont été répandues sur la neige quelque part en Bohême après ce procès. Nous avons été convoqués et le camarade allemand nous a dit : « Vous êtes là pour écouter un homme qui est un survivant rescapé du *Sonderkommando* d'Auschwitz. » Nous ne savions pas ce qu'était le *Sonderkommando* ; moi en tout cas, je ne le savais pas. Je savais ce que voulait dire *Sonder* en allemand, je savais qu'à Buchenwald il y avait un *Sonderbau*, un bâtiment spécial et séparé, c'était le bordel, mais je ne savais pas ce qu'était le *Sonderkommando*, je n'ai rien demandé parce que j'ai pensé que je comprendrais ce qu'était le *Sonderkommando*. Et ce rescapé du *Sonderkommando* d'Auschwitz, donc le rescapé du commando chargé de transporter après la chambre à gaz les cadavres dans le crématoire, nous a raconté l'extermination par le gaz. Je ne sais pas le nom de ce témoin, j'ignore même si le camarade allemand, nommé Kaminsky, nous a dit comment il s'appelait, je sais que c'est un juif polonais, un survivant du *Sonderkommando*, je sais qu'il a parlé pendant une heure et que brusquement il s'est arrêté de parler. La lumière était tombée, la lampe n'était pas allumée, et nous sommes restés dans le noir pendant quelques minutes ; le camarade allemand lui a dit : « C'est mon pays, c'est l'Allemagne qui est responsable, ne l'oubliez jamais. »

C'est donc à l'écoute de ce silence, à l'écoute de cette expérience que je me suis rapproché, que je me suis intéressé et que je me suis parfois identifié à l'expérience du peuple juif, et je pense que, sans le savoir, c'est pour cela que vous m'avez invité à être ici, moi qui suis un « goy » et plutôt laïque, et même de plus en plus laïque, parce qu'il y a quand même le partage de cette expérience, le partage de silence. Quoi qu'il en soit, nous vivons après Auschwitz, et nous vivons en partie du moins un des problèmes que pose le problème de vivre après Auschwitz : c'est une situation, une donnée de fait que vivre après Auschwitz pose ouvertement ou bien sournoisement, mais en tout cas dramatiquement, aujourd'hui, si nous réfléchissons sur la culture juive et sur la culture européenne, en cette fin de siècle absolument prodigieuse.

Je veux revenir à Levinas une seconde. Levinas, dans un texte de la revue *L'Arche*, en 1961, à la même date que celui que j'ai cité tout à l'heure, écrit un petit essai qui s'appelle *La Pensée juive aujourd'hui*, dans lequel il écrit :

> Trois grands événements, dont l'ombre se projetait déjà sur l'Europe avant qu'ils ne surviennent, constituent aujourd'hui pour la pensée juive les données de la nouvelle situation. Premièrement, l'expérience unique du renouveau de l'antisémitisme ayant abouti à l'extermination scientifique du tiers de la judaïcité par le national-socialisme. Deuxièmement, les aspirations sionistes ayant abouti à la création de l'État d'Israël. Troisièmement, la venue sur l'avant-scène de l'histoire des masses sous-développées afro-asiatiques étrangères à l'histoire Sainte dont est issu le monde judéo-chrétien.

Je laisserai de côté ce troisième point, d'autant que dans ces masses afro-asiatiques, l'islam joue un rôle et je ne pense pas que le rapport du judaïsme avec l'islam soit nouveau : Maïmonide est là pour nous rappeler à quel point il est ancien.

Je ne crois pas que ce soit le lieu de prolonger ces remarques d'Emmanuel Levinas et d'analyser ce que signifie « penser après la Shoah », penser la culture juive après la Shoah. Il est tout aussi difficile d'examiner dans le détail, de façon juste et profonde, le bouleversement radical que l'existence de l'État d'Israël signifie pour la culture juive.

Je vais essayer de dire brièvement ce que je pense de cela en m'appuyant sur une formule de Milan Kundera. Milan Kundera, dans un discours à Jérusalem, lors de la réception d'un prix littéraire, disait ceci :

> Ce sont les grandes personnalités juives qui, éloignées de leur terre originelle, élevées au-dessus des passions nationalistes, ont toujours montré une sensibilité exceptionnelle pour une Europe supranationale, Europe conçue non pas comme territoire, mais comme culture – vous retrouvez ici les thèses de Husserl exactement les mêmes. Si les juifs, même après avoir été tragiquement déçus par l'Europe, sont pourtant restés fidèles au cosmopolitisme européen, Israël, leur petite patrie enfin retrouvée, surgit à nos yeux, comme le véritable cœur de l'Europe, étrange cœur placé au-delà du corps.

Je reprendrai cette métaphore. Il n'en reste pas moins que la fonction du cœur, c'est d'irriguer le sang, que ce sang que le cœur d'Israël irrigue, il va l'irriguer dans la région. Il doit l'irriguer dans la région, même si une partie de ce sang et de ces battements de cœur revient vers nous et revient vers l'Europe. Il va l'irriguer et la mission de ce cœur européen, qu'est Israël au-delà de ce corps, la mission c'est d'irriguer par l'universalité de la démocratie cette région qui en a bien besoin.

Mais nous en arrivons à une constatation assez préoccupante sur laquelle je souhaite dire deux mots. L'extermination du peuple juif, l'extermination de ses intellectuels et de sa culture, ou le bannissement, la diaspora, la nouvelle diaspora qui s'est produite, la disparition de ses intellectuels dans d'autres pays qui ne sont pas ceux de l'Europe centrale, que ce soient les États-Unis, que ce soit plus tard Israël dans des circonstances différentes, constitue un vide, crée un vide irrémédiable, une sorte de manque, un interminable travail de deuil. Je crois que l'absence de la culture juive dans la centralité de l'Europe d'aujourd'hui est l'un des éléments les plus préoccupants, les plus négatifs de la situation. Aujourd'hui, rien ne remplace en Europe centrale cette possibilité d'universalisme, de dépassement continu de l'enracinement dans le lieu, de dépassement continu de la vision nationale étroite, rien ne le remplace parce que simultanément – et en toute logique universitaire j'aurais dû le dire avant –, parallèlement à cette extermination de la culture juive par le nazisme s'est produite l'extermination de la culture juive par le stalinisme en plusieurs étapes, et avec une concomitance, une contemporanéité absolument extraordinaire. Les années trente voient l'extermination des grands leaders juifs bolchéviques qui donnaient à la révolution son caractère universel. C'est après l'extermination des juifs bolchéviques que s'est instauré le « socialisme dans un seul pays », en revanche, pour un juif bolchévique, le socialisme ne peut pas être dans un seul pays. On ne peut entamer maintenant une discussion sur le bien-fondé ou la possibilité d'un socialisme universel, dirigé par les juifs bolchéviques, mais il est évident qu'un seuil a été franchi. Ensuite, c'est l'extermination de la culture juive proprement dite, pas l'extermination de la culture juive révolutionnaire, universaliste, mais l'extermination de la culture juive proprement dite.

Deux phénomènes parallèles, concomitants, complémentaires : l'extermination, par les deux totalitarismes, de la culture juive qui, au centre de l'Europe, donnait une ossature intellectuelle, une capacité prophétique et messianique et une rationalité critique – le sel de cette culture. Voilà le grand manque, le grand vide. C'est le problème sur lequel je voudrais conclure : celui du rôle possible, de l'influence possible de la culture juive en Europe centrale et en Europe occidentale.

Il est évident que l'existence d'Israël change radicalement la situation, que la communauté juive soviétique, à cause des persécutions, s'est émiettée, et tout cela conduit à un manque et à une absence. Comment remplacer, comment réinciter, comment réabsorber, comment réattirer la culture juive pour qu'elle féconde une fois de plus la culture européenne ?

16

LES FLEURS DE PATOČKA,
LE LION D'ORWELL
Que signifie pour moi être « Européen »

Article publié dans *El País*, le 15 mars 2002.

Afin d'organiser mes idées à propos de l'Europe, je voudrais entreprendre trois voyages intellectuels pour tenter d'aborder sa réalité d'un point de vue culturel et historique.

Le sujet est vaste et extrêmement riche. Il est difficile de trouver des façons appropriées de traverser cette immensité. Mais nous pouvons nous situer pour commencer grâce à un souvenir. Le souvenir de la ville de Vienne, en 1935, vers la fin de la grande période de la culture viennoise. C'est la ville où les peintres et les écrivains sont les héritiers des grands trésors de la culture européenne. Sigmund Freud y habite encore.

L'année 1935 est vraiment importante : c'est le moment où les deux totalitarismes européens – le nazisme et le stalinisme – commencent à se retourner l'un contre l'autre. Les nazis ont pris le pouvoir en Allemagne, et l'Autriche commence déjà à sentir le pourri. Son gouvernement est en train de céder devant le fascisme.

En mai de cette même année, à Vienne, un vieux philosophe allemand nommé Edmund Husserl avait donné une série de conférences. Il avait fui son Allemagne natale simplement parce qu'il était juif. Déjà, en 1928, son élève et disciple en philosophie, Martin Heidegger, avait éliminé des premières pages de son livre *Être et Temps* la chaleureuse dédicace suivante : « À mon maître, Edmund Husserl, avec vénération et amitié. » Cela ne faisait pas bien – pour ne pas dire quelque chose de pire –, qu'un professeur d'une université allemande s'obstinât à dédicacer son livre à un juif qui venait d'être expulsé du monde universitaire.

On pourrait écrire un livre entier sur la signification de cette élimination assassine, de cette négation. En effaçant le nom de son maître, Heidegger avait le projet de balayer la contribution décisive de la culture juive à la langue allemande, et cela depuis l'université elle-même, depuis la vie culturelle allemande dans son ensemble.

En 1938, Heine avait écrit que la grande affinité existant entre ces deux nations innovatrices, le peuple juif et le peuple allemand, contribuait à ce que tous deux soient destinés à créer ensemble, en Allemagne, une nouvelle Jérusalem, autrement dit une Palestine moderne. C'était un rêve tout à fait digne des Lumières : la fusion des deux cultures. Et à cette époque-là, on pouvait penser que la chose était possible, que nous nous dirigions vers cette union.

Lorsque je me rappelle les grandes figures de la littérature et de la culture allemandes de cette période – Freud, Einstein, Kafka, sans oublier Élias Canetti et tant d'autres –, il me semble évident que la contribution de l'élément juif au sein de la culture allemande a été considérable pour l'Europe de cette époque. Et maintenant, plus de deux générations plus tard, nous ressentons encore son absence.

L'annihilation reste là, elle nous poursuit. Avec l'extermination (et la décadence de la vie de la diaspora qui s'en est suivi, après la création d'Israël), cette culture juive, qui était en même temps européenne et cosmopolite, a disparu. Et cela reste, sans aucun doute, une des grandes lacunes de la construction actuelle de l'Europe.

Les conférences de Husserl, en 1935, faisaient appel à des termes philosophiques extrêmement abstraits et rigoureux. Celui-ci parlait de philosophie en pleine gestation de la crise européenne, et il se posait une question cruciale : que représente l'Europe aujourd'hui ? La réponse qui lui venait en premier lieu était que l'Europe est, surtout, une entité spirituelle. On ne peut pas la définir par son caractère territorial, car d'un point de vue spirituel, il est clair que la Grande-Bretagne et les États-Unis d'Amérique appartiennent également à l'Europe. On peut tout de suite voir à quoi fait référence Husserl, lorsqu'il parle de caractère spirituel de l'Europe : il évoque toute une tradition de pensée, une critique, au sens large du terme, qui puise ses racines dans notre histoire culturelle.

L'Europe de Husserl n'est pas liée à un morceau de terre ni à un quelconque discours sur le caractère de la nation. C'est mieux que cela, sa seconde idée importante est le concept de « supranationalité ». C'est la première fois qu'un philosophe européen définit ce concept de façon aussi claire. Husserl défend une transformation digne de l'Europe sous son meilleur aspect : une supranationalité sans précédent, qui naîtrait de l'extraordinaire force spirituelle de l'Europe. Les nations, affirme-t-il, ne s'unissent que grâce aux dictats du commerce et à la lutte perpétuelle entre les pouvoirs, et il est nécessaire de progresser au-delà de cet état de fait.

Ce qui est surprenant c'est que, dans ces textes, on ne fait jamais référence au nazisme. Après ce cycle de conférences, Husserl est retourné en Allemagne, où il a vécu jusqu'à sa mort, en 1939. Après s'être réfugié dans un couvent pour fuir les persécutions, il s'était converti au catholicisme. C'est de cette façon qu'a pu être sauvé l'ensemble des manuscrits de ses conférences : cet ensemble a été conservé dans le couvent, puis acheminé en cachette par les moines à Louvain.

La troisième idée de Husserl dans ce texte si riche est un argument qui consiste à dire que la crise européenne de 1935 ne pouvait être résolue que de deux façons différentes. Ou bien nous allions assister à l'effondrement de l'Europe, à son éloignement spirituel par rapport à sa signification propre, à sa chute dans la haine spirituelle et la barbarie, ou bien l'Europe allait peut-être expérimenter une renaissance spirituelle, issue de « l'héroïsme de la raison ». On pourrait reprocher à l'auteur une ligne de pensée aussi abstraite et irréalisable précisément sur un point si important de cette discussion. Une philosophie idéaliste de la volonté pour seul remède à la désintégration de l'Europe ? Tout cela est, sans aucun doute, bien confus.

Cependant, bien que « l'héroïsme de la raison » soit un concept abstrait, celui-ci peut nous aider à développer une métaphore historique extrêmement intéressante et concise. Un jeune Tchèque, étudiant en phénoménologie, nommé Jan Patočka, était présent dans cette salle de conférences de Vienne, en 1935. Et, quelques mois plus tard, il avait organisé dans sa ville natale, Prague, son propre cycle de conférences, à l'occasion duquel il avait répété les idées d'Husserl à propos de l'Europe.

Patočka, qui à cette époque n'avait pas encore trente ans, est une des figures les plus intéressantes et injustement oubliées de la philosophie européenne. Il a commencé ses études à l'Université de Prague, mais le nazisme et (à partir de 1948) le régime communiste l'ont empêché de les finir. Ses livres se présentent surtout comme des transcriptions d'interventions destinées à être prononcées dans des séminaires privés ; plus tard, ces textes ont été traduits en français.

Un des tropes intellectuels caractéristiques de Patočka était le retour constant à la conférence d'Husserl à propos de l'Europe. Il a publié une série de textes intitulée *Platon et l'Europe*, et une autre appelée *L'Idée européenne en Bohême*. Ses écrits politiques rassemblés dans une anthologie française intitulée *Liberté et sacrifice* comportent plusieurs fragments à propos de l'Europe. Et, de façon on ne peut plus juste, sa propre vie reflète avec une extrême exactitude l'expression de Husserl « l'héroïsme de la raison ».

Patočka a été, aux côtés de Václav Havel et de Jiří Hájek (ministre des Affaires étrangères pendant le bref Printemps de Prague), un des signataires de la Charte 77, le mouvement des intellectuels dissidents tchécoslovaques. Jan Patočka est décédé le 13 mars 1977, à l'âge de soixante ans, après avoir été durement interrogé par la police communiste pendant une bonne dizaine d'heures.

Le jour de son enterrement, les hélicoptères de la police ont survolé le cimetière pour éviter que les gens ne se rendent à la cérémonie. On avait également fermé toutes les boutiques des fleuristes de Prague, afin que personne ne puisse acheter des fleurs pour aller les déposer sur sa tombe. Cela constitue, à mon avis, une métaphore on ne peut plus significative et puissante.

Penser que ce philosophe qui, encore tout jeune, avait assisté à Vienne à cette série de conférences à propos de la lutte spirituelle et philosophique pour la survie de l'Europe – la lutte contre la barbarie et la mort de la vie spirituelle –, est décédé pendant un interrogatoire des plus musclés de la police, et que cette dernière n'a rien trouvé de mieux que de fermer toutes les boutiques des fleuristes tandis qu'on l'enterrait… est quelque chose d'on ne peut plus terrible.

Empruntons à présent un autre chemin pour pénétrer dans ce qui me semble essentiel dans la culture spirituelle de l'Europe. Weimar, une petite ville allemande possédant une longue et importante histoire politico-culturelle, est un des lieux les plus appropriés, peut-être, pour inspirer une méditation à propos de l'Europe, et y compris à propos du monde.

Sur une île située au milieu de la rivière qui débouche à hauteur du terre-plein où se dressent les murailles de la vieille ville, on peut apercevoir la résidence d'été et le jardin qui ont jadis appartenu à Goethe. C'est un endroit idéal – entouré des souvenirs de cet homme qui a été un grand Européen, un des défenseurs du cosmopolitisme de l'Europe au sens le plus profond qui soit – pour réfléchir à ce qu'a été l'Europe.

C'est un lieu extraordinaire, cela va sans dire. Car Weimar n'a pas seulement été la « capitale culturelle de l'Europe » en 1999, une ville dans laquelle on peut encore aller, depuis cette résidence d'été, visiter les archives de Schiller ou de Nietzsche ; elle se trouve, de plus, à quelques kilomètres de ce qui fut jadis le camp de concentration nazi de Buchenwald. Une proximité étrange et extrêmement instructive.

Les circonstances dont je viens de parler se présentent comme une espèce de « raccourci » qui nous permettrait de cerner toute l'histoire politique et culturelle de l'Allemagne. Dans les années vingt, Weimar avait été le lieu dans lequel, seulement pour la seconde fois dans l'histoire du pays, l'Assemblée nationale d'Allemagne s'était réunie dans le but de tenter d'élaborer une Constitution pour ce qui finit par devenir la République de Weimar. Les délégués avaient tenté de créer une pépinière de démocratie parlementaire que, finalement, les nazis ont détruite et enterrée sous leurs ossuaires.

À présent qu'aussi bien la République de Weimar que le camp de Buchenwald ont disparu, nous pouvons commencer à comprendre ce que signifie l'Europe ; il s'agit d'une entité qui a été précisément construite contre le fascisme et contre le stalinisme. Cet aspect des choses était déjà totalement visible en 1937, lorsque les nazis avaient décidé de rendre le camp de Buchenwald opérationnel.

Au début, les Allemands avaient rempli les lieux avec les membres de l'opposition politique : les communistes et les sociaux-démocrates. Ensuite, c'est tout à fait évident, Buchenwald est devenu un camp international où tous les peuples d'Europe étaient représentés. Mais ce n'était cependant pas un camp d'extermination comme l'ont été les camps d'Auschwitz ou de Birkenau. Là-bas, il n'y avait pas de chambres à gaz. C'était un camp où l'on détruisait les gens en leur infligeant des travaux forcés, pas en les faisant disparaître d'un coup.

Un musée du nazisme se dresse aujourd'hui dans son enceinte. Mais il faut lire les panneaux des expositions avec une grande attention, sinon on risque d'en ressortir avec le sentiment que le camp de Buchenwald a été libéré par l'Armée Rouge et non par les Nord-Américains. C'est pour cette raison qu'il existe à présent un musée plus petit, tout près du premier, qui raconte l'histoire du camp soviétique. À Buchenwald, nous nous retrouvons face à un impressionnant résumé de l'histoire de l'Europe, d'une histoire de l'Europe tout à fait contraire, justement, à celle que l'Europe tente de se construire aujourd'hui.

Faisons un dernier détour par Londres. George Orwell (dont le vrai nom, comme chacun sait, était Eric Blair) a lutté en Espagne dans une brigade internationale liée à

l'extrême gauche européenne – un mouvement diamétra-
lement opposé au stalinisme –, dont la représentation
locale était le Parti ouvrier d'unification marxiste
(POUM). Il a raconté son expérience dans un livre fan-
tastique intitulé *Hommage à la Catalogne*. Au milieu de
l'année 1940, il a commencé un autre livre extraordinaire,
Le Lion et la Licorne, qu'il a fini d'écrire en 1941, juste
avant que les nazis n'envahissent l'Union soviétique.

Orwell était un internationaliste et un marxiste d'extrême
gauche, un ennemi du stalinisme. Lorsqu'il s'est retrouvé
quotidiennement harcelé par les attaques aériennes de la
Luftwaffe (« Tandis que j'écris, des êtres humains très civi-
lisés volent au-dessus de ma tête et tentent de me tuer »), il
a réagi de façon tout à fait surprenante : il s'est alors mis en
tête de redécouvrir l'Angleterre.

Le Lion et la Licorne est un livre pionnier, dans lequel
un individu, qui s'est vu poussé au radicalisme extrémiste
précisément en raison de son internationalisme (une des
raisons de son opposition au stalinisme était qu'il avait
abandonné l'idée internationaliste pour se consacrer à
construire « le socialisme dans un seul pays »), réclame
soudain l'existence d'un sentiment d'identité nationale.

Depuis la perspective actuelle, la rencontre d'Orwell
avec l'Angleterre est une redécouverte non seulement de
l'identité, mais aussi de la démocratie libérale de la part
d'une personne qui assumait une position marxiste. Car il
faut expliquer que la démocratie libérale n'était pas seulement dans le point de mire des fascistes et des nazis, elle
l'était aussi dans celui de l'extrême gauche.

C'était une démocratie ankylosée, accusée de « pensée
judéo-bolchévique », et qui avait des ennemis dans les deux
camps. De telle façon que, aujourd'hui, l'essai d'Orwell
semble avoir également pour sujet essentiel la démocratie

comme condition préalable et universelle pour la construction des sociétés occidentales.

J'aurais sans doute dû commencer par là. Mais je vais finir avec cette idée, ou peut-être vais-je commencer une nouvelle fois. Car, aujourd'hui, en Europe, il est on ne peut plus évident que l'unité européenne ne peut se fonder qu'à travers la raison démocratique, qu'à travers les principes de la démocratie et l'exactitude de ses valeurs. De nombreux intellectuels d'Occident ont l'habitude de mettre en doute ou de dénigrer le caractère universel de la démocratie. À la place, ils préfèrent défendre les valeurs locales de la vie communautaire, la chaleur et la protection existant au sein de ces communautés, la communauté en tant que telle.

Cependant, dans cette Europe que nous sommes en train de construire, les principes de base d'Orwell, universalistes et démocratiques, peuvent s'appliquer aux valeurs locales de nombreuses façons. Et, sur cette base-là, il est parfaitement clair que l'unité de l'Europe, aujourd'hui, ne peut se construire qu'à travers la diversité.

Il est des personnes pour affirmer, avec un aplomb extraordinaire, que l'Europe ne devrait posséder qu'une seule langue, comme, au Moyen Âge, le latin médiéval par exemple. À mon avis, cela serait un vrai désastre. Cela équivaudrait à renoncer à notre histoire et à nos racines communes. Certains partisans de cette mesure sont même convaincus que le français est la seule langue qui mérite d'occuper cette position, à cause de sa clarté, de sa capacité d'abstraction et de sa précision. Mais la base démocratique de l'Europe doit se construire en partant de la connaissance de plusieurs langues, et non pas en imposant une nouvelle *langue de communication*.

À la différence des autres régions du monde, l'Europe possède l'opportunité de pouvoir recourir à une grande variété de langues et de cultures, et cela constitue un énorme avantage linguistique. (La langue la plus parlée au monde est le chinois.) Cela dit, parmi toutes ces langues, l'Europe dispose de trois langues intercontinentales, si ce n'est universelles : l'anglais, l'espagnol et le français. Je vais me permettre un autre instant de chauvinisme pour affirmer que la seule langue qui est irrésistiblement en expansion dans le monde actuel est l'espagnol. L'anglais s'étend également, mais bien plus lentement. L'espagnol concurrence même l'anglais aux États-Unis, qui constituent pourtant le bastion de la langue anglaise dans le monde actuel.

Ainsi donc, avec trois langues universelles au sein de l'Europe, nous avons la possibilité de construire un caractère spirituel européen à travers la diversité et le respect culturel, à travers la connaissance et la pratique de toutes les langues et de toutes les cultures. Aujourd'hui, en théorie comme en pratique, l'unité européenne doit acquérir un sens à travers sa diversité culturelle, et cela signifie que tout le monde, en Europe, doit au moins parler deux langues européennes.

17

LES VICTIMES DU NATIONAL-SOCIALISME

J'ai prononcé ce discours devant les membres du Parlement fédéral allemand, le 27 janvier 2003, à l'occasion de la commémoration officielle des victimes du national-socialisme. Le chancelier Schröder présidait la séance, le Polonais Bronislaw Geremek avait parlé l'année précédente.

À présent que mon tour est venu de prendre la parole, je peux l'avouer : lorsque j'ai reçu l'invitation pour participer à cette journée commémorative au Parlement fédéral, j'ai bien entendu été sensible à l'honneur qu'on me faisait, mais j'ai également été conscient de la grande obligation que cette invitation impliquait. Mon impression dominante a été une préoccupation inquiète, le sentiment d'une lourde responsabilité, car la tâche est difficile.

Réellement il n'est pas facile, en tout cas il n'est pas facile pour moi, de parler dans cette salle, un lieu historique dans le souvenir allemand, où l'on travaille à présent à l'avenir politique de la République de Berlin, dans le cadre des multiples conflits et consensus qui constituent l'essence et le moteur de la démocratie parlementaire, avec le regard rivé sur l'horizon de l'Union européenne, qui se trouve à présent dans une phase décisive – et donc inévitablement critique – d'expansion puisqu'elle est sur le point d'intégrer d'autres pays du centre et de l'est de l'Europe.

Écrasé par la responsabilité qu'on venait de me confier – quelque peu époustouflé, je l'avais acceptée avec enthousiasme –, j'avais demandé si l'on pouvait m'envoyer tous les discours qui avaient été prononcés au Parlement fédéral allemand depuis que, voilà à présent huit ans, on avait décidé la mise en place de cette journée commémorative. J'espérais que la lecture de ces textes m'éviterait de répéter des réflexions déjà exposées, qu'elle me procurerait quelques suggestions et qu'elle me stimulerait, ce qui a effectivement été le cas.

Lorsque j'ai eu fini la lecture des textes, j'ai constaté – et j'ignore s'il s'agissait d'une règle tacite, implicite, ou d'un pur hasard – qu'une rigoureuse alternance s'était installée à propos des invités : une année le discours était confié à un homme politique ou à un intellectuel allemand et l'année suivante à un étranger, choisi parmi les témoins de cette époque sombre et, en général, plutôt une personne qui avait été victime du nazisme.

L'année dernière, la personne qui a prononcé le discours devant vous n'est autre que Bronislaw Geremek : c'est un de mes bons amis. Je partage de nombreuses opinions et de nombreuses expériences avec lui, nous avons travaillé ensemble à l'Académie mondiale des cultures, qui a été fondée par Elie Wiesel – un des orateurs de cette journée commémorative au Parlement fédéral allemand –, et qui est soutenue par le président de la République française. Voilà quelques semaines, cette fondation a organisé un colloque sous le patronage de l'Unesco, dont le thème était le suivant : « S'imaginer la paix ». Parmi les participants, il y avait des intellectuels, des écrivains et des artistes de tous les continents, et ce qui est bien plus important encore, des milliers de jeunes, des élèves des collèges et des lycées français et des étudiants de l'université.

Si l'on avait poursuivi l'alternance de façon logique, en tenant compte de la pratique précédente, aujourd'hui, c'est donc un citoyen allemand qui aurait dû vous parler. Et cependant c'est moi qui me trouve en face de vous. Il doit certainement y avoir une explication, pour déroger à cette tradition encore jeune, il est vrai – huit ans, ce n'est pas très vieux pour une initiative telle que celle-ci, qui peut tout à fait devenir aussi interminablement longue qu'une psychanalyse freudienne, autrement dit, qui peut se renouveler et rajeunir à l'infini. En tout cas, moi je m'explique la chose ainsi : si, cette année, c'est moi que vous avez invité, plutôt qu'un citoyen allemand, cela doit avoir un rapport avec le fait que peut-être vous ne me considérez pas comme un étranger. Et en cela vous avez somme toute raison.

Car d'une certaine manière, grâce à des raisons biographiques, culturelles et politiques, je ne me sens pas du tout un étranger dans le cadre de l'histoire, de l'imagination, des rêves et des désirs qui sont les vôtres. Cela doit sans doute faire appel à ma profonde et ancienne relation avec la langue allemande. Depuis ma jeunesse, les poètes et les philosophes allemands ont enrichi ma pensée et mes souvenirs. De façon extrêmement spontanée, j'ai fréquemment recours à des vers de Heine, de Goethe, de Hölderlin ou de Brecht pour exprimer mes sentiments intimes, ma crainte ou mon espoir.

Mais ce ne sont pas seulement tous ces célèbres poètes classiques allemands qui me prêtent leurs mots et leur musique pour exprimer mes émotions personnelles. Pratiquement chaque jour, je suis également accompagné par Paul Celan, par Hans Magnus Enzenberger ou par Durs Grünbein. La langue allemande m'a offert un refuge et a

aussi été pour moi une source d'énergie et d'espérance
dans les conditions les plus difficiles, pendant l'existence
que j'ai menée au camp de concentration de Buchenwald,
marquée par le tumulte et la brutalité. Dans mon livre, *Le
mort qu'il faut*, j'ai écrit :

> À ces moments-là, il me fallait aussitôt opposer au langage
> guttural et primaire des SS, réduit à quelques mots grossiers
> d'insulte ou de menace (*Los, los ! Schnell ! Schwein ! Scheiss-
> kerl !*), d'y opposer, dans mon for intérieur, dans ma mémoire,
> la musique de la langue allemande, sa précision complexe et
> chatoyante. [...] Alors, dans le grondement guttural des SS, je
> pouvais plus facilement évoquer ou invoquer silencieusement
> la langue allemande. « *Wer reitet so spät durch Nacht und
> Wind...* » [« Qui chevauche si tard dans la nuit et le vent... »].
> Ou bien : « *Ich weiss nicht was soll es bedeuten, dass ich so traurig
> bin...* » [« J'ignore ce que peut signifier en moi une telle tris-
> tesse... »]. Ou encore : « *Ein Gespenst geht um in Europa : das
> Gespenst des Kommunismus...* » [« Un spectre hante l'Europe,
> le spectre du communisme... »].

En tout cas, tous les arguments théoriques et historiques qui, dans ma prime jeunesse, m'ont conduit à
devenir un antifasciste conséquent et combattant, je les ai
découverts et appris en langue allemande.

C'est pour cette raison, et malgré toutes les années que
j'ai passées au camp de Buchenwald, qui ont été les
années les plus décisives du roman de la formation de ma
vie et qui probablement configurent l'essence de mon
identité, qu'il peut m'arriver, lorsqu'on me demande avec
une certaine étrangeté et irritation où se trouve ma vraie
identité, si je suis français ou si je suis espagnol, si je suis
un écrivain ou un homme politique, il peut m'arriver de
me contenter de répondre, simplement, sans avoir beaucoup à réfléchir : « Je suis en premier lieu et avant tout un
ex-déporté de Buchenwald », car c'est là-bas, dans ce si

lointain exil, que mon identité déchirée a un jour planté ses racines ; c'est pour cela, en raison de ce profond et si singulier rapport avec l'Allemagne, avec sa langue et avec son histoire, que je ne ressens aucune gêne d'être considéré comme un orateur allemand dans l'hypothétique liste de cette journée commémorative.

Et de ne pas être considéré comme une victime, mais comme un combattant. Ou plutôt comme un combattant et un compagnon d'armes des antifascistes allemands.

Tout au long de la vie que j'ai menée, comme combattant européen, dans la résistance pendant la Seconde Guerre mondiale, j'ai toujours eu la chance de pouvoir me fier aux conseils et à la solidarité des antifascistes allemands, qui avaient toujours une mentalité humaine, une sagacité intellectuelle et un extraordinaire courage civil. La plupart d'entre eux n'étaient pas seulement allemands, mais aussi juifs. Je pense à Albert Rosenberg, qui appartenait à une famille juive de Göttingen, la ville où il a fait ses études universitaires et d'où il a émigré en 1938. Lorsque je l'ai connu au camp de Buchenwald, au mois d'avril 1945, Rosenberg était premier-lieutenant de l'armée américaine, de la IIIe Armée de Patton, et il avait reçu la mission des services secrets militaires de rédiger un rapport sur le camp de concentration. Je pense au philosophe exilé Paul-Louis Landsberg, que j'avais découvert, alors que j'étais un tout jeune étudiant, dans la revue française de tendance démocrate-chrétienne *Esprit*, et qui est mort à Oranienburg. À mon avis, c'est à la personne d'Albert Rosenberg, le juif allemand et officier de l'armée américaine, qu'il convient d'adresser l'ensemble des questions essentielles que nous devons nous poser à l'occasion de cette cérémonie de réflexion critique et du souvenir.

En tout cas, je vais tenter de le faire. Cela a eu lieu en Allemagne, sur la terre de Goethe, dans l'Ettersberg.

C'était le mois d'avril, quelques jours après le 11, le jour
où le camp de concentration a été libéré par les soldats
américains. Ce jour-là, le vent glacial ne soufflait pas du
tout comme d'habitude sur les flancs de la montagne où,
en 1937, on avait construit le camp de concentration.

Cet après-midi-là, car cela eut lieu l'après-midi, les
chefs militaires américains avaient organisé une série de
visites obligatoires du camp de Buchenwald, destinées à la
population civile des environs. Par groupes d'une cinquantaine ou d'une centaine d'individus, on avait escorté
les femmes, les vieux et les enfants de la ville voisine (la
guerre n'était pas encore finie et c'est pour cette raison
qu'il n'y avait pas un seul homme en âge de combattre)
tout le long d'un circuit préétabli : les latrines collectives
du camp de quarantaine, les horribles baraques pour les
malades mourants ; le Block 46, où les médecins SS
avaient mené à leur terme les effroyables et absurdes expérimentations épidémiologiques ; le campement où s'entas-
saient les milliers de survivants juifs d'Auschwitz ; la
cellule de châtiment de la tour de commandement et
enfin le crématoire. Dans la cour du crématoire, entourés
d'une haute palissade, gisaient encore des centaines de
cadavres entassés que les nazis n'avaient pas eu le temps
de brûler.

J'ai été témoin de ce tour d'inspection, un témoin
volontaire, plein de curiosité et absolument horrifié. Un
officier américain, un premier-lieutenant, expliquait à la
population civile de Weimar la finalité et les fonctions de
ces choses qu'ils pouvaient ouvertement voir devant leurs
yeux. Le magnifique allemand que parlait l'officier américain avait immédiatement attiré mon attention, ainsi
que son style et la façon qu'il avait de s'exprimer : d'une
manière précise, simple et froide, il détaillait les faits, qui

n'avaient besoin ni d'adjectif ni de la moindre exagération pour devenir insupportables.

Quelques jours plus tard, j'avais enfin obtenu ma réponse.

Ce premier-lieutenant américain était allemand, c'était un juif allemand. Je l'ai découvert lorsque les services d'intelligence militaires qui préparaient le rapport à propos du camp de Buchenwald m'avaient fait appeler pour commenter les témoignages des déportés survivants, qui d'une façon ou d'une autre avaient dû coopérer dans l'administration interne de Buchenwald. Ainsi donc, en tant qu'ex-membre du bureau des statistiques du travail, le service chargé de la distribution de la main-d'œuvre déportée dans les divers commandos de travail, Albert Rosenberg avait pris ma déclaration en note. Nous nous sommes trouvés plutôt sympathiques, nous avons beaucoup échangé entre nous, et un beau matin, il m'a fait monter dans sa jeep pour aller visiter la ville de Weimar.

Mais j'ai déjà raconté cela dans un de mes livres, *L'Écriture ou la vie*. J'ai consacré tout un chapitre à la relation que j'ai eue avec ce premier-lieutenant américain. Mais dans ce livre, j'ai cependant modifié son nom, je l'ai appelé Rosenfeld et pas Rosenberg. Pour quelle raison, me direz-vous ? La raison était tout simplement le respect que doit toujours le narrateur aux personnes dont il parle : j'ignorais si l'officier américain était déjà mort ou s'il était encore vivant. Dans le second cas : il aurait peut-être pu se sentir blessé par l'image que j'avais dessinée de lui ?

En réalité, je n'étais pas certain d'avoir compris de façon correcte les brèves informations, c'étaient d'ailleurs plutôt des allusions, qu'il m'avait faites pendant notre conversation à propos de son enfance et de sa jeunesse en Allemagne. Ma mémoire, après tout ce temps, aurait sans doute pu déformer et altérer le peu de choses qu'il m'avait racontées de son passé. C'est pour cette raison que j'avais modifié son nom et l'avais appelé Rosenfeld, car, si je m'étais trompé, ce nom pourrait le protéger et garantir sa liberté. Il n'aurait pas à se sentir visé.

Mais je ne m'étais pas trompé, ma mémoire ne m'avait absolument pas fait défaut. Je ne l'ai su que plusieurs années plus tard, lorsqu'on a publié, aux États-Unis, une traduction de *L'Écriture ou la vie*. Une lectrice, qui avait tout à fait compris que mon premier-lieutenant Rosenfeld s'appelait en réalité Rosenberg, m'avait fait parvenir un exemplaire du *Buchenwald Report*, dont celui-ci avait dirigé la rédaction en 1945.

Le rapport n'avait pas été publié, à l'époque. On l'avait gardé secret jusqu'en 1995, c'est-à-dire plus d'une cinquantaine d'années, en conséquence de sombres raisons datant du temps de la guerre froide. Le premier-lieutenant Rosenberg témoignait, de fait, puisqu'il reproduisait de façon objective les conditions de vie dans le camp de concentration de Buchenwald, le rôle important que l'organisation des communistes allemands, les kapos rouges de Buchenwald, avait joué au sein de la résistance antifasciste. À l'époque, il n'était pas correct de faire allusion à ce rôle, alors que les deux grandes puissances étaient en pleine course à l'armement nucléaire. Un bloc face à l'autre, le totalitarisme soviétique contre la démocratie impériale.

C'est la raison pour laquelle il avait été impossible de publier le *Buchenwald Report* avant 1995, dans une édition parfaitement soignée, préfacée par A. Praeger, un autre officier américain d'origine autrichienne dont la trajectoire de vie présente de nombreuses similitudes avec celle d'Albert Rosenberg. Une étude très connue en Allemagne, *Der SS-Staat* (« L'État des SS »), d'Eugen Kogon, est inspirée du rapport de Rosenberg, mais elle a été écrite de façon tout à fait littéraire. Kogon, un démocrate-chrétien qui a joué un rôle important au sein de la résistance antifasciste de Buchenwald, a fait partie du groupe des déportés que Rosenberg avait réuni autour de lui pour rédiger son rapport destiné aux autorités militaires.

Un jour, si j'en ai le temps, j'écrirai une nouvelle fois, mais intégralement, l'histoire du premier-lieutenant Albert Rosenberg, dont la famille juive de Göttingen a perdu vingt-huit de ses membres à cause du national-socialisme. À présent, je voudrais me borner à rappeler une de ses phrases, celle qu'il a prononcée pour conclure une des visites du camp de concentration organisées par les autorités militaires américaines. Nous nous trouvions dans la cour du crématoire, que nous achevions à peine de traverser. Le premier-lieutenant Rosenberg avait montré aux femmes, aux hommes âgés et aux enfants les installations du crématoire en se contentant de peu de mots. Il leur avait montré la rampe sur laquelle passaient les charrettes chargées de cadavres ; le monte-charge permettant de les porter jusqu'aux fours électriques ; ensuite les fours eux-mêmes, éteints à ce moment-là, mais encore pleins de cendre et de restes d'os minuscules ; il leur avait montré les laboratoires adjacents ; il leur avait tout montré, absolument tout, sans leur épargner le moindre détail. Il avait une voix ferme, sèche et peut-être même un peu désespérée. C'était la voix d'un officier américain, sans le moindre doute, une voix qui lui conférait une position privilégiée ; il était vainqueur, innocent et juste. Mais il était aussi, de façon profonde, inévitable et douloureuse, un juif allemand, et il parlait à ses compatriotes, à cette société en déroute, désorientée, qui non seulement, et peut-être pas tant que cela, était historiquement responsable des crimes du nazisme, mais qui était beaucoup plus responsable, en tout cas de façon beaucoup plus directe, de ne pas s'être opposée de toutes ses forces et de toute sa détermination à la montée et la prise du pouvoir par le parti de la haine et du fanatisme nationaliste. En tout cas, la voix de Rosenberg me rappelait, probablement par son sérieux sinistre, une autre voix que j'avais entendue il n'y avait pas si longtemps : la voix d'un survivant du commando spécial d'Auschwitz.

Un mois auparavant, en mars 1945, plusieurs activistes de diverses nationalités, dont je faisais partie, avaient assisté à une assemblée très spéciale. C'était un dimanche, un rideau de brume s'étendait sur l'ensemble de l'Ettersberg. Ils s'étaient réunis dans un endroit qui se trouvait à l'intérieur de la baraque des malades contagieux, un deuxième lazaret à l'intérieur du grand lazaret que représentait l'ensemble du camp, un endroit où aucun des sous-officiers SS n'osait pénétrer, car ils craignaient par-dessus tout la contagion. Un endroit aussi sûr, de ce point de vue, que la grande baraque des latrines collectives du camp de quarantaine. Pendant des heures, nous avons écouté le rapport de ce survivant du commando spécial d'Auschwitz : la sélection, le fonctionnement de la chambre à gaz, l'extermination sur la chaîne de travail, programmée de façon industrielle. Effarés, stupéfaits, nous avons écouté cette voix sévère, objective, qui n'était certes pas stridente et ne se laissait pas aller au moindre trémolo d'émotion trop forte, et qui a réussi à nous faire comprendre la singularité létale du destin des juifs, de la mort juive, au sein de l'archipel des camps nazis.

Puis un mois plus tard, en avril, c'était la voix du premier-lieutenant Rosenberg qui expliquait, à son tour, aux femmes, aux hommes âgés et aux enfants de Weimar le fonctionnement du crématoire de Buchenwald. Nous nous trouvions dans la cour, devant les innombrables cadavres, entassés comme des troncs d'arbres. Plusieurs femmes n'avaient pu supporter le spectacle et s'étaient mises à pleurer. L'une d'elles s'était tournée vers le premier-lieutenant et lui avait hurlé : « Nous n'avons pas voulu cela, nous, nous ne le savions pas, nous sommes innocents ! »

Le premier-lieutenant Rosenberg avait répondu sans modifier le ton de sa voix. En réalité, je ne me souviens pas des mots exacts qu'il avait alors utilisés, c'est évident, après toutes ces années, un demi-siècle plus tard. Mais je me souviens parfaitement de la signification de ce qu'il a dit, du contenu de sa réponse.

« Vous ne saviez rien, c'est bien possible que vous n'ayez rien su : mais vous n'avez pas cherché à le savoir, non plus. Le camp se trouve à quelques kilomètres de Weimar ; chaque jour, les trains de Buchenwald traversaient Weimar. Vous n'avez donc jamais vu les trains, non plus ? Vous voulez dire que personne ne vous a dit qu'il avait vu passer les trains ? Les déportés travaillaient dans les usines de Gustloff, avec des ingénieurs et des contre-maîtres qui étaient des civils allemands comme vous. Vraiment, personne ne vous a jamais parlé de cela ? Personne ne les a vus ? Étaient-ils par hasard invisibles ? En réalité, vous n'avez rien vu parce que vous n'avez rien voulu voir, parce que vous avez tout simplement regardé ailleurs. » Et il finit son discours plus ou moins de cette façon : « Il est possible que vous fussiez innocents, dans l'immense solitude de votre conscience. Mais vous êtes responsables parce que vous ne vivez pas tout seuls, hors du temps, de la communauté. Vous êtes responsables de ce que vous n'avez pas su, tout simplement parce que vous avez refusé de le savoir : et vous êtes responsables de ce que vous n'avez pas vu, tout simplement parce que vous avez refusé de le voir. »

Lorsque le premier-lieutenant Rosenberg avait cessé de parler, un long et intense silence s'en était suivi. Les femmes avaient soudain cessé de pleurer. Elles étaient comme pétrifiées, elles étaient incapables de détourner leur regard de ces inimaginables entassements de cadavres.

Mais, aujourd'hui, plusieurs décennies ont passé et de nouvelles générations d'Allemands ont grandi dans un pays démocratique. Est-il possible, est-il réellement convenable, de continuer à fixer son regard sur ces réalités du passé national-socialiste d'Allemagne ?

À mon avis, le président de la République fédérale d'Allemagne, Johannes Rau, a formulé cette question de façon extrêmement claire dans son discours commémoratif il y a une dizaine d'années :

> Il y a aussi – même si celui-ci est rarement exprimé ouvertement – un malaise, oui, une certaine indignation face à ce que l'on ressent comme un souvenir établi de façon officielle.

Puis il a poursuivi :

> Nous devons faire face aux raisons de cette indignation et de ce malaise. Tous autant que nous sommes les connaissons parfaitement, mais nous n'en parlons pratiquement jamais. Qui ne soupçonne pas encore que le souvenir officiel est une façon particulière d'avoir un bon comportement avec l'étranger ? Qui n'a jamais entendu qu'on se plaignait, dans les écoles, de passer les limites et que les élèves se sentaient saturés d'être toujours confrontés à ce même souvenir officiel ? À qui n'a-t-on encore jamais demandé pourquoi ce que nous savons vraiment plus qu'il ne faut doit être encore constamment répété ? Qui n'a pas dû faire face au malentendu que les lieux commémoratifs et les jours commémoratifs doivent transmettre à chaque génération un sentiment de culpabilité ? [...] Mais notre devoir sera toujours de fournir une réponse. Et nous ne serons justement capables de la fournir

que si nous nous assurons à chaque fois du sens que renferment les lieux et les jours commémoratifs.

Et Johannes Rau, le président de la République fédérale d'Allemagne, a conclu cette réflexion avec un argument irréfutable :

> On ne peut pas se souvenir une bonne fois pour toutes et ne plus en parler. Chacun de nous a déjà expérimenté de quelle façon, au cours d'une vie, l'interprétation du passé continue à se développer et à se transformer. Cela vaut également pour les peuples et pour les nations. Chaque génération doit à nouveau se confronter à l'histoire de son propre pays.

Je me permets d'ajouter qu'une telle confrontation au passé historique, qu'une semblable réflexion critique constamment renouvelée, qu'on retrouve dans les débats parfois passionnés qui émeuvent l'opinion publique politique des Allemands ; qu'un semblable et lucide travail de deuil a sans doute été un des facteurs les plus décisifs pour la reconstruction d'une conscience nationale allemande, au cours des années et pendant de longues périodes grouillantes de contradictions. Il a été un des facteurs les plus décisifs pour la reconstruction d'une identité nationale forte, ainsi que d'un nouveau patriotisme démocratique, après la catastrophe qui avait démarré avec le national-socialisme et dont les premières victimes – et il faut absolument rappeler cela et de façon systématique – ont précisément été le peuple allemand et la nation allemande.

Tout cela signifie qu'on peut différencier la forme externe, le rituel des célébrations commémoratives et l'aspect public des jours commémoratifs, tout cela signifie que ces célébrations et ces jours dont nous venons de parler évoluent, qu'ils peuvent s'adapter aux exigences du moment, aux nécessités et aux problèmes existentiels et politiques des nouvelles générations, ou qu'ils peuvent même les devancer. Mais cela signifie également que leur sens profond et basique ne peut être modifié, sauf à vouloir abandonner le projet historique de construire une nation allemande consciente de son passé, de ses lumières et de ses ombres, de construire une nation qui développe son identité, sa singularité culturelle, sa capacité d'entreprendre, dans le cadre de l'Union européenne, avec des vues sur l'avenir européen.

Au moment où l'Union européenne s'ouvre à d'autres pays du centre et de l'est de l'Europe, au moment où l'on fait toutes ces promesses et où l'on accepte les risques que cet élargissement comporte, il me semble de bon conseil que nous fussions conscients également que les responsabilités allemandes s'amplifient, et qu'il sera nécessaire de voir, avec la plus grande clarté, quel est le rôle que l'Allemagne doit jouer, non seulement en raison de sa situation géopolitique, mais surtout en raison de la singularité des expériences historiques qu'elle a connues au cours du siècle dernier.

Et ce rôle que tout le monde espère que va jouer l'Allemagne dans l'avenir de l'Europe, après avoir résolu de façon exemplaire le problème de la réconciliation franco-allemande, et ce rôle lorsque les Allemands seront préparés, lorsqu'ils décideront de le jouer sans la moindre réticence, et bien ce rôle aurait été inimaginable sans les efforts critiques des différentes générations d'Allemands, qui n'ont pas hésité à éclaircir leur passé, afin de l'accepter enfin avec une lucide clairvoyance – ce rôle aurait été inimaginable sans l'effort critique que, d'une certaine façon, cette commémoration symbolise de façon admirable au niveau institutionnel.

Je ne voudrais pas finir sans rappeler dans ces lieux que la première fois que s'est présentée une semblable éventualité – à savoir proclamer la nécessité d'une supranationalité européenne devant la barbarie et le cynisme fatigué qui menaçaient la société dans les années trente du siècle dernier –, c'est une voix allemande qui s'est exprimée, la voix d'un juif, la voix d'un vieux philosophe allemand, d'un vieux professeur juif, celle du fondateur de la phénoménologie : Edmund Husserl, qui a affirmé à l'époque, dans une conférence prononcée à Vienne en 1935 et redonnée à Prague quelques mois plus tard, que la crise européenne ne pouvait se résoudre que grâce à l'héroïsme de la raison.

Vienne, Prague, 1935… Il est facile d'imaginer les réflexions qui pourraient être possibles à partir de ces simples données.

Mais en ce jour commémoratif, je voudrais juste souligner ceci, parce que cela me semble significatif : la première voix qui a parlé de l'Europe, cette année où s'est déchaînée la barbarie moderne du national-socialisme, alors qu'on avait déjà écarté Husserl de l'université allemande pour le simple fait d'être juif, cette année où les deux totalitarismes européens avaient atteint leur point culminant : Hitler avait déjà écarté l'aile plébéienne de son mouvement ; Staline s'était déjà débarrassé de Kirov, le seul et le dernier gouvernant qui aurait pu représenter un obstacle sur son chemin vers le pouvoir absolu ; eh bien la première voix européenne qui, en cette année 1935, a retenti, solitaire mais prophétique, a été une voix allemande, une voix juive.

18

VIENNE, FIGURE SPIRITUELLE DE L'EUROPE

J'ai prononcé ce discours à Vienne, en 2005, à la remise du prix Bruno-Kreisky. Chancelier, figure de la social-démocratie autrichienne – la gauche léniniste qualifiait le réformisme autrichien d'« austromarxisme » –, Kreisky a joué un rôle important dans les discussions de paix au Moyen-Orient.

Qu'on me permette peut-être de commencer cette brève réflexion par un souvenir. Un souvenir d'enfance, par ailleurs.

Cela se passait à Madrid, en 1934. Cela se passait dans la deuxième quinzaine de ce mois de février. J'avais alors onze ans. Autour de moi, ces jours-là, mon père, les amis les plus proches de mon père, tous parlaient avec une véritable véhémence, ils discutaient sans cesse.

Et un nom de ville revenait sans arrêt dans la conversation, comme une sorte de refrain.

C'était le nom de Vienne.

Mais voilà, le nom de Vienne n'était pas mentionné, ne se répétait pas pour faire référence à des événements musicaux ou artistiques, comme cela avait quelquefois eu lieu jusqu'alors. Le nom de Vienne surgissait dans les conversations que j'entendais entre mon père et ses amis, en rapport avec des événements tragiques, sanglants.

Sans parvenir à comprendre exactement ce qui s'était passé à Vienne, j'en avais cependant déduit que, là-bas, une révolte ouvrière venait de s'achever dans un vrai bain de sang.

Ainsi, Vienne cessait soudain d'être le nom de la patrie de la musique, des films de Martha Eggert et de Jan Kiepura, ainsi que la patrie de Pola Negri : Vienne se transformait en lieu symbolique des luttes ouvrières, de l'affrontement entre la gauche révolutionnaire et un gouvernement clérical et conservateur.

À ce moment-là, pendant ces mois de 1934, cet affrontement semblait annoncer ou présager ce qui risquait de se passer en Espagne, où, un an auparavant, une coalition politique de la droite national-fascisante avait gagné les élections législatives, provoquant une protestation ouvrière chaque fois plus violente et désordonnée, dépourvue de toute stratégie alternative cohérente. C'était, en tout cas, un des sujets de discussion les plus fréquents que je pouvais entendre, sans toujours bien les comprendre.

Quelques jours plus tard, on publiait le numéro 12 de la revue madrilène *Cruz y Raya*, datée du mois de mars 1934. Cette revue, relativement récente, regroupait le courant libéral-démocrate de la pensée catholique espagnole, étroitement lié au mouvement personnaliste de la revue française *Esprit*. Mon père, José María Semprún Gurrea, était le correspondant d'*Esprit* en Espagne, et il était également le co-fondateur – avec José Bergamín, Manuel de Falla, Alfredo Mendizábal, José María Cossío, Juan Lladó et plusieurs autres – de la revue *Cruz y Raya*. Dans le numéro du mois de mars que je viens d'évoquer, on publiait un long article de José Bergamín à propos des événements de Vienne. On reproduisait, en premier lieu,

une déclaration des intellectuels catholiques français, de
Maritain à Mounier en passant par Martin Chauffier et
Stanislas Fumet, où l'on affirmait la chose suivante :

> On ne peut oublier qu'il existe des valeurs spirituelles qui
> sont au-dessus de toute politique. Voilà la raison pour
> laquelle nous voulons exprimer la profonde douleur que
> nous avons ressentie devant le conflit sanglant qui a opposé,
> en Autriche, une partie du monde ouvrier et un gouverne-
> ment officiellement catholique. Par surcroît, un événement
> comme celui-ci porte avec lui le risque de faire porter au
> christianisme des responsabilités qui ne le concernent pas. De
> notre point de vue, il s'agit là d'une catastrophe historique.
> Les hommes qui ont courageusement combattu en faveur
> d'une cause qu'ils pensent juste ont le droit d'être respectés.
> Un grand nombre de socialistes autrichiens sont actuel-
> lement soumis à la prison préventive. Nous formons les
> vœux que les vaincus puissent recevoir un traitement
> humain de la part des vainqueurs et une amnistie aussi large
> que possible.

À la publication de cet appel des intellectuels catholiques français, Bergamín ajoute un commentaire. Il
insiste principalement sur l'attitude que doivent adopter
les chrétiens dans la vie publique, en critiquant la notion de
gouvernement officiellement catholique. En ce qui concerne
la répression sanglante du mouvement ouvrier, Bergamín
déclare, de façon tranchée :

> Le seul sang que peut faire couler un croyant qui se respecte
> est le sien propre, par le martyre : en se livrant comme
> témoin vivant de sa foi. Le seul devoir qu'il doit religieuse-
> ment accomplir, dans un cas semblable, est celui de son
> sacrifice.

Le commentaire de José Bergamín se concluait de la
façon suivante :

Voici notre façon de penser devant la récente grande catastrophe historique autrichienne, comme elle l'a été, ou le sera, ou est en train de l'être chaque fois, face aux grandes et aux petites catastrophes historiques d'Espagne.

Cette déclaration est, d'une certaine façon, prémonitoire, puisque, quelques mois plus tard, en octobre de cette malheureuse année 1934, dans des circonstances spécifiques, quoique comparables historiquement à la problématique autrichienne, un mouvement révolutionnaire qui s'est seulement consolidé aux Asturies, parmi les mineurs, a débouché après un affrontement armé sur une défaite des milices d'autodéfense ouvrières et ensuite sur une répression brutale dirigée par un général de l'armée espagnole qui est ensuite devenu tristement célèbre comme caudillo et dictateur : il s'agit bien sûr du général Francisco Franco.

L'expérience historique des années trente, entre l'accession au pouvoir de Hitler et le Pacte de non-agression germano-soviétique, qui ouvre les portes de la Seconde Guerre mondiale, a été une époque où le socialisme démocratique – et l'austromarxisme est un représentant crucial de ce courant – a dû se poser à nouveau, devant l'essor du nazisme, des fascismes aux différents styles nationaux et des mouvements populistes antiparlementaires, toutes les mêmes questions stratégiques de la politique des alliances, ainsi que s'interroger sur les façons de mener la lutte et sur le sens ultime de la démocratie ouvrière, prise en tenaille entre le réformisme et le bolchévisme.

C'est l'époque où l'Internationale communiste, devant ses défaites successives en Europe, devant l'échec de sa ligne sectaire et maximaliste, dont la devise était « classe contre classe », a dû corriger sa stratégie – quoique de façon pragmatique, sans approfondissement théorique –

en la réorientant pendant un temps, très bref – à peine quatre ans –, vers la perspective des fronts populaires. Une tactique qui a démontré en Espagne, pendant la guerre civile, à la fois ses possibilités et ses limites, lesquelles sont dues à la manipulation – par la volonté hégémonique des appareils staliniens des différents partis communistes – des aspirations populaires à une unité antifasciste.

Dix ans après les événements de 1934, après cette année de crise profonde des démocraties parlementaires occidentales pendant laquelle on a mis en danger la capacité de celles-ci à répondre au défi simultané, bien que formellement contradictoire, du nazisme et du bolchévisme, dix ans plus tard, cependant, un dimanche après-midi dans le camp de concentration de Buchenwald, l'évocation de cette ville presque mythique a surgi une nouvelle fois dans ma vie de déporté.

Au camp de Buchenwald, en effet, les dimanches après-midi, pendant les très courtes heures de repos coupant le rythme infernal du travail forcé, nous avions l'habitude de nous réunir avec quelques compagnons dans la baraque des invalides, dans le Block 56 du camp de quarantaine. C'est là-bas, autour de Maurice Halbwachs, qui avait été mon professeur de sociologie à la Sorbonne, et qui agonisait lentement, que nous nous réunissions pour échanger des opinions et des nouvelles, pour échanger des gestes et des mots de fraternité.

Un jour d'automne 1944, un intellectuel juif de Vienne s'était joint à notre groupe. Son nom était Félix Kreisler. Il avait été arrêté par la Gestapo, dans la résistance française, sous une fausse identité, et donc c'est la raison pour laquelle il se trouvait dans le camp de Buchenwald en tant que Français, avec un nom très courant : Lebrun.

J'ai entretenu de longues conversations, tous les dimanches, avec Félix Kreisler. Ou plutôt je l'ai soumis à de longs interrogatoires. Car, pendant mes années d'étudiant en philosophie, j'avais découvert la richesse et la profondeur d'analyse de quelques écrivains et de quelques penseurs autrichiens. Robert Musil et Hermann Broch, Ludwig Wittgenstein et les philosophes du Cercle de Vienne, ont eu une importance considérable pendant mes années de formation.

Kreisler répondait avec patience et beaucoup de minutie à toutes mes questions, pleines de curiosité. C'est ainsi que j'ai découvert – virtuellement, du moins, puisque je n'ai pu vraiment lire ses textes que beaucoup plus tard – la qualité d'essayiste politique de Hermann Broch, encore peu connue et insuffisamment appréciée, en tout cas en France*.

Cela dit, le plus important, sans doute, du moins dans le contexte de cette réunion au Renner Institut, a été, pendant mes années d'étudiant en philosophie, ma découverte des théoriciens de l'austromarxisme.

Pour des raisons personnelles, plutôt romanesques mais trop complexes pour être mentionnées ici et maintenant, pendant cette époque de ma jeunesse, j'ai pu avoir accès à une épatante bibliothèque marxiste en langue allemande.

---

* Soit dit en passant : je pourrais raconter une savoureuse anecdote sur la grande ignorance des Français, qui commence cependant progressivement à être corrigée, concernant les auteurs autrichiens : en 1967, lorsque j'ai publié mon deuxième livre, *L'Évanouissement*, j'avais fait une évocation de la ville de Vienne, pendant les années vingt, en commentant un des aphorismes du *Tractatus* de Wittgenstein, celui qui se finit en affirmant : « *Den Tod erlebt man nicht* » (« La mort ne peut être vécue »). Eh bien voilà, un critique littéraire parisien, dont je préfère oublier le nom, mais qui était l'un des plus connus et des plus autorisés – et aussi des plus autoritaires – de l'époque, était persuadé que Wittgenstein était un personnage de fiction, un philosophe que j'avais moi-même inventé pour donner quelque peu de brillant à mon récit.

C'est ainsi que j'ai pu prolonger et approfondir ma lecture de Marx ; j'ai été passionné par *Histoire et conscience de classe*, de Georg Lukács, sans doute le plus intelligent des orthodoxes du marxisme postmarxiste. J'ai découvert la violence polémique des écrits théoriques de Lénine, avec ses inévitables critiques contre les réformistes autrichiens de l'Internationale « deux et demie » ainsi que, souvenez-vous, Lénine qualifiait les responsables de l'austromarxisme.

Cependant, dans cette prodigieuse bibliothèque, on pouvait non seulement trouver des livres de Marx, de Lénine ou de Lukács, mais aussi des ouvrages d'Eduard Bernstein et de Karl Kautsky, de Léon Trotski et de Nicolaï Boukharine... J'ai également pu lire des essais de Karl Renner, d'Otto Bauer et de Max Adler.

Il va sans dire que je n'ai pas la prétention de résumer ici, devant vous, la contribution que le socialisme autrichien, depuis Karl Renner jusqu'à Bruno Kreisky, a faite, autant du point de vue théorique que du point de vue de la praxis politique, à l'expérience de la construction d'une société plus juste, plus ouverte sur l'avenir, plus riche en ce qui concerne l'égalité des conditions et des possibilités pour ses citoyens.

J'aimerais cependant mettre en relief un fil rouge qui selon moi marque une continuité dans l'ensemble de votre héritage théorique, une solide continuité, aussi différentes qu'aient pu être les conjonctures politiques et historiques auxquelles le socialisme autrichien a dû faire face.

Ce fil rouge est celui de la démocratie. Le fil rouge de la démocratie conçue et pratiquée non de façon purement esthétique, mais comme processus de démocratisation, de réforme permanente des formes institutionnelles ou des méthodes de l'action des masses.

Dans une conférence prononcée en 1948, Karl Renner résumait son expérience vitale, sa conviction de la pertinence et de la possibilité concrète de tracer un chemin démocratique et pacifique menant au changement social. Karl Renner disait exactement ceci :

> La démocratie est la meilleure méthode, la plus sûre et la plus humaine pour transformer la société, pour tous ceux qui aspirent vraiment à cette transformation, et non pas à la substitution d'une minorité par une autre. Il est possible d'admettre que la force épaule ce nouvel ordonnancement social, mais cette force ne peut être seulement physique et barbare, il faut qu'elle soit également légale, et il faut que ce soit avant tout la force des idées.

Cette conviction démocratique du socialisme autrichien s'est maintenue de Karl Renner jusqu'à Bruno Kreisky, c'est une conviction sur laquelle se fonde leur stratégie tout au long des années.

Dans l'essai de Heinz Fischer, *Die Kreisky Jahre, 1967-1983* (« Les années Kreisky », 1967-1983), dans le chapitre intitulé « Demokratie und Demokratisierung » (« Démocratie et démocratisation »), on peut lire cette page que je vais vous citer :

> Bruno Kreisky raconte toujours, avec orgueil, le célèbre épisode où, à l'époque de l'austrofascisme, il a partagé sa cellule avec un communiste et un national-socialiste illégal. D'après le récit de Kreisky, les trois prisonniers ne semblent pas s'être si mal entendus que cela, bien que politiquement ils procédaient des courants les plus opposés qui soient. Le prisonnier national-socialiste nourrissait l'espoir que dans un proche avenir « Hitler viendrait et en finirait avec toute cette confusion ». Cela signifierait pour lui à la fois sa libération de la prison et le début d'une époque nouvelle. Le communisme avait coutume de répondre à cela : « Il se peut qu'Hitler soit sur le point de prendre le pouvoir, mais

ensuite ce sera Staline qui le prendra à son tour, et ce sera alors la fin des nazis et de Hitler, car on érigera la dictature du prolétariat. » Et le troisième homme du groupe, c'est-à-dire Bruno Kreisky, ne pouvait proposer ni un Hitler ni un Staline, il se contentait de compter sur la démocratie, qui n'avait pas la moindre valeur aux yeux des deux autres. Et quelques dizaines d'années plus tard, lorsque Kreisky racontait cet épisode, il disait souvent : « Et aujourd'hui, il ne reste plus le moindre Hitler ni le moindre Staline, mais il y a la démocratie, car celle-ci est bien plus durable que tous les Hitler et tous les Staline. »

Ce qui est tout à fait vrai, si l'on considère le cours de l'histoire à longue échéance, sur une perspective de plusieurs dizaines d'années. Mais nous savons déjà – et Bruno Kreisky le savait mieux que quiconque, à travers sa propre expérience de la lutte – qu'il a fallu de nombreux efforts, qu'il a fallu verser beaucoup de sang afin que cette vérité historique consistant à établir la suprématie de la démocratie devienne enfin réalité.

Nous ne savons que trop que la démocratie, par sa propre nature historique, par son essence pluraliste et tolérante, parce qu'elle admet, et même postule, que le conflit civique d'opinions et de projets politiques se situe à la racine même de sa dynamique, pour toutes ces raisons, nous ne savons que trop que la démocratie est extrêmement fragile.

En effet, nous nous souvenons tous des défaites et des capitulations successives de la démocratie européenne, tout au long du siècle dernier. Nous savons tous que la démocratie, critiquée, injuriée par les mouvements politiques extrémistes, aussi bien de gauche que de droite, tout au long des années trente du siècle précédent, a été sur le point de succomber en Europe et qu'elle n'a réussi à ressusciter, parmi les décombres de la guerre, que comme projet européen, précisément, fondé sur la réconciliation franco-allemande.

Je viens de parler d'« Europe », et je voudrais m'arrêter un instant sur cette idée, sur ce projet, sur cette réalité qu'est l'Europe. En premier lieu, pour souligner jusqu'à quel point Vienne, cette ville où j'ai l'honneur et la joie de recevoir de vos mains, sans doute trop généreuses, le prix Bruno-Kreisky, jusqu'à quel point Vienne est pour moi un des visages les plus magnifiques et les plus significatifs de la « figure spirituelle » de l'Europe.

Je parle de « figure spirituelle » et vous avez tous pensé à Edmund Husserl, qui a toujours défini l'Europe comme une « figure spirituelle » unique et singulière, au-delà – ou en deçà – de toute considération géographique de frontières naturelles.

Je me suis également entretenu de cette figure de l'Europe et d'Edmund Husserl avec Félix Kreisler, un de ces dimanches après-midi où nous étions réunis dans le Block 56 du Petit Camp de Buchenwald.

Il faut dire, en effet, que Kreisler avait assisté à la fameuse conférence de Husserl à Vienne, en mai 1935, au cours de laquelle le philosophe allemand avait abordé le thème de *La Crise de l'humanité européenne et la philosophie*.

Dans cette conférence – dont Félix Kreisler se rappelait les moindres petits détails, et dont il me citait des passages entiers –, Edmund Husserl évoquait l'idée de l'Europe, d'une possible supranationalité européenne fondée sur la raison et sur l'esprit critique, contre la haine et la barbarie qui approchaient. C'est sans doute la première fois que l'idée moderne d'Europe a été formulée avec une telle précision prophétique, et dans des circonstances aussi dramatiques.

À ce moment-là, tandis qu'Husserl développait à Vienne l'idée d'une Europe de la raison critique, de la raison démocratique, dressée contre la haine et la barbarie qui la menaçaient, il ne serait pas inutile, en tout cas c'est ce que je crois, de rappeler quelques phrases de Martin Heidegger.

En août 1934, Heidegger prononce deux conférences destinées aux étudiants étrangers de l'Université de Fribourg. Et, à la fin de l'une d'entre elles, il dit la chose suivante :

> L'éducation du peuple par l'État pour le Peuple – tel est le sens du mouvement national-socialiste, voilà l'essence de la nouvelle formation étatique. Une telle éducation au savoir le plus haut est la tâche de la nouvelle université.

En novembre de cette même année, Heidegger donne une autre conférence, intitulée « La situation actuelle et la tâche future de la philosophie allemande ». J'extrais de celle-ci les considérations suivantes :

> Un État ne peut l'être que dans la mesure où il se transforme en être historique de l'être, cela même qu'on appelle le Peuple. La véritable liberté historique des peuples d'Europe, c'est le présupposé que l'Occident se tourne, une fois de plus, spirituellement vers lui-même et assure son destin dans les grandes décisions territoriales contre la chose asiatique.

Il n'est pas nécessaire de faire beaucoup de commentaires pour comprendre la différence, pas seulement philosophique, mais aussi politico-existentielle, qui se manifeste entre Husserl et Heidegger, à ce moment critique de l'histoire de l'Europe : la différence entre une philosophie et une praxis fondées sur la rationalité de l'esprit critique, et une irrationalité fondée sur les postulats du national-populisme…

Ces derniers mois et ces jours-ci encore, le débat parlementaire et populaire à propos du nouveau Traité constitutionnel, le projet de Constitution européenne, est en cours.

Mon pays, l'Espagne, l'a déjà approuvé par référendum. L'Autriche vient également de le faire par la voie parlementaire. D'autres pays – la Grèce, les États baltes, d'autres encore – ont également approuvé le Traité constitutionnel européen en suivant l'une ou l'autre voie. Mais en France, étrangement, personne ne peut affirmer que le résultat du référendum du 29 mai sera positif. Aujourd'hui, malgré plusieurs sondages d'opinion qui permettent un certain optimisme, personne ne peut être encore certain du résultat.

Bien entendu, le mouvement en faveur du non est en France fortement hétérogène dans sa composition sociale et son expression idéologique. En premier lieu, on peut dire qu'il s'agit du non du malaise et du mécontentement social, qui ne répond pas à la question sur la Constitution, mais qui profite de l'occasion pour infliger un vote sanction au gouvernement, et plus généralement à la classe politique qui n'a pas su expliquer le sens profond de la Constitution européenne.

Une deuxième strate de ce vote négatif est bien plus traditionnelle : il ne s'agit pas d'un non au projet de Traité mais d'un non à l'Europe. Ni l'extrême droite souverainiste ou populiste de Villiers ou de Le Pen ; ni les restes de moins en moins influents du Parti communiste ; ni l'ultra-gauche marginale de filiation léniniste, renforcée à présent par plusieurs courants altermondialistes, aucune de ces forces n'a jamais été pro-européenne. Le vote négatif qu'elles expriment aujourd'hui ne peut donc pas nous surprendre.

Mais ce qui est vraiment surprenant, c'est le non issu d'une partie de la social-démocratie française, d'une partie de ses principaux dirigeants. Dans certains cas, cette attitude négative obéit plutôt à des calculs électoralistes qu'à de vraies questions de principe : c'est plutôt une prise de position qui possède des visées sur les élections présidentielles de 2007.

Cependant, aux côtés de ces raisons personnelles ou conjoncturelles, qui poussent certains dirigeants du Parti socialiste français à prendre des positions subites et étrangement contraires à toutes celles qu'ils avaient défendues jusqu'à présent, il faut prendre en compte une singularité spécifique à la social-démocratie française.

Il s'agit, à mon avis, de l'existence d'un des courants du socialisme européen au sein duquel perdure toujours avec une relative puissance, d'abord le funeste – aujourd'hui, en tout cas, il est devenu funeste – héritage du jacobinisme étatique et centralisateur, auquel il faut ajouter l'existence d'un autre courant national pour qui il reste à réaliser une analyse profonde et opérative de la réalité du capitalisme moderne, des complexités de nos sociétés de masse et de marché, et enfin de la solution dialectique qu'il doit trouver entre rupture et réformisme.

Pour conclure, cependant, et en vous remerciant à nouveau profondément pour m'avoir remis ce prix qui possède tant de sens pour moi, j'ai envie de me permettre de proposer au Renner Institut d'inviter les dirigeants socialistes français en question à un stage accéléré de formation austromarxiste. Cela pourrait leur être utile pour mieux comprendre le monde dans lequel nous vivons.

19

LE SOIXANTIÈME ANNIVERSAIRE DE LA LIBÉRATION

Il n'y aura bientôt plus de survivants ou de témoins directs de l'extermination qui eut lieu dans les camps nazis. Cette évidence démographique appelle deux conséquences. La dernière mémoire des camps est la mémoire juive, pour la simple raison qu'il y eut des enfants déportés. La mémoire juive doit donc prendre à son compte la mémoire des déportés résistants, toute la mémoire des camps. Seule la littérature peut endosser cette mémoire à l'adresse des générations suivantes. Et la rendre vivante à nouveau, comme l'a récemment fait Yannick Haenel avec son livre *Jan Karski*.

Nous le savons tous, sans aucun doute, bien que la nouvelle n'ait pas toujours la même importance pour chacun d'entre nous. Pour certains d'entre nous, en effet, la nouvelle possède une importance vitale, puisque je fais ici référence à notre mort.

Nous savons, en vérité tous autant que nous sommes, que ce soixantième anniversaire de la découverte et de la libération des camps de concentration national-socialistes, que cette commémoration est la dernière à laquelle assisteront des témoins de cette expérience vécue.

En 2015 – étant donné que depuis 1945, et cela est compréhensible, ces commémorations ont acquis tous les dix ans de plus en plus de solennité et de signification –, il ne restera plus un seul témoin parmi nous : il ne restera plus de témoins de l'expérience des *Lagers* nazis.

La mémoire directe aura disparu, je veux parler de la mémoire testimoniale vivante : la conscience du vécu (*Erlebnis*) de cette mort sera finie.

Plus personne ne pourra affirmer : « Oui, bien sûr, ça s'est passé ainsi, j'y étais… » Personne ne pourra placer au-dessous de quelque image de la mémoire ce que Goya a lui-même placé au-dessous de l'une de ses gravures des *Désastres de la guerre* : « Je l'ai vu… »

Plus personne ne possédera au sein de la mémoire de ses sens, l'imprégnant peut-être encore, l'indignant certainement toujours, l'odeur des fours crématoires, qui est, sans le moindre doute, la chose la plus spécifique, la plus singulière du souvenir de l'Extermination.

Plus personne, donc, ne pourra expliquer aux habitants de New York que l'infecte puanteur qui s'est répandue sur le quartier des tours jumelles, après les attentats du 11 Septembre, était précisément la même que celle des fours crématoires nazis. L'odeur de la guerre totalitaire que la « vieille Europe » connaissait déjà, et contre laquelle elle avait entrepris la remarquable tâche de la construction d'une communauté supranationale d'États indépendants, raison pour laquelle elle était prête à partager, à mettre en commun, une bonne partie de ses souverainetés nationales.

Dans dix ans, lors de la prochaine commémoration solennelle de la découverte des camps de concentration nazis, alors que notre mémoire de survivants se sera épuisée, car il n'y aura plus de survivants, et que la transmission de cette expérience sera devenue impossible, au-delà du travail certes nécessaire mais insuffisant des historiens et des sociologues, il ne restera plus que des romanciers.

Seuls les écrivains, s'ils se décident librement à s'approprier cette mémoire, à imaginer l'inimaginable, à rendre littérairement vraisemblable l'incroyable vérité historique, seuls les écrivains pourront ressusciter la mémoire vive et vitale, notre vécu (*Erlebnis*), alors que nous serons morts.

Ce qui, par ailleurs, n'a pas à nous surprendre ni à nous inquiéter : cela a toujours été ainsi, et le sera toujours. Les témoins, la littérature testimoniale, finissent toujours par disparaître. Le seul doute, la seule question pour laquelle nous n'avons pas encore de réponse est celle-ci : y aura-t-il une littérature de l'Extermination, au-delà du travail testimonial et mémoriel entrepris ?

Cela dit, s'il est vrai que dans dix ans il ne restera plus aucun survivant du camp de Buchenwald, ou de celui de Dachau, ou de Mauthausen, de ces camps de concentration destinés à l'enfermement et à la destruction de ces hommes venus de toute l'Europe et qui représentaient les forces de résistance politique au nazisme, il est possible, en revanche, il est même tout à fait probable qu'il restera des survivants d'Auschwitz ou de Birkenau, autrement dit des camps de Pologne spécifiquement destinés à l'extermination des juifs d'Europe.

La mémoire juive des camps sera sans aucun doute celle qui perdurera le plus longtemps. Et cela pour la simple raison que les nazis ont aussi déporté les enfants des juifs, par milliers ou même par dizaines de milliers. En revanche, ils n'ont jamais déporté les enfants des résistants.

La mémoire la plus longue des camps nazis sera donc la mémoire juive. Et celle-ci ne se limite d'ailleurs pas à l'expérience du camp d'Auschwitz ou de celui de Birkenau. En effet, en janvier 1945, devant l'avancée de l'armée soviétique, des milliers et des milliers de déportés juifs ont été évacués vers les camps de concentration du centre de l'Allemagne.

Ainsi, dans la mémoire des enfants et des adolescents juifs qui probablement survivront encore en 2015, il est possible que perdurera une image globale de l'Extermination, une réflexion universelle. Cela est possible et je pense que cela est même souhaitable : en ce sens, une grande responsabilité incombe à la mémoire juive.

Car, d'une certaine façon, elle deviendra dépositaire de toutes les expériences de l'Extermination : de l'expérience juive, bien entendu, en premier lieu. Mais aussi de toutes les autres expériences : celle des gitans exterminés comme les juifs, pour être ce qu'ils étaient ; celle des adversaires politiques de l'hitlérisme. Des Allemands communistes, sociaux-démocrates et chrétiens, en premier lieu ; celle des résistants de toutes les guérillas antifascistes en Europe. Toutes les mémoires européennes de la résistance et de la souffrance ne posséderont, en dernier refuge et rempart, dans dix ans, que la mémoire juive de l'Extermination. La plus ancienne mémoire de cette vie, car elle a précisément aussi été le plus jeune vécu de la mort.

Pour suivre l'exemple qu'a donné l'Allemagne depuis déjà longtemps au Parlement, le cycle commémoratif du soixantième anniversaire a commencé, cette année, le 27 janvier, au camp d'Auschwitz. On a ainsi pu opportunément souligner la singularité terrifiante du génocide du peuple juif, dans le cadre de la politique générique du nazisme contre toutes les oppositions et toutes les résistances.

Aujourd'hui, d'une certaine façon, ici, à Weimar, au moment de commémorer la libération du camp de Buchenwald, ce cycle de la mémoire active, qui ne tourne pas seulement son regard vers le passé, mais a aussi la prétention de regarder en direction de l'avenir, se referme. Et l'une des façons les plus efficaces de préparer l'avenir d'une Europe unifiée, ou plutôt réunifiée, consiste à partager notre passé, à unir nos mémoires respectives, qui jusqu'à maintenant ont été divisées.

La récente adhésion de dix nouveaux pays du centre et de l'est de l'Europe – de l'autre Europe, captive du totalitarisme soviétique – ne sera pas culturellement, existentiellement, effective tant que nous n'aurons pas distribué, partagé nos mémoires. Espérons que lors de la prochaine commémoration, en 2015, nous aurons réussi à incorporer également à notre mémoire collective et européenne l'expérience du goulag. Espérons que nous aurons enfin rangé les *Récits de la Kolyma* de Varlam Chalamov aux côtés des livres de Primo Levi, d'Imre Kertész et de David Rousset. Cela voudra alors dire que nous aurons non seulement cessé d'être hémiplégiques, mais aussi que la Russie aura avancé de façon décisive sur le chemin de la démocratisation.

OUVRAGES CITÉS

Hannah ARENDT, *Vies politiques*, Tel-Gallimard, 1974.

Bertolt BRECHT, « Plateforme pour les intellectuels de gauche », dans *Écrits sur la politique et la société*, L'Arche, 1970.

Bertolt BRECHT, *La Décision*, in *Théâtre complet*, vol. 2, L'Arche, 1988.

Margarete BUBER NEUMANN, *Prisonnière de Staline et d'Hitler*, 3 vol., Points-Seuil, 2004.

Elias CANETTI, *La Conscience des mots*, Albin Michel, 1984.

Paul CELAN, « Fugue de mort », *Choix de poèmes réunis par l'auteur*, Poésie-Gallimard.

Jean CLAIR, *La Responsabilité de l'artiste. Les avant-gardes, entre terreur et raison*, Gallimard, 1997.

Alain DIECKHOFF, *L'Invention d'une nation : Israël et la modernité politique*, Champs-Flammarion, 2000.

Saul FRIEDLANDER, *L'Allemagne nazie et les juifs*, vol. 1 : *Les Années de persécution* ; vol. 2 : *Les Années d'extermination*, Points-Seuil, 2008.

Daniel Jonah GOLDHAGEN, *Les Bourreaux volontaires de Hitler. Les Allemands ordinaires et l'Holocauste*, Seuil, 1998.

Eric HOBSBAWM, *L'Âge des extrêmes. Le court XXᵉ siècle, 1914-1991*, Complexe, 2000.

Edmund HUSSERL, *La Crise des sciences européennes et la phénoménologie transcendantale*, Tel-Gallimard, 1989.

Ian KERSHAW et Moshe LEWIN, *Stalinism and Nazism, Dictatorships in Comparison*, Cambridge University Press, 1997.

Emmanuel Levinas, *Quatre lectures talmudiques*, Minuit, 1968, 2005.

Michael Löwy, *Rédemption et utopie. Le judaïsme libertaire en Europe centrale, une étude d'affinité élective*, PUF, 1988, réédité aux éditions du Sandre en 2009.

Jan Patočka, *Liberté et sacrifice. Écrits politiques*, Jérôme Millon, 1990.

Paul Ricœur, *Le Mal : un défi à la philosophie et à la théologie*, Labor et Fides, 2004, 3ᵉ édition.

Sources des textes

1. L'ARBRE DE GOETHE. STALINISME ET FASCISME : Discours prononcé à l'occasion de l'inauguration des colloques du Rosenberg, en juin 1986.

2. DE LA PERPLEXITÉ À LA LUCIDITÉ : Discours prononcé à l'Université de Tel-Aviv, à la réception du doctorat *honoris causa*, 1989.

3. MAL ET MODERNITÉ. LE TRAVAIL DE L'HISTOIRE : Discours prononcé à Paris, Conférence Marc Bloch, Sorbonne, 19 juin 1990. Ce texte a paru dans la collection « Micro-Climats » (Climats, 1995), puis dans la collection « Points » (Seuil, 1997).

4. LA GAUCHE EN EUROPE APRÈS LES UTOPIES : Discours inaugural des journées « Europa Dialog », à Francfort-sur-l'Oder, le 25 juillet 1992.

5. LA DIVERSITÉ CULTURELLE ET L'EUROPE : Discours prononcé à Vienne en juin 1992.

6. « … UNE TOMBE AU CREUX DES NUAGES… » : Discours de remise du Prix des libraires allemands, le 9 octobre 1994, à Francfort-sur-le-Main. Ce texte a paru dans la collection « Micro-Climats » (Climats, 1995), puis dans la collection « Points » (Seuil, 1997).

7. NI HÉROS NI VICTIME. WEIMAR-BUCHENWALD : Discours commémoratif prononcé au Théâtre national de Weimar, le 9 avril 1995.

8. MÈRE BLAFARDE, TENDRE SŒUR. L'AVENIR DE L'ALLEMAGNE : Discours prononcé à la remise du prix de

la ville de Weimar, le Jour de l'unité de l'Allemagne, le 3 octobre 1995.

9. L'EXPÉRIENCE DU TOTALITARISME : Discours prononcé devant le Parti socialiste allemand, en 1996.

10. INVENTER ISRAËL : Discours prononcé à la remise du prix de la Liberté, décerné à la Foire du livre de Jérusalem. Publié dans le journal *El País*, en 1997.

11. BILBAO ET MARX. L'ART À L'ÉPOQUE DE LA MONDIALISATION : Discours prononcé à l'Académie des Arts de Berlin, en 1997.

12. LA NUIT DE CRISTAL : Discours prononcé à l'église Saint-Paul, le 10 novembre 1998.

13. FIN DE SIÈCLE : Discours de la Conférence Huizinga, Leyde, le 17 décembre 1999.

14. WEIMAR, CAPITALE CULTURELLE : Discours prononcé au Théâtre national de Weimar, le 18 mai 1999.

15. CULTURE JUIVE ET CULTURE EUROPÉENNE : Discours à la Fondation du judaïsme français, 1999.

16. LES FLEURS DE PATOČKA, LE LION D'ORWELL. QUE SIGNIFIE POUR MOI ÊTRE « EUROPÉEN » : Publié dans le journal *El País*, le 15 mars 2002.

17. LES VICTIMES DU NATIONAL-SOCIALISME : Discours prononcé au Parlement fédéral allemand, le 27 janvier 2003, à l'occasion de la Journée commémorative.

18. VIENNE, FIGURE SPIRITUELLE DE L'EUROPE : Discours prononcé à Vienne à la remise du prix Bruno-Kreisky, pour l'œuvre de toute une vie, 2005.

19. LE SOIXANTIÈME ANNIVERSAIRE DE LA LIBÉRATION : Discours prononcé au Théâtre national de Weimar, 2005.

Composition et mise en page

NORD COMPO
m u l t i m é d i a

N° d'édition : L.01EHQN000584.N001
Dépôt légal : octobre 2011
Imprimé en Espagne par Novoprint S. A.